读客文化

讲透
资治通鉴 17

通篇大白话，拿起来你就放不下；
古人真智慧，说不定你一看就会。

华杉 著

图书在版编目（CIP）数据

讲透《资治通鉴》. 17 / 华杉著. —— 南京：江苏凤凰文艺出版社，2023.2
ISBN 978-7-5594-7241-0

Ⅰ.①讲… Ⅱ.①华… Ⅲ.①中国历史－古代史－编年体②《资治通鉴》－研究 Ⅳ.①K204.3

中国版本图书馆CIP数据核字(2022)第221741号

讲透《资治通鉴》. 17

华　杉　著

责任编辑	丁小卉
特约编辑	王昕瑜　鲍　畅
封面设计	王佳琳
封面插图	周　末
责任印制	刘　巍
出版发行	江苏凤凰文艺出版社
	南京市中央路165号，邮编：210009
网　　址	http://www.jswenyi.com
印　　刷	三河市龙大印装有限公司
开　　本	710毫米×1000毫米　1/16
印　　张	19.5
字　　数	258千字
版　　次	2023年2月第1版
印　　次	2023年2月第1次印刷
书　　号	ISBN 978-7-5594-7241-0
定　　价	59.90元

江苏凤凰文艺版图书凡印刷、装订错误，可向出版社调换，联系电话：010-87681002。

目　录

编者注：为了保证阅读流畅性，本书目录列出每卷"主要历史事件"和"主要学习点"的页码，方便读者查找。

卷第一百四十五　梁纪一

（公元502年—504年，共3年）/ 001

【主要历史事件】

萧衍迎宣德太后入宫 / 003
萧宝寅夜逃北魏，受元澄礼待 / 006
齐和帝下诏禅位于萧衍 / 007
萧衍即位，改年号为天监 / 007
萧衍安抚萧子恪兄弟 / 009
萧衍诛杀叛贼孙文明等人 / 011
陈伯之谋反，萧衍下令讨伐 / 012
陈伯之不敌王茂，投奔北魏 / 013
刘季连向梁朝投降，萧衍赦免他为庶人 / 017
萧宝寅请求北魏派兵讨伐梁朝 / 018

【主要学习点】

夺取天下靠的是时运 / 010
谤木和肺石的规矩 / 011
纯臣太少，小人太多，领导太难！/ 018
"跻身统治阶层"和"出身统治阶层"完全是两回事 / 024

卷第一百四十六　梁纪二

（公元505年—507年，共3年）/ 033

【主要历史事件】

萧渊藻醉酒杀死邓元起 / 037
北魏皇宫长出灵芝，崔光借此进谏 / 040
邢峦想要乘胜取蜀，元恪拒绝 / 041
元翼请求安葬其父，元恪拒绝，元翼携弟投奔梁朝 / 045
陈伯之率众向梁朝投降，北魏杀其子陈虎牙 / 045
元恪采纳甄琛的建议，撤销盐池禁令 / 047
曹景宗、韦睿大败北魏军 / 057

【主要学习点】

不要轻视手握大权的年轻人 / 038
没有固定立场，就容易被人蛊惑 / 046
"剿匪"是一项业务 / 056

卷第一百四十七　梁纪三

（公元508年—514年，共7年）/ 061

【主要历史事件】

北魏立高贵嫔为皇后，其父高肇地位更加贵重 / 064
元愉假称高肇篡位，自立为皇帝 / 065
高肇诬告元勰谋反，元勰被诛杀 / 066
北魏邢峦大败白早生 / 068
元翼密谋举州归降北魏，消息泄露后被处死 / 075
胡国珍之女胡充华生北魏皇子元诩 / 076
北魏立元诩为太子，废除"立子杀母"制度 / 085
沈约去世，谥号为"隐侯" / 088

【主要学习点】

痴心妄想是人性 / 079
随便撂担子，是对自己不负责！/ 087
英雄可以激励世世代代的人 / 090
以利为利，只会求利得害 / 093

卷第一百四十八　梁纪四

（公元515年—518年，共4年）/ 095

【主要历史事件】

北魏宣武帝元恪病逝，太子元诩即位 / 097
高肇被刑豹扼杀，北魏朝廷对外称其自杀 / 099
北魏尊胡太妃为皇太后，尊其父为光禄大夫 / 102
胡太后接受群臣奏请，开始临朝称制 / 103
胡太后拒绝治罪于忠，任用其为太师 / 104
胡太后代替北魏皇帝元诩主持祭祀 / 105
淮河大坝崩溃 / 110
北魏厚葬胡国珍 / 117
萧衍探访萧宏，对其奢侈加以赞许 / 119
北魏禁止私人开采盐池 / 122

【主要学习点】

收买人心的行为非常危险 / 100
以自己的感情和欲望行事，国家必然会灭亡 / 108
仁恕不施于民众，就是空有仁恕 / 115

卷第一百四十九　梁纪五

（公元519年—523年，共5年）/ 123

【主要历史事件】

张仲瑀要求排抑武官，其家人被武官屠害 / 125
元义、刘腾软禁胡太后，诬告诛杀元怿 / 132
元熙要求讨伐元义和刘腾，被卢同诛杀 / 134
奚康生欲助胡太后捕杀元义，失败后被斩首 / 138
萧正德不受北魏优待，返回梁朝 / 143
北魏崔光去世 / 147

【主要学习点】

动乱之中，不能守财 / 127
宰相起于州郡，猛士起于卒伍 / 146

卷第一百五十　梁纪六

（公元524年—525年，共2年）/ 149

【主要历史事件】

北魏莫折念生自立为天子 / 153
秀荣酋长尔朱荣平定叛乱 / 156
源子雍劝降胡人桑生成功 / 159
元法僧自立为帝，改年号为天启 / 162
元义辞去领军之职 / 164
胡太后临朝称制，赐死元义 / 165
北魏崔延伯战死，朝廷内外恐慌 / 168
萧综自认为东昏侯之子，投奔北魏 / 170

【主要学习点】

衰至便骄，骄至便衰 / 155
有德义，才能争夺天下 / 157
权力之下，亲情完全靠不住 / 167
激励员工，要长期激励和短期激励相结合 / 175

卷第一百五十一　梁纪七

（公元526年—527年，共2年）/ 177

【主要历史事件】

北魏境内盗贼增多，征战不断，财政枯竭 / 186
北魏殷州被叛军攻破，刺史崔楷被杀 / 186
萧衍在同泰寺舍身，三日后回宫 / 193
杨椿建议朝廷派人监督萧宝寅，朝廷拒绝 / 194
梁朝曹仲宗、陈庆之攻下北魏涡阳 / 197
萧宝寅意欲谋反，游说苏湛，苏湛拒绝支持 / 199
萧宝寅自立为齐帝，改年号为隆绪 / 200

【主要学习点】

不念旧恶，是大德 / 189
只做历史判断，不做现实判断 / 191
没有内控监督，好人也会变坏 / 195
人不能为自己考虑太多 / 200

卷第一百五十二　梁纪八

（公元528年，共1年）/ 203

【主要历史事件】

北魏潘嫔生女，胡太后诈称其为皇子 / 206
侯终德反叛，萧宝寅投奔万俟丑奴 / 207
北魏孝明帝意欲胁迫胡太后，被太后毒杀 / 209
胡太后立皇女为帝，又立元钊为帝 / 210
尔朱荣发兵立元子攸为帝 / 211
尔朱荣逮捕胡太后及元钊，将其沉入黄河 / 211
河阴之变 / 213
尔朱荣意欲迁都，元谌阻止 / 214
北魏元悦、元彧、元颢因河阴之变，投奔梁朝 / 217
尔朱荣任命宇文泰为统军 / 221

【主要学习点】

解决问题的举措，会制造出更大的问题 / 212
有脑子的人，思考问题和行动决策一以贯之 / 216
不要高估自己对别人的贡献和恩德 / 218

卷第一百五十三　梁纪九

（公元529年，共1年）/ 225

【主要历史事件】

元颢即帝位于睢阳，改年号为孝基 / 229
陈庆之屡战屡胜，元颢入洛阳宫，改年号为建武 / 229
尔朱荣夜袭元冠受，追击陈庆之，陈庆之逃回建康 / 234
元颢被杀，元彧归顺北魏孝庄帝 / 236
萧衍亲临同泰寺，群臣捐一亿万钱赎皇帝 / 238
北魏侯渊平定幽州 / 239

【主要学习点】

尊哥哥为帝，始作俑者在此 / 228
聪明人不能避免骄傲，但是绝不能懈怠懒惰 / 233
要决策，就要做自己的旁观者 / 236

卷第一百五十四　梁纪十

（公元530年，共1年）/ 241

【主要历史事件】

尔朱天光大败万俟丑奴，萧宝寅被押送北魏 / 243
北魏孝庄帝多次谋划杀死尔朱荣，最终成功 / 247
尔朱兆攻入北魏皇宫，囚禁孝庄帝 / 255
尔朱兆将孝庄帝迁至晋阳，并将其缢杀 / 258
高欢增援尔朱兆，尔朱兆与其结拜为兄弟 / 260
高欢向北乡长公主借马，尔朱兆斩白马，与高欢立誓 / 261

【主要学习点】

成功人士的过分骄傲自信是个大问题 / 252
舍不得给人钱是一种致命的性格 / 259

卷第一百五十五　梁纪十一

（公元531年—532年，共2年）/ 263

【主要历史事件】

尔朱世隆兄弟立元恭为帝，改年号为普泰 / 265
高欢向东开拔，李元忠向高欢献计 / 268
梁朝昭明太子萧统去世 / 272
梁朝立昭明太子同母弟萧纲为皇太子 / 276
高欢起兵讨伐尔朱氏 / 278
杨椿家族被尔朱世隆诬陷谋反，被诛杀 / 279
高欢大败尔朱兆 / 282
尔朱天光、尔朱兆等于邺城会合，被高欢打败 / 285
高欢等立元修为帝 / 288
北魏孝武帝毒死节闵帝 / 290

【主要学习点】

君子贵在不随便说话 / 266
好人不知道坏人有多坏，坏人不知道好人有多好！/ 276
政治上的"接近律" / 277
松懈就要受惩罚 / 282
要以逸待劳 / 293

卷第一百四十五　梁纪一

（公元502年—504年，共3年）

高祖武皇帝一

天监元年（公元502年）

1 春，正月，齐和帝萧宝融派兼侍中席阐文等到建康慰劳。

2 大司马萧衍下令："凡东昏侯萧宝卷时期的浮华浪费，除了可以用来学习礼乐、修缮甲兵的之外，其余的全部禁绝。"

萧衍迎宣德太后入宫

3 正月九日，萧衍迎宣德太后入宫，临朝称制，解除承制。

【华杉讲透】

皇帝还在江陵，萧衍就找出一个太后来，临朝称制，这是已经甩开皇帝了。自己解除承制，表面上不再行使皇帝职权，实际上开始观望人心反应，准备篡位，启发"聪明人"主动劝进。

4 正月十日，任命宁朔将军萧昺监南兖州诸军事。萧昺，是萧衍的堂弟。

5 正月十三日，擢升大司马萧衍为都督中外诸军事，剑履上殿，赞拜不名（可以不脱鞋，带剑上殿；朝拜帝王时，赞礼官不直呼其姓名，只称官职。篡位信号出现了）。

6 正月二十日，任命大司马长史王亮为中书监，兼尚书令。

7 当初，大司马萧衍与黄门侍郎范云、南清河太守沈约、司徒右长史任昉同在竟陵王萧子良的西邸任职，感情亲密。至此，任命范云为大司马咨议参军、领录事，沈约为骠骑司马，任昉为记室参军，参与军国谋议。前吴兴太守谢朓、国子祭酒何胤，之前都弃官回家，萧衍上奏太后，想征召他们为军咨祭酒，谢朓、何胤都不来。

大司马萧衍内心有受禅之志。沈约试探他，萧衍不作反应。过了几天，沈约又进言说："今时与古代不同，不可以期待别人有淳朴的风气。士大夫们攀龙附凤，跟着您的，都希望自己能有尺寸之功。如今连放牛娃都知道齐国国祚已尽，明公当承继天命；天象和谶记的显示都十分明显。天心不可违，人情不可失。如果历数就在明公身上，明公就是想要谦让，也不可得。"萧衍说："我正在考虑这个问题。"沈约说："明公当初在樊城、沔水兴兵举事时，就应该思量；如今王业已成，还有什么需要思考的！如果不早定大业，只要有一个人突然唱起反调，就会损伤明公的威德。况且人非金玉，时事难保，岂可以齐国的封赏传给子孙！如果天子还都，公卿在位，则君臣名分已定，不再有异心。君主在上明察，臣子在下尽忠，那时候岂会还有人与明公一起做贼！"萧衍同意。

沈约出去后，萧衍召来范云，告诉他情况，范云的意见也大致和沈约相同。萧衍说："智者的意见，不谋而合。卿明早就带沈约一起来！"范云出来，告诉沈约，沈约说："明天你一定要等着我！"范云许诺，而第二天沈约自己先去见了萧衍。萧衍命沈约制订计划，沈约于是从怀中掏出早已写好的诏书及各部门人选名单，萧衍一字不改。过了一会儿，范云从外面来，到了殿门，被禁卫阻止，不能进入，徘徊在寿光阁外，嘴里只是念叨："怪事！"沈约出来，范云问："对我怎么安排？"沈约举手向左（意思是尚书左仆射），范云笑道："没有让我失望。"过了一会儿，萧衍召范云进去，感叹说沈约才智纵横，并且说："我起兵至今，已经三年，功臣诸将确实也都有功劳，但是成就我帝业者，就你们两人！"

正月二十五日，太后下诏，擢升大司马为相国，总百揆，扬州牧，封十郡给他从而使他成为梁公，备九锡之礼，设置梁国的各种官职，去除录尚书之号，骠骑大将军如故。

二月二日，梁公接受任命。

南齐湘东王萧宝晊，是安陆昭王萧缅之子，颇好文学。东昏侯死后，萧宝晊盼望大家拥护自己登基，坐在家里等法驾来接。既而王珍国等把萧宝卷的首级送给梁公萧衍，萧衍任命萧宝晊为太常，萧宝晊心中不能自安。二月三日，萧衍声称萧宝晊谋反，连同他的弟弟江陵公萧宝览、汝南公萧宝宏一起杀了。

【华杉讲透】

三年征战，浴血奋战的将士，都不如劝进的沈约和范云功劳大，这就是刘邦所言"功人"和"功狗"的区别了。"功狗"只是像马仙琕说的那样，主人让咬谁就咬谁；"功人"则能识破天机，告诉主人该往哪儿咬，什么时候咬，怎么咬，咬下来之后怎么安排。沈约早已成竹在胸，全都安排好了，所以他不愿意与范云分享他的成就，摆了范云一道，自己把事办了。

8 三月十三日，朝廷下诏，梁国选任各种要职官员，全部依照朝廷制度。于是任命沈约为吏部尚书兼右仆射，范云为侍中。

萧衍接收了萧宝卷的余妃，沉迷于她的美色，颇为妨碍政事，范云进谏，萧衍不听。范云与侍中、领军将军王茂一起入见，范云说："当年刘邦入关，没有宠幸一个妇女，所以范增敬服他，说他志向远大。如今明公刚刚平定建康，天下人都在观望风声，您为什么要走上这乱亡之路，被女人牵累呢！"王茂起身叩拜说："范云说得对。明公必以天下为念，不宜贪恋女色。"萧衍默然不语。范云即刻请求把余妃赏给王茂，萧衍赞赏他们的话，同意了。第二天，赏赐范云、王茂钱各一百万。

二月二十七日，朝廷下诏，梁公增封十郡，晋爵为王。

三月五日，萧衍受命，梁国大赦，赦免国内及府州所统死刑犯以下的囚犯。

萧宝寅夜逃北魏，受元澄礼待

9 三月十三日，萧衍杀南齐邵陵王萧宝攸、晋熙王萧宝嵩、桂阳王萧宝贞。

梁王萧衍准备杀南齐诸王，但是对各亲王的防范还不是很严密。鄱阳王萧宝寅家的阉人颜文智与左右心腹麻拱等密谋，夜里穿墙送萧宝寅逃出。他们在江岸准备了一条小船，萧宝寅身穿黑布短袄，腰系一千余钱，偷偷跑到江边，穿着草鞋，徒步奔走，足无完肤。防守者到天明时前来追捕，萧宝寅假扮成一个钓鱼人，上下漂荡十余里，追捕的人没有怀疑。等追者散去后，萧宝寅才渡过西岸，投奔平民华文荣家，华文荣与其族人华天龙、华惠连抛家弃业，带着萧宝寅藏匿在山涧中，租了一头毛驴载着萧宝寅，白天躲避，夜里赶路，抵达寿阳东城。北魏戍主杜元伦飞驰报告扬州刺史、任城王元澄，元澄以车马及侍卫迎接。萧宝寅时年十六岁，由于徒步而形容憔悴，看见的人都以为他是被抢掠贩卖来的奴隶。元澄待之以客礼，萧宝寅请求身穿君王去世时臣子应该穿的斩衰丧服，元澄派人解释说这不合适，只把兄长去世时弟弟该穿的齐衰丧服给他。元澄率官僚前往吊丧，萧宝寅居处有礼，跟哀悼君父之丧一样。寿阳人敬佩他的节义，都来吊唁慰问，唯独不见夏侯一族，这是因为夏侯详追随梁王萧衍。经此一事元澄对萧宝寅深为器重。

10 齐和帝萧宝融东归，任命萧憺为都督荆州和湘州等六州诸军事、荆州刺史。荆州在战争之后，公私空乏，萧憺励精图治，推广屯田，节省力役，抚恤慰问死亡士兵家属，解决他们的困难。他认为自己以少年（时年二十五岁）居于重任，对将佐们说："政事没搞好，士人君子都应感到痛惜。我如今开诚布公，诸位也不要隐藏！"于是人人尽心尽力。民间想要打官司的人，就站在他面前，等候判决，他在顷刻之间就能裁定，没有任何拖延积压，荆人大悦。

齐和帝下诏禅位于萧衍

11 齐和帝萧宝融抵达姑孰。三月二十八日，萧宝融下诏禅位于梁王。

12 三月二十九日，庐陵王萧宝源去世。

【胡三省注】

"非疾也。"不是病死。

13 鲁阳蛮夷鲁北燕等起兵攻打北魏颍州。

萧衍即位，改年号为天监

14 夏，四月三日，宣德太后下令说："西边的诏书到了，皇帝仿效前代，恭敬地将神器禅让给梁国，明天我将亲自登殿，遣使恭授皇帝御玺，我作为未亡人，将归于别宫。"

四月四日，太后发出诏书，派遣兼太保、尚书令王亮等奉皇帝御玺到梁宫。

四月八日，梁王萧衍即皇帝位于南郊，大赦，改年号为天监。（南朝宋齐梁陈之梁朝建立，史称"南梁"。）

当天，追赠兄长萧懿为丞相，封长沙王，谥号宣武，葬礼依晋安平献王司马孚的葬礼规格举行。

四月九日，奉齐和帝萧宝融为巴陵王，宫殿设在姑孰，对其优待尊崇的礼仪，都仿照南齐初年对刘宋亡国之君刘准的先例。奉宣德太后为齐文帝妃，王皇后为巴陵王妃。南齐所有亲王、公爵、侯爵，全部降级或撤销，唯独南齐篡政后刘宋汝阴王的爵位，不在废黜之列。

追尊父亲萧顺之为文皇帝，庙号太祖；母亲为献皇后。追谥王妃郗氏为德皇后。封文武功臣车骑将军夏侯详等十五人为公爵、侯爵。立皇弟、中护军萧宏为临川王，南徐州刺史萧秀为安成王，雍州刺史萧伟为建安王，左卫将军萧恢为鄱阳王，荆州刺史萧憺为始兴王，任命萧宏为扬州刺史。

四月九日，任命中书监王亮为尚书令，相国左长史王莹为中书监，吏部尚书沈约为尚书仆射，长兼侍中范云为散骑常侍、吏部尚书。

15 皇帝萧衍下诏，凡后宫、乐府、西解（杂作坊）、暴室（皇宫内的染布及纺织作坊。宫中妇人有疾病及后妃之有罪者亦居此室）妇女一律遣散出宫。

16 四月十日，巴陵王萧宝融去世。当时，萧衍想以南海郡为巴陵国，把萧宝融迁过去。沈约说："古代和现在情势不一样，就像曹操说的：'不可慕虚名而受实祸'。"萧衍点头，于是派亲信郑伯禽到姑孰，把生金给萧宝融。萧宝融说："我死不需要吞金，醇酒足矣。"于是喝得大醉，郑伯禽就上前把他杀了。

萧宝融镇守荆州时，琅邪人颜见远为录事参军。萧宝融即皇帝位之后，颜见远为治书侍御史兼中丞。萧宝融禅位后，颜见远绝食数日而死。萧衍听闻，说："我应天命从人意，跟天下士大夫有什么相干，颜见远何至于此！"

17 四月十二日，萧衍下诏："有司参照周朝、汉朝前例，讨论法律上用钱赎罪的条例，凡是在任官员，身犯鞭打之罪的，一律停止鞭打，改判罚金。其他各台省低级官吏及士卒，想要交罚款赎罪的，一律批准。"

萧衍安抚萧子恪兄弟

18 晋封谢沭县公萧宝义为巴陵王，奉南齐祭祀。萧宝义幼年就有残疾，不能说话，所以唯独他得以保全性命。

南齐南康侯萧子恪及弟弟祁阳侯萧子范（二人是南齐豫章王萧嶷的儿子）曾经因事入见萧衍，萧衍从容对他们说："天下公器，并非可以力取，如果没有时运，就算是项羽那样的英雄，终究也是败亡。宋孝武帝刘骏，性格多疑，兄弟中稍微有点名声的，都被他毒杀，朝臣因为被怀疑而冤死的，前后相继。但是，有的人虽然被怀疑，却并不能把他们铲除；有的人根本没有被怀疑，却能引起灾祸。你们的祖父（萧道成）因为有才干受到猜疑，但刘骏并没有把他怎么样；湘东王刘彧，因为庸劣愚昧，不被猜疑，但刘骏的子孙，全部死于刘彧之手。我那时候已经出生，你们又怎能知道我会有今日！所以说啊，有天命的人，不是谁能害得了的。我刚刚平定建康时，别人都劝我把你们全部铲除，让大家对我死心塌地，我那时候如果依此而行，谁敢说不行！正是因为晋朝南渡以来，每次改朝换代，必相屠灭，感伤和气，所以国祚不长。而且，从齐到梁，虽然也是改换天命，但情况跟之前不一样，我与你们兄弟，虽然出了五服，但血缘关系并不太远（萧衍是萧道成族侄），齐国创业之初,也曾同甘共苦,情同一家,岂可比如行路之人(萧道成夺取政权时,萧顺之是功臣)!你们兄弟如果真有天命,也不是我杀得了的;如果没有天命,我又杀你们做什么!只是显示我没有度量罢了。况且建武帝萧鸾屠杀你家,我起义兵,不只是为自己雪耻,也是为你们兄弟报仇。你们如果能在萧鸾、萧宝卷时期拨乱反正,我岂不是也放下干戈,推奉你们吗!我自取天下于萧鸾家,不是取之于你们家。当初刘子舆自称是汉成帝刘骜的儿子,光武帝刘秀说:'假使成帝复生,天下也不会归他,何况刘子舆!'曹志,是曹操的孙子,为晋室忠臣。何况你们今日仍然是宗室,我心坦然,对你们抱有期许,你们不要把自己当外人!不需要多久,你们自然会知道我的心。"

萧子恪兄弟一共十六人,都在梁朝做官,萧子恪、萧子范、萧子质、萧子显、萧子云、萧子晖都以才能知名,担任清闲高官,都得以终其天年。

【华杉讲透】

夺取天下靠的是时运

萧衍从容坦然地说出一番话,也算是推心置腹,至理名言。天下不可力夺,也不可智取,都是时运使然。孟子曰:"莫非命也,顺受其正。"一切都是命运,但顺理而行,接受的就是正命。

19 萧衍下诏,征召谢朏为左光禄大夫、开府仪同三司,何胤为右光禄大夫,何点为侍中。何胤、何点始终不肯就职。

20 四月十五日,萧衍下诏:"在公车府的谤木、肺石旁各设置一个信箱,如果官员们不肯进言,百姓对朝廷和官府有什么意见,可以投入谤木旁的信箱;如果有功劳被掩盖,有才器被压制,或者有冤情不能昭雪,可以投入肺石旁的信箱。"

【华杉讲透】

谤木和肺石的规矩

谤木、肺石，是尧帝开创的规矩。在宫门前竖立一个"丁"字形木架，鼓励百姓在木架上写下批评政府的言论，称为"谤木"，也称"表木"。肺石，是一块红色的巨石，放在宫门外。《周礼》说，人民有冤苦要向君王陈述，被官员压制，不肯传达时，人民可以站在肺石上面，三天之后，法官就要听取他的控诉，转告君王。

谤木后来发展成华表，成了皇权的象征，没有原来的功能了。

皇帝萧衍身穿洗过的衣服，平常吃饭只有蔬菜。每次选拔高级官员，一定选廉洁公正的，都召见于前，用施政的道理勉励他们。擢升尚书殿中郎到溉为建安内史，左户侍郎刘䂮为晋安太守，二人皆以廉洁著称。到溉，是到彦之的曾孙。

萧衍又发布命令说："小县县令有才能，升迁到大县，大县县令有才能，升迁到二千石。"任命山阴县令丘仲孚为长沙内史，武康县令、东海人何远为宣城太守。从此，廉洁有才能的人都深受鼓励。

21 鲁阳蛮夷围攻北魏湖阳，被抚军将军李崇率军击破，鲁北燕被斩首；一万余户蛮夷被迁移到幽州、并州诸州及六镇。不久，他们又叛变，向南逃走，沿途受到官军追讨，走到黄河，几乎被全部杀尽。

22 闰四月三十日，北魏顿丘匡公穆亮去世。

萧衍诛杀叛贼孙文明等人

23 南齐东昏侯萧宝卷的嬖臣孙文明等，虽然已经有了大赦令，还是不能自安。五月十八日夜，孙文明等率其徒众数百人，利用运送荻草火炬的机会，把武器藏在荻草内，进入南、北掖门作乱。烧神虎门、总章观，攻入卫尉府，杀卫尉、洮阳愍侯张弘策。前军司马吕僧珍在殿内值班，带着值班的卫兵抵抗，不能击退他们。皇帝萧衍全副武装，登上前殿，说："贼夜里来，是因为他们人少，天亮就跑了。"命令击五更鼓。领军将军王茂、骁骑将军张惠绍闻难，引兵赴救，贼人散走，官军继续追捕，将贼人全部诛杀。

陈伯之谋反，萧衍下令讨伐

24 南梁江州刺史陈伯之目不识丁，收到公文或官司诉讼，只是在纸上画押而已。有什么事，都由典签传他的口令，予夺大权全由传话者决定。豫章人邓缮、永兴人戴永忠有旧恩于陈伯之，陈伯之任命邓缮为别驾，戴永忠为记室参军。河南人褚緭居住在建康，一向没有品行，仕宦不得志，频频造访尚书范云，范云不理睬他。褚緭怒，私底下对亲近的人说："建武年（指萧鸾登基）之后，草泽贱民全都转身一变成了贵人，我有何罪，唯独抛弃我！如今天下草创，百姓饥馑不已，天下丧乱，还未可知。陈伯之拥强兵在江州，又不是萧衍旧臣，心中不能自安；况且荧惑星紧靠南斗星，这星象岂不是为我而出吗！如今起事，就算不能成功，投靠魏国，也不失为河南郡守。"于是前往投奔陈伯之，陈伯之对他十分亲密。陈伯之又任命同乡朱龙符为长流参军，这些人都利用陈伯之的愚昧，大肆偷奸牟利。

皇帝萧衍听闻，派陈伯之的儿子陈虎牙私底下告诫陈伯之，又派人替代邓缮为别驾。陈伯之拒绝接受命令，上表说："朱龙符骁勇，邓缮有功绩；至于朝廷所派遣的别驾，请改任为治中。"邓缮于是日夜游说陈伯之："朝廷府藏空竭，又没有武器，三大粮仓，里面根本都没有米。东境饥荒，人民流离，这是万世一时之机，机不可失！"褚緭、戴永忠等都表示赞成。陈伯之对邓缮说："我再上奏保你，如果保不成，就与你一起造反。"

皇帝萧衍指示陈伯之，可以在境内找一个郡给邓缮做太守，于是陈伯之集合府州僚佐，对大家说："奉齐建安王（逃入北魏的萧宝寅）教令，建安王率江北义勇军十万人，已抵达六合，命我以江州现有全部兵力，运粮速下。我承受明帝厚恩，誓死以报。"即刻下令戒严，命褚緭伪造萧宝寅的信，出示给僚佐们观看，就在议事厅前筑坛，歃血共盟。

褚緭对陈伯之说："如今举大事，应该任用众望所归的人。长史程元冲，不与人同心；临川内史王观，是王僧虔的孙子，人际关系不错，可以召他为长史，以替代程元冲。"陈伯之听从，仍以褚緭为寻阳太守，戴永忠为辅义将军，朱龙符为豫州刺史。王观不接受任命。豫章太守郑伯伦起郡兵抵抗。程元冲被解职后，在家众集结率领数百人，乘陈伯之不备，突击到议事厅前，陈伯之亲自出来格斗，程元冲不能取胜，逃入庐山。陈伯之秘密送信告诉陈虎牙兄弟谋反的事，陈虎牙兄弟都逃奔盱眙。

戊子（五月无此日），皇帝萧衍下诏以领军将军王茂为征南将军、江州刺史，率众讨伐陈伯之。

25 北魏扬州小岘戍主党法宗袭击大岘戍，击破，俘房龙骧将军邴菩萨。

陈伯之不敌王茂，投奔北魏

26 陈伯之听闻王茂来，对褚緭等人说："王观既不接受任命，郑伯伦又不肯跟从，我们眼看着要空手受困。如今我们应先平定豫章，打通南方通道，多征发兵力，加强粮草物资运输，然后以席卷之势北上，以扑饥疲之敌，不担心不能成功。"

六月，留同乡唐盖人守城，引兵直扑豫章，攻打郑伯伦，不能攻下。王茂军抵达，陈伯之前后受敌，于是败走，从小道渡江，与陈虎牙等及褚緭一起投奔北魏。

27 皇帝萧衍派亲信陈建孙送益州刺史刘季连的子弟三人入蜀，让他们宣旨慰劳。刘季连受命，命家人准备行装还京，新任益州刺史邓元起才得以上任就职。

当初，刘季连为南郡太守，对邓元起（南郡人）傲慢无礼。都录（郡府官职，总章文书及计簿）朱道琛有罪，刘季连想要杀他，朱道琛逃匿得免。这时，朱道琛为邓元起的典签（处理文书的小吏），对邓元起说："益州乱离已久，公私虚耗。刘季连马上就要离开，怎么会派人远远来迎接！请派我先去探察准备，沿路奉迎，不然，万里供应资粮，不是那么容易的事。"邓元起同意。朱道琛到了之后，言语不恭，又造访府州人士，看见喜欢的器物，就直接夺取，有不愿意给的，他就说："早晚是别人家的东西，何苦舍不得！"于是州府和辅国将军府各级官吏，都大为恐惧，认为邓元起到了，一定会诛杀刘季连，祸及党羽，竞相向刘季连报告。刘季连也以为然，而且又因自己当初对邓元起无礼，怕遭到报复，于是计算自己兵力，有精甲十万，叹息说："据天险之地，握此强兵，进可以匡社稷，退不失为刘备，离开这里，还能到什么地方去？"于是刘季连召集佐史，矫称齐宣德太后令，聚兵造反，逮捕朱道琛，杀死了他。

刘季连召巴西太守朱士略及涪县县令李膺，二人都不受命。

本月，邓元起抵达巴西，朱士略开城门迎接。

之前，蜀民多逃亡，听闻邓元起到了，争相出来投附，都声称起义兵响应朝廷，新旧士兵加在一起，有三万余人。邓元起在路上时间长了，粮食乏绝，有人建议说："蜀土政令不严，百姓多有谎称残疾（逃避兵役），如果检查巴西一郡的户籍，查出来罚款，收获必定丰厚。"邓元起赞同。李膺进谏说："使君前有大敌，后无援兵，山民刚刚归附，正在观察我们的仁德。如果以苛政纠察他们，人民必定难以承受；众心一离，后悔无及，何必一定要靠处罚的办法来供应军队！请派我去办，不愁资粮不足。"邓元起说："好，全交给你！"李膺退下，率富民捐献军粮，得三万斛。

28 秋，八月二十二日，皇帝萧衍命尚书删定郎、济阳人蔡法度整理王植之集注的《齐律》，经过增删，修订为《梁律》，又命他们与尚书令王亮、侍中王莹、尚书仆射沈约、吏部尚书范云等九人同议定。

29 萧衍一向擅长音律，想要厘正雅乐，于是自制四种乐器，称为"通"。每通有三根弦，黄钟弦用二百七十丝，长九尺，应钟弦用一百四十二丝，长约四尺七寸四分，中间的十律，以这个差额去推算。以这种"通"奏出的声音，转推月气，没有丝毫错误，而彼此之间还能相互和谐。又制作十二支笛子，黄钟笛长三尺八寸，应钟笛长二尺三寸，中间的十律，用这个差额去计算，用这种笛子吹出的声音，配合古钟玉律，一点不差。于是用八种乐器演奏（金、石、丝、竹、匏、土、革、木），发出七种音调（宫、商、角、徵、羽、变宫、变徵），无不和韵。之前，天子的"宫悬"仪仗只设置有四个镈钟（大钟），杂以编钟、编磬、衡钟，一共十六个钟架。萧衍开始下令设置十二镈钟，各有编钟、编磬，共三十六个钟架，然后撤销衡钟，并在仪仗的四个角落增设四个大鼓。

30 北魏高祖元宏葬礼的时候，前太傅、平阳公元丕从晋阳来吊唁，留在了洛阳。元丕年八十余岁，历事六任皇帝，位极公辅，后来被贬为庶人。北魏主元恪因为他是宗室耆旧，对他尊敬且礼待。八月三十日，任命元丕为三老（掌教化）。

31 北魏扬州刺史、任城王元澄上表，请求攻打钟离，北魏主元恪派羽林监、敦煌人范绍到寿阳，与他共同商量作战计划。元澄说："应当用兵十万，往来一百天，乞请朝廷火速筹办粮草和武器。"范绍说："如今已是秋末，现在征调，士兵和武器可以调集，粮从哪里来？有兵无粮，何以克敌？"元澄沉思良久，说："确实像你说的那样。"于是停止了这一行动。

32 九月二日，北魏主元恪抵达邺城。

冬，十月十六日，元恪回到怀县，与宗室近侍比赛射箭；元恪射了三百五十余步，群臣刻石碑赞美。十月二十日，元恪回到洛阳。

33 十一月五日，南齐皇帝萧衍立小庙以祭祀太祖萧顺之母，每次祭祀太庙之后，以一太牢（牛羊猪各一）祭祀此小庙。

34 十一月十日，南梁立皇子萧统为太子。

35 北魏洛阳宫室落成。

36 十二月，南梁将军张嚣之入侵北魏淮南地区，攻下木陵戍；北魏任城王元澄派辅国将军成兴反击，张嚣之败走，北魏收复木陵。

37 刘季连派部将李奉伯等抵御邓元起，邓元起与他交战，互有胜负。时间长了，李奉伯等战败，回到成都，邓元起进兵屯驻西平。刘季连驱略居民，闭城固守。邓元起进兵屯驻蒋桥，离成都二十里，把辎重留在郫县。李奉伯等抄小道袭击郫县，攻陷，邓元起的军备物资全部落入敌手。邓元起放弃郫县，直接包围州城；城局参军江希之密谋献出城池投降，失败被杀。

38 北魏陈留公主寡居，仆射高肇、秦州刺史张彝都想娶她，公主答应张彝，不答应高肇。高肇怒，向北魏主元恪诬告张彝，张彝因此被免职回家，赋闲多年。

39 本年，江东大旱，米价一斗五千钱，民多饿死。

天监二年（公元503年）

1 春，正月二日，南梁朝廷任命尚书仆射沈约为左仆射，吏部尚书范云为右仆射，尚书令王亮为左光禄大夫。

正月三日，王亮被控元旦装病不上朝，被削除爵位，废为庶人。

2 正月二十二日，北魏主元恪亲耕天子籍田。

3 北魏梁州氐人杨会反叛，担任行梁州事的杨椿等前去讨伐。

刘季连向梁朝投降，萧衍赦免他为庶人

4 成都城中粮食吃尽，一升米卖到三千钱，人相食。刘季连一年几个月吃稀饭，无计可施。萧衍派主书赵景悦宣诏，接受刘季连投降，刘季连肉袒请罪。邓元起将刘季连迁到城外，不久亲自登门拜访，待之以礼。刘季连谢罪说："早知如此，岂有前日之事！"后来郫城也投降了。邓元起诛杀李奉伯等，送刘季连到建康。

当初，邓元起在路上，担心事情不能成功，又拿不出什么赏赐，对前来投奔的士人，都许诺给他们官做，于是拿到别驾、治中委任状的就有将近二千人。

刘季连到了建康，入东掖门，走几步就跪下叩头一次，一直到萧衍面前。萧衍笑道："你想要做刘备，结果连公孙述都不如，是因为你没有诸葛亮那样的臣子吧！"赦免他，废为庶人。

【华杉讲透】

纯臣太少，小人太多，领导太难！

一个小人能闯下多大祸！做一个领导者，用人和决策又有多难！邓元起只因错用了一个朱道琛，就无事生非，激起兵祸，把成都搞到了人相食的地步。他如果再错一次，采用了罚款筹军费的建议，恐怕就不一定能平定四川了。那献计罚款的人，恐怕和朱道琛一样没安好心，也是想上下其手，中饱私囊。

纯臣太少，小人太多，领导太难了！邓元起的教训在哪里呢？一是他对朱道琛的背景缺乏调查，没搞清楚他和刘季连的关系；二是派他去的时候，应该多派一个人，相互监督，不能让他一手遮天。

5 三月十七日，北魏皇后在洛阳北郊举行养蚕典礼。

6 三月二十八日，北魏扬州刺史、任城王元澄派长风戍主奇道显入寇南梁，攻取阴山、白藁两个军事据点。

萧宝寅请求北魏派兵讨伐梁朝

7 萧宝寅跪伏于北魏宫阙之下，请兵伐梁，虽暴风大雨，始终不肯离去。正巧陈伯之降魏，也请兵自效。北魏主元恪于是命八坐大臣和门下省高官入宫定议。夏，四月一日，任命萧宝寅为都督东扬州等三州诸军事、镇东将军、扬州刺史、丹杨公、齐王，礼赐甚厚，配兵一万，命他屯驻东城；任命陈伯之为都督淮南诸军事、平南将军、江州刺史，屯驻阳石，准备等秋冬集结，大举南侵。萧宝寅得知第二天就能接受北魏任命，从夜里恸哭到早晨。北魏又允许萧宝寅招募四方壮勇，得数千人，颜文智、华文荣等六人皆为将军、军主。萧宝寅志性雅重，守丧日过了，仍然断绝酒肉，惨形悴色，蔬食粗衣，从不嬉笑。

8 四月二十一日，蔡法度呈上《梁律》二十卷、《令》三十卷、《科》四十卷。皇帝萧衍下诏班行。

9 五月六日，霄城文侯范云去世。范云尽心侍奉皇上，知无不为，工作繁重，精力过人。他去世之后，众人认为沈约应该担任中枢大臣，萧衍认为沈约性格轻浮，不如尚书左丞徐勉，于是让徐勉和右卫将军、汝南人周舍同参国政。周舍雅量不及徐勉，但清廉简约又有过之，两人俱被称为贤相，常留在尚书省内，很少休假。徐勉有时回家，群犬惊吠，都不认识主人；每有表奏之后，就焚毁草稿。周舍参与机密二十余年，未尝离开皇帝左右，国史、诏诰、仪体、法律、军旅参谋都是他主掌。与人谈笑，终日不绝，但没有一句话泄露机密，众人尤其服他。

10 五月二十一日，皇帝萧衍下诏，禁止诸郡县向皇宫和东宫进贡，只有各州及会稽郡可以进贡土产。如果不是土产，也不得进贡。

11 五月二十三日，北魏杨椿等大破反叛的氐人，斩首数千级。

12 六月一日，北魏立皇弟元悦为汝南王。

13 北魏扬州刺史、任城王元澄上表称："萧衍频频截断东关，想要使巢湖泛溢，以水淹我淮南诸戍卫据点。吴楚一带多水，他们一边利用水攻，一边出兵抢掠，淮南之地恐怕将不再为我所有。寿阳离长江五百余里，人心惶惶，又恐惧水灾，我们应该顺应人民的愿望，乘敌人不备攻打他们，预先动员各州，征召士兵和战马，到秋天集结起来，见机行动，虽然未必能统一天下，至少也能保障长江以北地区的安全。"

六月五日，北魏征发冀州、定州、瀛州、相州、并州、济州六州二万人，马一千五百匹，下令八月在淮南集合，连同之前在寿阳的兵力三万人，全部交给元澄指挥；萧宝寅、陈伯之都受元澄节度。

14 谢朏乘轻舟到建康，萧衍下诏，任命他为侍中、司徒、尚书令。谢朏推辞说有脚疾，不能跪拜，头戴隐士方巾，坐一乘小轿，到云龙门谢恩。萧衍下诏，在华林园接见，谢朏乘小车就席。第二天，萧衍又亲自到谢朏家，宴语尽欢。谢朏坚持要求继续隐居，萧衍不许；于是谢朏申请回东方迎接母亲，萧衍批准。临出发前，萧衍又到他家，赋诗饯别；朝廷官员前往送迎，相望于道路。回来之后，萧衍下诏，在谢朏旧宅原址为他修建新的府第，礼遇优异。但谢朏一向厌烦工作，对他职责内的事，也不处理，众人颇为失望。

15 六月十三日，皇帝萧衍任命中书监王莹为尚书右仆射。

16 秋，七月五日，北魏平阳公元丕去世（享年八十二岁）。

17 北魏解除了民间经营盐池的禁令，利益都被富人和豪强把持。七月二十日，盐池再度收归国有。

18 七月二十一日，北魏任命彭城王元勰为太师；元勰坚决推辞。北魏主元恪赐诏敦谕，又以家人（侄儿）身份写信，祈请恳切之至；元勰不得已接受任命。

19 八月二十日，北魏任命镇南将军元英都督征义阳诸军事。南梁司州刺史蔡道恭听闻北魏大军将至，派骁骑将军杨由率城外居民三千余家进保贤首山，建立三个堡寨。

冬，十月，元英勒诸军包围贤首山堡寨，寨民任马驹斩杀杨由，投降北魏。任城王元澄命统军党法宗、傅竖眼、太原人王神念等分兵入寇东关、大岘、淮陵、九山，高祖珍率领三千骑兵为游军，元澄率大军跟随其后。

傅竖眼,是傅灵越之子。

北魏军攻陷关要、颍川、大岘三城,白塔、牵城、清溪全部崩溃。南梁徐州刺史司马明素率三千人救援九山,徐州长史潘伯邻据守淮陵,宁朔将军王燮保卫焦城。北魏党法宗等进军攻陷焦城,击破淮陵,十一月四日,北魏军队生擒司马明素,斩潘伯邻。

之前,南梁太守冯道根驻防阜陵,上任伊始,就修整城隍,派出斥候在远方哨所守望,就像敌人将至一样,众人颇笑话他。冯道根说:"防守要胆怯,作战要勇敢,就是这个意思。"城墙还没有整修完成,党法宗等二万人已经掩杀到城下,众皆失色。冯道根下令大开城门,身穿便服,登上城楼,选精锐二百人出城与北魏兵交战,击破北魏军。北魏人见他气定神闲,初战又不利,于是退走。冯道根亲自率骑兵一百人攻击高祖珍,击破。北魏诸军粮运断绝,撤退。朝廷任命冯道根为豫州刺史。

20 武兴安王杨集始去世。十一月十一日,北魏立其世子杨绍先为武兴王。杨绍先年幼,国事决于二位叔父杨集起、杨集义。

21 十一月二十七日,南梁尚书左仆射沈约因母丧去职。

22 北魏迁都洛阳之后,北边荒远,加上饥馑,百姓困弊。北魏主加授尚书左仆射源怀为侍中、行台,派他持节巡行北边六镇、恒州、燕州、朔州三州,赈济贫乏,考核官吏,政事得失,都由他先裁决,然后再报告皇帝。源怀通济有无,饥民都仰赖他。

沃野镇将于祚,是皇后之嫡伯父,与源怀是姻亲。当时于劲(皇后的父亲)正掌权用事,势倾朝野,于祚颇有贪赃受贿行为。源怀将要入镇,于祚郊迎于道旁,源怀不跟他讲话,即刻劾奏将他免官。怀朔镇将元尼须与源怀是旧交,贪秽狼藉,置酒宴请源怀,对源怀说:"我命之长短,都是你一句话的事,岂能不对我宽大!"源怀说:"今天是我和老朋友喝酒的宴席,不是讨论司法案件的场合。明天到公庭,再以使者身份检查镇将的罪状。"元尼须挥泪，无以应对，源怀调查得实，将元尼须定罪。源怀又上奏："边镇事少，而官员编制太多，沃野一镇，自镇将以下，竟有八百余人，请裁撤五分之二。"北魏主元恪听从。

23 十一月二十七日，南梁将军吴子阳与北魏元英战于白沙，吴子阳战败。

24 北魏东荆州蛮夷樊素安作乱。乙酉（十一月无此日），任命左卫将军李崇为镇南将军、都督征蛮诸军事，率步骑兵讨伐。

25 南梁冯翊人吉翂的父亲为原乡县令，为奸吏所诬告，罪当死。吉翂年十五岁，到宫门前敲响登闻鼓，乞求代父亲一死。皇帝萧衍见他年幼，怀疑有人教唆，命廷尉卿蔡法度严刑拷打，让他从实招来。蔡法度将拷讯刑具摆出来，诘问吉翂说："你请求代父一死，皇帝已经批准，难道你真的要死？你一个小孩子，恐怕是为人所教唆，现在后悔还来得及。"吉翂说："我虽愚幼，岂不知死之可怕！只是不忍心看见父亲被处极刑，所以请求替代。这不是小事，怎么会是受人教唆呢！皇上明诏，允许我替代，我就像登天成仙一样，岂有后悔！"蔡法度又和颜悦色诱导他说："主上知道你父亲无罪，很快就会释放，我看你也是个好孩子，如果能改变口供，可能父子都能活命。"吉翂说："我父亲受到那样严重的指控，一定会受刑无疑。我瞑目引颈，就等着斩首，没有什么话说。"当时吉翂戴着脚镣手铐，身上全是刑具，蔡法度可怜他，下令换轻小一点的。吉翂拒绝，说："死罪之囚，只能增加刑具，岂可减少？"竟不肯脱下。蔡法度汇报上去，萧衍于是赦免了吉翂的父亲。

丹杨尹王志知道了吉翂在廷尉的事，又向吉翂乡里的人们打听，准备在明年春季，将吉翂举荐为"纯孝"。吉翂说："王大人真是奇怪！为什么把吉翂看得如此浅薄！父辱子死，理所当然。如果吉翂此举是因父取名，那岂不是奇耻大辱！"坚决拒绝，王志于是停止。

【柏杨注】

整个事件，都围绕着"背后有没有人指使"的问题打转。只要有人指使，父子就一同治罪；没有人指使，则老爹轻松出狱！没有一句话提到老爹是否被冤枉。事实上，他是被诬陷的，但他却不是无罪获免，而是因为儿子没人指使而获免。翻来覆去，法律事件不用法律解决，却用政治解决。

一些传统知识分子一向怀有神经质的恐惧，遇到有人诉苦呼冤，就紧张万状地追究："谁在幕后指使他诉苦呼冤！"这种奇怪反应，竟然不会受到谴责！

26 北魏主元恪纳高肇哥哥高偃的女儿为贵嫔。

27 北魏散骑常侍赵修，由寒贱暴得富贵，仗恃北魏皇帝元恪对他的宠爱，骄纵恣肆，凌辱王公，被众人痛恨。元恪为他修建宅第，规格和亲王相同。邻居向他献上土地的，有的竟然被越级提拔为大郡太守。赵修请求将亡父归葬故乡，凡是财物和差役所需，都由官府供给。赵修在路上荒淫放纵，他的左右亲信趁他外出，告发他的罪恶。赵修回来之后，元恪对他的恩宠稍有减少。高肇秘密给他罗织罪名，侍中、领御史中尉甄琛，黄门郎李凭，廷尉卿、阳平人王显，一向都诌媚依附赵修，至此害怕被牵连，争相帮助高肇攻击他。

元恪命尚书元绍检讯，下诏宣布他的奸恶，免死，打一百鞭，流放到敦煌做一名普通士兵。而赵修愚蠢粗疏，一点也不知道大祸临头，正在领军将军于劲家中赌博，羽林军数人声称有诏召见，将他送到领军府。甄琛、王显主持刑罚，先遴选大力壮士五人，轮流鞭打，欲令必死。赵修一向肥壮，忍得下毒打，甄琛、王显秘密加到三百鞭，还是没打死。即刻找来驿马，催促他上道，出城之后，已不能坐稳，押解人员将他捆缚在马鞍上，鞭马急驱，狂奔八十里，才死。元恪听说后，责备元绍为何没有把此事奏闻，元绍说："赵修奸邪诌媚，是国家的蠹虫，臣如果不趁这个机会铲除他，恐怕陛下万世之后，都要因他而遭到谤议。"皇帝因为他言辞严正，不再加罪。元绍出来，广平王元怀向他拜谢致敬，说："您老人家的正直，超过汲黯。"元绍说："我只恨杀他稍晚，深感惭愧。"元绍，是元素的孙子。

第二天，甄琛、李凭都因是赵修一党，被免官，左右与赵修连坐而被处死或罢黜的有二十余人。散骑常侍高聪与赵修一向亲密狎昵，而又以同宗身份谄事高肇，所以唯独他得以免罪。

【华杉讲透】

"跻身统治阶层"和"出身统治阶层"完全是两回事

赵修这是一种典型人格，就是总想压人一头，而且见谁都要确认一下，我可以欺负你！这也和他的出身有关，"寒贱暴贵"，出身寒贱，受尽欺凌，暴得富贵之后，就要加倍找补，不仅骄奢淫逸，还要"陵轹王公"。但是，他不懂得"跻身统治阶层"和"出身统治阶层"完全是两回事，表面上你的权势已经大到可以"陵轹王公"，但你并不是他们之中的一员，所谓皇帝对你的宠爱，不过就是对一个宠物的感情。一旦触犯了他们，他们杀掉你，也就是杀了皇帝一个宠物而已，杀完再解释说这个宠物在外面到处乱咬人，这件事也就过去了。

天监三年（公元504年）

1 春，正月三日，南梁征虏将军赵祖悦与北魏江州刺史陈伯之战于东关，赵祖悦战败。

2 正月六日，南梁任命尚书右仆射王莹为左仆射，太子詹事柳惔为右仆射。

3 正月九日，北魏东荆州刺史杨大眼攻击叛蛮樊季安等，大破蛮夷军。樊季安，是樊素安的弟弟。

4 正月十九日，北魏大赦，改年号为正始。

5 萧宝寅行军到汝阴，东城已被南梁攻取，于是屯驻在寿阳栖贤寺。

二月十一日，南梁将军姜庆真趁北魏任城王元澄在外，突袭寿阳，占领外城。长史韦缵仓促失措；任城王的母亲，太妃孟氏勒兵登上内城，先行把守险要，激励文武官员，安慰新旧居民，宣布赏罚条例，于是将士们都有奋战之志。太妃亲自巡视城守，不避矢石。萧宝寅带兵赶到，与州军合击姜庆真军，从凌晨三点苦战到日落时分，姜庆真败走。

韦缵因临阵失措被免官。

任城王元澄攻打钟离，南梁皇帝萧衍派冠军将军张惠绍等将兵五千人送粮草到钟离，元澄派平远将军刘思祖等截击。二月二十日，两军战于邵阳，北魏大败南梁，俘虏张惠绍等十将，斩杀俘虏士卒殆尽。

刘思祖，是刘芳的侄子。尚书论刘思祖的战功，应封千户侯。侍中、领右卫将军元晖向刘思祖索求两个婢女，刘思祖不给，事情于是被搁置。元晖，是元素的孙子。

南梁皇帝萧衍派平西将军曹景宗、后军将军王僧炳等率步骑兵三万救义阳。王僧炳率二万人占据凿岘，曹景宗率一万人为后继，北魏镇南将军元英派冠军将军元逞等据守樊城抵御外敌。三月十五日，元逞大破王僧炳于樊城，斩俘四千余人。

北魏主元恪下诏给任城王元澄，说："四月淮水将涨，舟行无碍，对南军有利，不要因贪图眼前利益而后悔。"正赶上大雨，淮水暴涨，元澄引兵回寿阳。北魏军狼狈撤退，失亡四千余人。中书侍郎、刘郡人贾思伯为元澄军司，主动殿后，元澄认为他一个儒生，肯定死了，等贾思伯赶到，元澄大喜说："'仁者必有勇'，说的就是你了。"贾思伯推托说自己回来时曾迷路，不强调自己的功劳。

有司上奏追究元澄战败责任，剥夺元澄开府仪同三司的待遇，贬降三级。

南梁皇帝萧衍向北魏请求用所俘虏的北魏将士换回张惠绍，北魏同意，将张惠绍送回。

6 北魏太傅、领司徒、录尚书、北海王元详，骄奢好声色，贪得无厌，大肆扩建家宅，强夺他人房舍，他的左右弄臣，到处请托说情，朝廷和地方官员对他都很怨恨。北魏主元恪因为他是叔父尊亲，于恩于礼，都无人可以替代，所以军国大事都与他商量，对他所奏请的事，也全都应允。元恪初亲政时，以兵召诸叔父，元详与咸阳王元禧、彭城王元勰同车而入，宫中防卫十分严固，元详的母亲高太妃大惧，乘车跟在后面哭泣。后来平安无事，高太妃对元详说："我并不希望有多富贵，只要能母子相保，和你打扫街道为生也行。"等到元详再执政，太妃不再记得之前的事，专助元详贪污暴虐。

冠军将军茹皓，因为心机灵巧，有宠于北魏皇帝元恪，常在左右，门下奏事，都由他传诏批准，于是弄权纳贿，朝野都忌惮他，元详也依附他。茹皓娶尚书令高肇的堂妹，茹皓的妻子的姐姐为元详伯父、安定王元燮的王妃；元详与燮妃私通，于是与茹皓更加亲密狎昵。直阁将军刘胄，本是元详所引荐，殿中将军常季贤因为擅长养马，陈扫静侍候皇帝梳头，都很受宠幸，这些人与茹皓内外勾结，卖弄权势。

高肇本是高丽人，在洛阳没有声望，受到轻视。皇帝罢黜了六位辅政大臣，又诛杀咸阳王元禧，把政事都委任给高肇。高肇因为在朝中亲族很少，于是邀结朋援，攀附他的人，十天半月之间，就得到破格提拔，而不归附他的人，就陷害以大罪。他尤其猜忌诸王，因为元详地位在他之上，想要除去元详，独揽朝政，于是向皇帝进谗言，说："元详与茹皓、刘胄、常季贤、陈扫静谋为逆乱。"

夏，四月，皇帝夜里召中尉崔亮入禁中，命他上奏弹劾元详贪淫奢纵，及茹皓等四人弄权贪横，于是下令逮捕茹皓等，关押在南台，派虎贲武士一百人包围元详宅第。又担心元详惊惧逃逸，派左右郭翼开金墉门驰出谕旨，把中尉弹劾他的罪状给他看，元详说："如果真像中尉所说的那样，有什么好担心的！我是怕还有更大的罪从天而降罢了。至于有人送我财物，我确实是收了。"

第二天早上，有司上奏处置茹皓等人之罪，茹皓等人全部被赐死。

北魏皇帝元恪引高阳王元雍等五王入宫讨论给元详定罪。元详乘坐一辆小车，在严密防卫下，被押送到华林园，母亲和妻子也随后进去，给小奴弱婢数人，围守甚严，内外不通。

五月一日，下诏免元详死罪，免为庶人。不久，把元详迁到太府寺，包围警戒，更加严密，母亲和妻子都回到南第，每五日可以来探视一次。

当初，元详娶宋王刘昶的女儿，待她疏薄。元详既被禁闭，高太妃才知道元详与婶母、安定王高妃通奸的事，大怒说："你妻妾盛多如此，为什么还要去找那高丽婢，陷罪至此！"打了他一百多棍，元详身上伤口溃脓，过了十几天才能站立。又打了刘妃数十棍，说："妇人都妒忌，你为什么不妒忌！"刘妃笑而受罚，始终没有说一句话。

元详家奴数人阴结党辈，想要劫狱把元详救出来，秘密写下自己的姓名，托侍婢向元详通报。元详刚刚拿到书信，就被门防主司远远看见，突入进来，从元详手中夺得书信，上奏皇帝。元详恸哭数声，暴卒。皇帝下诏，命有司以礼殡葬。

【华杉讲透】

元详之死，也是蹊跷。几个家奴，怎么会天真到去劫狱，劫出来又能怎样？要劫狱，还把自己的名字都写上送进去，然后又被把门的人看见了。这些事，恐怕都是高肇编剧导演的吧。元详之死，也和赵修之死差不多。

之前，典事史元显献上一只小鸡雏，有四只翅膀，四只脚。北魏主元恪下诏，问侍中崔光。崔光上表说："汉元帝初元年间，丞相府史家孵蛋的母鸡，渐渐化为公鸡，长出鸡冠和鸡距，鸣叫着率领鸡群。永光年间（汉元帝时期），有人献上一只头上长角的雄鸡，刘向认为：'鸡是小畜生,负责报告时辰,它的变异,寓意着小臣将掌权执政。竟宁元年(汉灵帝时期),石显因罪被杀,就是它的效验。'汉灵帝光和元年,南宫寺母鸡要化为公鸡,只有头冠还没有变,皇帝下诏问议郎蔡邕,蔡邕回答说:'头为元首,是人君之象也。如今鸡一身已变,只有头还没变,而皇上已经知道了,这是将有其事而不能成功的征象。如果应对不妥,不能改良政治,它的头冠或许也会成功改变,那危害就大了。'其后黄巾军破坏四方,天下大乱。今天这只鸡,虽然形状与汉朝不同,但它对应的形势应该相类似,十分可怕。臣以刘向、蔡邕的话来推测,它的翅膀和脚都多,也是群下相互煽动勾结的征象;雏鸡还没有长大,脚和羽毛都还很小,也就是说它的势力还很微小,容易制服。臣听说,灾异之见,都是预示吉凶。明君看见了,如果知道惧怕,反而带来福报;昏君看见了,怠慢不警醒,就会招来灾祸。可能现今朝堂,也有自贱而贵,干预政事,和前代石显一样的人吧!希望陛下进贤黜佞,那么妖气自然会消除。"后来没过几天,茹皓等人伏诛,元恪更加器重崔光。

高肇又向元恪建议,派宿卫队主率羽林虎贲武士把守诸亲王宅第,形同幽禁。彭城王元勰切谏,元恪不听。元勰志向高远,并不热衷于荣华富贵和权势,避事家居,出无山水之乐,处无知己交往,独对妻子儿女,常常郁郁不乐。

7 北魏军包围义阳,城中兵不满五千人,粮食只能支持半年。北魏军攻打,昼夜不息,刺史蔡道恭随机应变抵抗,粉碎了多次攻势,相持一百余日,前后斩获不可胜计。北魏军害怕,将要撤退。不巧蔡道恭病重,招呼堂弟、骁骑将军蔡灵恩,哥哥的儿子、尚书郎王僧勰及诸将佐,对他们说:"我受国厚恩,不能攘灭寇贼,而今病情转重,看样子是支持不了多久了。尔等当以死固节,让我死无遗恨!"众人皆流涕。蔡道恭病逝,蔡灵恩摄行州事,接替他负责守城。

8 六月八日,南梁大赦。

9 北魏大旱，散骑常侍兼尚书邢峦奏称："古代圣明的君王重视粮食布帛，轻视金玉，为什么呢？粮食布帛养民而安国，金玉无用而败德。先帝（元宏）深戒奢侈舒泰，务崇节俭，以至于用纸张来做屏风，铜铁为马鞍和口勒，府藏之金，刚好够用而已，不再去采买蓄积，以免耗费国资。到了景明年间，陛下继承升平之业，四境清晏，远近来朝。于是四方进贡的贵重精致的物品相继于道路，商人缴纳的捐税，和其他各种贡献，比平常多一倍，宫中金玉常常有余，而国库财用总是不足。如果不定一个标准和限度，恐怕以后总收入不能充裕，从今天开始，一切非必需品的进贡，一概不接受。"北魏主元恪采纳。

10 秋，七月八日，南梁角城戍主柴庆宗献出城池，投降北魏，北魏徐州刺史元鉴派淮阳太守吴秦生率领一千余人前往接收。淮阴援军截断道路，吴秦生屡战屡胜，击破南梁军，于是占领角城。

11 七月十九日，南梁皇帝萧衍立皇子萧综为豫章王。

12 北魏镇南将军李崇击破东荆州反叛的蛮夷，生擒樊素安，进军讨伐西荆州诸蛮夷，令他们全部投降。

13 北魏人听说蔡道恭死了，攻打义阳更加紧急，双方日日短兵相接。南梁援军，平西将军曹景宗停留在凿岘，不再前进，只是耀兵游猎而已。皇帝萧衍再派出宁朔将军马仙琕救援义阳，马仙琕转战而前，兵势甚锐。元英在士雅山修筑工事，分命诸将埋伏于四面山中，向马仙琕示弱。马仙琕乘胜直抵长围，袭击元英大营；元英假装败北，引诱马仙琕追到平地，纵兵发起伏击。北魏统军傅永身披铠甲，手执长矛，单骑先冲进敌阵，只有军主蔡三虎做他的副将，横穿而过。南梁兵射击傅永，射穿他的左大腿，傅永拔出箭头，转身又杀回去。马仙琕大败，一个儿子战死，马仙琕退走。元英对傅永说："你受伤了，且还营。"傅永说："当年汉高祖刘邦胸膛中箭，用手扪足，就是不让人知道他被射中要害,下官虽微,也是国家一将,为什么要让贼人有伤我大将之名!"于是与诸军追击,尽夜而返。傅永时年已经七十余岁了,军中无不敬佩他的壮勇。马仙琕再率一万余人进击元英,又被元英击破,南梁将军陈秀之被杀。马仙琕知道义阳危急,尽出精锐决战,一日三次交战,都大败而返。蔡灵恩走投无路,八月十一日,投降北魏。三关戍将听闻,八月十七日,都弃城逃走。

元英命司马陆希道草写公开捷报,嫌他写得不精彩,命傅永修改。傅永不增文采修饰,直接罗列军事处置的关键点,元英深为赞赏,说:"看这样的战略战术,义阳就算固若金汤,他也守不住!"

当初,南安惠王元桢(元英的父亲)因为参与穆泰强行返回北都的阴谋,被追夺爵邑。等到元英攻克义阳,又立元英为中山王。

南梁御史中丞任昉上奏弹劾逗留不进的平西将军曹景宗,皇帝萧衍因为他是开国功臣,搁置奏章,不予追究。

14 南梁卫尉郑绍叔忠心侍奉皇上,在外面听到什么,都向皇帝萧衍汇报,没有丝毫隐瞒。每次向皇上进言,好事就推说是皇帝的意思,不好的事就把罪过揽到自己身上,皇上因此很信任他,下诏在南义阳设置司州,把州府迁到关南,任命郑绍叔为刺史。郑绍叔修筑城隍,修缮器械,推广垦田,蓄积粮谷,招集流散百姓,人们逐渐安定下来。

北魏在义阳设置郢州,任命司马悦为刺史。南梁皇帝萧衍派马仙琕筑竹敦、麻阳二城于三关之南。司马悦派兵攻打竹敦,攻拔。

15 九月八日,南梁朝廷任命吐谷浑王伏连筹为西秦州与河州刺史、河南王。

16 柔然入侵北魏沃野镇及怀朔镇,北魏主元恪下诏,命车骑大将军源怀出行北边,指授方略,并根据需要征发的士兵和军事物资,一切由源怀全权处理,便宜从事。源怀到了云中,柔然遁去。

源怀认为,制服蛮夷的办法,莫过于修建城郭。他回到恒、代地区，勘察诸镇左右要害地形，规划可以筑城置戍之处，打算从东到西修筑九座城池，储备粮草武器，形成犬牙相救之势。他拟了一共五十八条建议，上表给北魏主元恪，说："如今定都洛阳，距离北部边境遥远，代都以北诸国颇有外叛，同时又遭受旱灾饥荒，战马甲兵十成中缺少八成。我认为，应该比照旧有军镇，再修筑新的城池，东西相望，令形势相接，设置驻防部队，分兵于要害之地，劝勉农耕，蓄积粮草，到了警急之日，可以随时出兵。蛮夷是游骑之寇，终究不敢攻城，也不敢越过城池南下。如此，北方无忧矣。"北魏主元恪听从。

17 北魏太和十六年，高祖元宏曾下诏命中书监高闾与给事中公孙崇考定雅乐，但过了很长时间也没能完成。后来高祖崩殂，高闾也去世了。景明年中，公孙崇为太乐令，呈上他所审定的乐器及乐谱。至此，世宗元恪才下令八坐大臣以下官员商议。

18 冬，十一月十五日，北魏下诏，营缮国立大学。当时北魏承平日久，学业大盛，燕、齐、赵、魏等地，教授者不可胜数，登记在册的弟子，多的时候有一千余人，少的时候也有数百人，州府举荐"茂异"，郡府举荐"孝廉"，每年人数都有增加。

19 十一月二十一日，南梁废除以罚款赎罪的办法。

20 十二月四日，北魏下诏，命殿中郎、陈郡人袁翻等议定律令，彭城王元勰等监督。

21 十二月二十七日，北魏主元恪巡幸伊阙。

22 南梁皇帝萧衍雅好儒术，认为东晋、宋、齐各朝虽开置国学，不到十年就都半途而废，所保存的也是徒具形式而已，没有讲授之实。

卷第一百四十六　梁纪二

（公元505年—507年，共3年）

高祖武皇帝二

天监四年（公元505年）

1 春，正月一日，南梁皇帝萧衍下诏，说："两汉之世所进用的贤才，无不通晓儒经，遵循正道，所以能够树立名节，德行有成。魏、晋轻浮放荡，儒教沦落，没有风节，原因就在这里。可以设置五经（《诗经》《书经》《礼经》《易经》《春秋》）博士各一人，广开学馆，招收学生。"于是他任用贺玚及平原人明山宾、吴兴人沈峻、建平人严植之为博士，各主一馆，每馆有学生数百人，由朝廷供应伙食，发给津贴，其中对策见解通明的，即刻任用为吏。一年之间，怀揣着经书、背着书箱的人云集而来。

贺玚，是贺循的玄孙。

朝廷又选拔学生，前往会稽云门山跟从何胤受业，命何胤选门徒中通晓儒经、品行端正的，报上名来。

再分派博士祭酒巡行州郡，在各地建立学校。

2 当初，谯国人夏侯道迁在南齐任辅国将军，跟从裴叔业镇守寿阳，为南谯太守。后来他与裴叔业有矛盾，单骑投奔北魏。北魏任命他为骁骑将军，跟从王肃镇守寿阳，王肃命夏侯道迁守合肥。王肃去世后，夏侯道迁抛弃戍防据点，再投奔南梁，跟从梁州、秦州二州刺史庄丘黑镇守南郑；庄丘黑任命夏侯道迁为长史，兼领汉中太守。后来，庄丘黑去世，朝廷下诏，任命都官尚书王珍国为刺史，王珍国尚未到任，夏侯道迁与军主、考城人江忧之就密谋再投降北魏。

之前，北魏仇池镇将杨灵珍叛逃，投奔南梁，南梁朝廷任命他为征虏将军、代理武都王，协助戍卫汉中，有部曲六百余人，夏侯道迁忌惮他。皇帝萧衍派左右心腹吴公之等出使南郑。于是夏侯道迁杀死使者，发兵袭击杨灵珍父子，将他们斩首，并派人将首级送到北魏。

南梁白马戍主尹天宝听闻此事，引兵攻击夏侯道迁，击败他的部将庞树，包围南郑。夏侯道迁求救于氐王杨绍先、杨集起、杨集义，三杨都不回应，杨集义的弟弟杨集郎独自引兵救援夏侯道迁，攻击尹天宝，杀了他。北魏任命夏侯道迁为平南将军、豫州刺史、丰县侯。又任命尚书刑峦为镇西将军，同时都督征梁、汉诸军事，率军前往接收。夏侯道迁接受平南将军任命，推辞不接受豫州刺史职务，且要求封为公爵，北魏主元恪不许。

【华杉讲透】

夏侯道迁推辞不接受豫州刺史的职务，是想得到梁州。他这样的人，就是随时都在盘算自己手里的筹码，和皇帝做生意，而且他的想法很恶劣。因为他并不是自己创业，靠本事赚钱，而是把南朝卖给北朝，再把北朝卖给南朝，本钱都不是他的，反复叛变对他来说是家常便饭。在分裂时代，他有一定的市场，一旦天下统一，第一个要处置的就是他这种人了。元恪压他的价，因为既不能拒绝，也不能鼓励他的行为。

3 正月九日，皇帝萧衍在南郊祭祀天神，大赦。

4 正月二十三日，北魏任命骠骑大将军、高阳王元雍为司空，加授尚书令、广阳王元嘉仪同三司。

5 二月五日，北魏任命宕昌世子梁弥博为宕昌王。

6 南梁皇帝萧衍准备讨伐北魏，二月十一日，派卫尉卿杨公则率宿卫兵封锁洛口。

7 二月二十一日，交州刺史李凯据州造反，长史李畟讨伐平定。

8 北魏镇西将军邢峦抵达汉中，攻击南梁诸城守军，所向摧破。南梁晋寿太守王景胤据守石亭，邢峦派统军李义珍将他击退。北魏朝廷任命邢峦为梁州、秦州二州刺史。南梁巴西太守庞景民据守郡城，拒绝投降，郡民严玄思聚众自称巴州刺史，归附北魏，攻打庞景民，将他斩杀。杨集起、杨集义听闻北魏攻克汉中，感到惧怕，闰二月，率群氐反叛北魏，截断汉中粮道。邢峦屡次派军将他们击破。

9 夏，四月十七日，南梁朝廷任命代理宕昌王梁弥博为河州、凉州二州刺史及宕昌王。

萧渊藻醉酒杀死邓元起

10 南梁冠军将军孔陵等将兵二万人戍防深杭，鲁方达戍防南安，任僧褒等戍防石同，以抵御北魏军。邢峦派统军王足率军攻击，连战连胜，进入剑阁。孔陵等退保梓潼，王足又进击得胜。梁州十四郡地，东西七百里，南北千里，全部被并入北魏版图。

当初，南梁益州刺史、当阳侯邓元起以母亲年老，乞请回京，皇帝萧衍下诏，征召为右卫将军，以西昌侯萧渊藻接替他。萧渊藻，是萧懿之子。夏侯道迁叛变时，尹天宝派使者驰告邓元起。后来北魏入寇晋寿，王景胤等都遣使告急，众人劝邓元起紧急救援，邓元起说："朝廷在万里之外，军队无法迅速抵达，如果敌人深入侵犯，需要扑讨，都督之任，不用我用谁，何必这么仓促出兵！"果然，皇帝下诏，任命邓元起为都督征讨诸军事，救援汉中，而此时晋寿已经陷落。

萧渊藻将至，邓元起准备回京行装，将粮储器械全部带走，一点不留。萧渊藻入城，十分气愤，又找邓元起要一匹良马，邓元起说："你一个年轻小伙，用马来做什么呢！"萧渊藻大怒，趁着酒醉，杀了邓元起。邓元起的部下围城大哭，质问缘故，萧渊藻说："天子有诏。"众人只好散去。萧渊藻于是诬告邓元起谋反，皇帝有疑心。邓元起旧部下、广汉人罗研到宫门前诉冤，皇帝说："果然不出我所料！"派人责备萧渊藻说："邓元起为你报仇，你为仇人报仇，这是忠孝之道吗？"于是贬萧渊藻号为冠军将军；追赠邓元起为征西将军，谥号忠侯。

【李延寿论曰】

邓元起勤于政事，对上对下都十分亲和，有开疆辟土的功劳，勋劳还没有得到赏赐，大祸却先临头。萧渊藻仅仅被贬为冠军将军，这处罚太轻了。南梁的政治和法律，这时已经开始有过失。萧衍袒护自己亲属的自私行为，由此开端。国祚不能长久，不也很合理吗？

【华杉讲透】

不要轻视手握大权的年轻人

萧衍说邓元起为萧渊藻报仇，指他参与起义，为萧渊藻报了杀父之仇。

胡三省说，邓元起以母亲年老为由请求回京，并非出自真心，又养寇自重，虽然萧渊藻以私愤杀他，但也不能说他无罪。

我们读史，不是去评判谁对谁错，而是代入自己，想想如果是我，我应该怎么做。邓元起之死，也是咎由自取。前方紧急，他不出兵援救，却等着皇帝封他为都督，也就是说他根本就没想回家照顾老母，这只是他等官、要官的一种方式。萧渊藻来接任，他却带走全部粮草和武器，毫无道理，萧渊藻当然怨愤。找他要一匹马，他说："年少郎子，何用马为！"这样的侮辱，萧渊藻受不了，就愤激杀人了。

不要轻视手握大权的年轻人，这个道理我在前面讲过多次。《论语》里有一句话，放在这里很合适，子曰："君子有三戒：少之时，血气未定，戒之在色；及其壮也，血气方刚，戒之在斗；及其老也，血气既衰，戒之在得。"萧渊藻本年二十三岁，正是血气方刚之时，忍不下一口气的年纪，你惹他，他就要"炸毛"。邓元起呢，本年四十八岁，在古代算开始进入老年了，他变得贪得无厌，倚老卖老，结果人家不买账，他就送了性命。

至于皇帝萧衍，也在此时显露了他的性格弱点，就是太过宽厚。对权贵子弟宽厚，就是对国家犯罪。他最后也败在这个性格弱点上。

11 益州百姓焦僧护聚众数万作乱，萧渊藻年未弱冠（弱冠是二十岁，实际上萧渊藻本年已经二十三岁），集合僚佐商议要亲自讨伐；有人说不可，萧渊藻大怒，就在台阶一侧将他斩首。于是乘两人抬的平肩舆（四川人称为"滑竿"）巡行贼军营垒。贼军弓箭乱射，矢下如雨，跟从的人举起盾牌挡箭，萧渊藻下令拿开。由此人心大安，部队开始攻击焦僧护等，都平定。

12 六月十一日，梁朝初次建孔子庙。

13 南梁豫州刺史王超宗将兵包围北魏小岘。六月二十八日，北魏扬州刺史薛真度派兼统军李叔仁等反击，王超宗大败。

14 南梁冠军将军王景胤、李畋、辅国将军鲁方达等与北魏益州刺史王足交战，屡败。秋，七月，王足进逼涪城。

15 八月四日，北魏中山王元英入寇南梁雍州。

16 八月十二日，南梁秦州、梁州二州刺史鲁方达与北魏王足帐下的统军纪洪雅、卢祖迁交战，战败，鲁方达等十五将战死。

八月十四日，晋寿太守王景胤等继续阻击卢祖迁，战败，王景胤等二十四将战死。

17 南梁卫尉卿杨公则抵达洛口，与北魏豫州长史石荣交战，斩杀石荣。

八月十六日，南梁将军姜庆真与北魏战于羊石，不利，杨公则退屯马头。

18 雍州蛮人、沔东太守田青喜叛降北魏。

北魏皇宫长出灵芝，崔光借此进谏

19 北魏皇宫太极殿西廊下长出灵芝，北魏主元恪给侍中崔光看。崔光上表，认为："这就是《庄子》所谓'气蒸成菌'罢了。柔脆之物，生于废墟荒落，污秽温湿之地，不应当生于殿堂高华之处；现在忽然长出来，又长得如此茂盛，实在是奇怪。野木生于朝堂，野鸟进入宗庙，古人都认为是败亡之象，所以商朝中宗、高宗都惧灾修德，王朝才得以昌盛，这就是'家利而怪先，国兴而妖豫'的意思了。如今西南二方，兵革未息，京畿之内，大旱逾时，人民劳苦，万物憔悴，已经到了非常严重的地步，承受上天旨意养育万民的天子正应该哀怜救助。希望陛下亲自垂问，留意民情，惟新圣道，节制夜饮之乐，休养自己的身体，则魏祚可以永隆，皇寿等于山岳矣。"当时元恪喜好宴乐，所以崔光借此进谏。

20 九月一日，杨公则等与北魏扬州刺史元嵩交战，杨公则战败。

21 冬，十月五日，南梁皇帝萧衍大举讨伐北魏，任命扬州刺史、临川王萧宏为都督北讨诸军事，尚书右仆射柳惔为副，王公以下各上缴国租及田谷以助军。萧宏驻军于洛口。

22 杨集起、杨集义立杨绍先为帝，二人称王。
十一月一日，北魏派光禄大夫杨椿将兵讨伐。

邢峦想要乘胜取蜀，元恪拒绝

23 北魏益州刺史王足包围涪城，蜀人震恐，益州城戍十分之二三都投降北魏，百姓自己上缴户名籍的有五万余户。北魏镇西将军邢峦上表于北魏主元恪，请乘胜取蜀，认为："建康、成都，相去万里，陆路已经断绝，全靠水路。水军西上，没有一年到不了，益州外无军援，这是第一个可以夺取的理由。刚刚经过刘季连造反、邓元起征讨，粮草物资储备，全部空竭，吏民没有固守的意志，这是第二个可以夺取的理由。萧渊藻只是一个少年，不懂政务，旧日名将，大多被他囚禁或杀戮，如今他所任用的，都是他的少年亲信，这是第三个可以攻取的理由。蜀所仗恃的，唯有剑阁险关，如今我军既已攻克南安（南安就是剑阁，南安郡府就在剑阁，剑门关已在北魏手中），夺了他的险关，他境内三分之一的土地，已落入我手；自南安向涪城，大道平整，两辆战车可以并行，他们前军累败，后众丧魄，这是第四个可以攻取的理由。萧渊藻是萧衍骨肉至亲，必定不会舍命固守，一旦我军攻克涪城，萧渊藻岂肯在危城中坐而受困，必将望风逃去；如果他出城战斗，庸、蜀地区士卒弩怯，弓矢寡弱，这是第五个可以攻取的理由。臣本是朝廷文官，不懂军事，靠着将士竭力，频有小胜。现在已攻克重阻，民心怀服，瞻望涪城、益州，早晚就能攻占。正因为今天兵少粮匮，不宜扩大战果，今天如果不乘胜攻取，以后要再兴兵就难了。况且益州殷实，户口十万，相比寿春、义阳，利益是其三倍。朝廷如果要进取，则时不可失；如果要保境安民，那我待在这里也没什么事，乞请回京侍养父母。"

北魏主元恪下诏回答说："平蜀之举，应当等待后一步指示。寇难未平，怎么能以养亲为名推辞！"

邢峦又上表说："当初，邓艾、钟会率军十八万人，倾中国资储，仅能平蜀，之所以如此，是以实力相拼。何况臣的才能并不能和古人相比，怎么能以二万人就想平定蜀地！之所以敢于一搏，是因为占据险要地形，又得到当地人民支持。我们进军相对容易，敌军要打过来就比较难，以现有兵力前进，按理也可攻克。如今王足已逼近涪城，如果占领涪城，则益州已是手中之物，只是得之有早晚而已。况且梓潼归附我国的民众已有数万户，朝廷岂可不守！而且，剑阁天险，得而弃之，实在可惜！臣诚然知道，作战征伐，是危险之事，不能轻率发动。自从大军渡过剑阁以来，我鬓发中白，日夜恐惧，心情沉重！之所以勉强支撑，是觉得既然已经夺得此地，如果不能守住，自己退兵，恐怕有负陛下给我的爵位俸禄。况且按臣的计划，正欲先取涪城，渐次而进。如果占领涪城，则中分益州之地，截断水陆交通要冲。敌人外无援军，孤城自守，怎么能持久呢！臣今天希望让各军密集驻防，声势连接，先为万全之计，然后图功；得之则大利，不得也能保全自己。而且，巴西、南郑，相距一千四百里，路途遥远，时常扰动不安。当初在南朝时，因为难以管辖，曾设立巴州，镇抚夷人、獠人，只因梁州贪图利益，上表撤销。当地名望大族，有严姓、蒲姓、何姓、杨姓，不只是一个家族，虽然都聚居在山谷之中，但豪门甚多，文学风流之士，也不算少，只是离州城太远，没有机会进入官府工作，更没有机会得到高级官位，所以郁闷失望，多生异图。从夏侯道迁起义以来，严玄思自号巴州刺史，我军攻克州城以来，仍旧命他负责。巴西广袤千里，还有百姓四万多户，如果建立巴州，镇摄汉人、獠人，则大顺人心，从垫江以东的地区，不劳征伐，自为国有。"北魏主元恪不听。

之前，北魏主元恪任命王足为代理益州刺史。南梁皇帝萧衍派天门太守张齐将兵救益州，还没到，北魏主元恪又改任梁州军司、泰山人羊祉为益州刺史。王足听闻，不悦，引兵撤回，于是未能平定蜀地。过了一段时间，王足从北魏逃出，投奔南梁。

北魏镇西将军刑峦在梁州，接豪右以礼，抚小民以惠，州人都喜欢他。邢峦攻克巴西时，派军主李仲迁镇守。李仲迁沉溺于酒色，把军用物资和仓储都花光了，要向他汇报公事的，没有一个人能见到他。邢峦对他切齿痛恨，李仲迁惧怕，谋叛，城中人斩下他的首级，献出城池投降南梁。

【华杉讲透】

邢峦的计划听上去很好，但是皇帝就是不听。为什么呢？从皇帝改任羊祉来看，他对前方大将们并不信任。元恪本身没有很强的战争意愿，如果是元宏在世，南朝内战时他就乘虚而入了，哪里会等到萧衍尘埃落定。元宏在那时候没打，现在也是勉强顺应将帅们的战争呼吁，他并不想让某人立下平定南朝的大功。

24 十二月二十四日，北魏派骠骑大将军源怀讨伐武兴氏人，邢峦等都受他节度。

25 司徒、尚书令谢朏因为母丧去职。

26 本年，南梁大丰收，米价每斛三十钱。

天监五年（公元506年）

1 春，正月一日，北魏于皇后生下皇子元昌，大赦。

2 杨集义包围北魏关城，邢峦派建武将军傅竖眼讨伐，杨集义迎战，被傅竖眼击破。北魏军乘胜逐北，正月六日，傅竖眼攻克武兴，抓获杨绍先，解送洛阳。杨集起、杨集义逃走。于是灭了他们的国家，设置武兴镇，又改为东益州。

3 正月九日，南梁任命前司徒谢朏为中书监、司徒。

4 冀州刺史桓和攻击北魏南青州，未能攻克。

5 北魏秦州屠各、王法智聚众二千人，拥戴秦州主簿吕苟儿为主，改年号为建明，设置百官，攻逼州郡。泾州平民陈瞻也聚众称王，改年号为圣明。

6 正月十三日，杨集起兄弟相继投降北魏。

7 正月十八日，南梁皇帝萧衍封皇子萧纲为晋安王。

8 二月二十一日，北魏主元恪下诏，命王公以上直言忠谏。治书侍御史阳固上表，认为："当今之务，莫过于亲近宗室，勤理庶政，重视农桑，贬抑工商，杜绝空谈玄虚的风气，裁减佛门无用之费，以救饥寒之苦。"当时北魏主元恪委任高肇，疏薄宗室，喜好佛法，不亲政事，所以阳固有此言。

9 二月二十三日，北魏派右卫将军元丽都督诸军讨伐吕苟儿。元丽，是拓跋小新成之子（拓跋小新成之事见公元461年记载）。

10 二月三十日，徐州刺史、历阳人昌义之与北魏平南将军陈伯之战于梁城，昌义之战败。

11 南梁将军萧昺将兵攻击北魏徐州，包围淮阳。

12 三月一日,日食。

13 三月十四日,北魏荆州刺史赵怡、平南将军奚康生救援淮阳。

元翼请求安葬其父,元恪拒绝,元翼携弟投奔梁朝

14 北魏咸阳王元禧之子元翼,遇到大赦,请求安葬其父。屡次泣请于北魏主元恪,元恪不许。三月十八日,元翼与其弟元昌、元晔投奔南梁。皇帝萧衍封元翼为咸阳王,元翼说元晔是嫡母李妃之子,请求将爵位让给他,萧衍不许。

15 南梁辅国将军刘思效击败北魏青州刺史元系于胶水。

陈伯之率众向梁朝投降,北魏杀其子陈虎牙

16 南梁临川王萧宏命记室、吴兴人丘迟写信给陈伯之说:"追根溯源,你决定离开南方,投奔北朝,没有其他原因,而是遇事不能在自己身上找原因,又受到外面的流言影响,所以思想迷乱,行为狷獗,造成今天这个局面。主上治法从轻,广施恩泽,即便是犯了大罪,也可以原谅,将军祖坟上的松柏,没有剪下一枝,亲戚安居如故,你家里的亭台楼阁没有倾倒,你的爱妾还在家里等你。而将军你却像一条鱼游于沸鼎之中,像一只燕子筑巢于动荡不定的帐幕之上,岂不让人困惑!希望你早做良图,自求多福。"

三月二十五日,陈伯之自寿阳梁城率众八千人来降,北魏杀了他的儿子陈虎牙。皇帝萧衍下诏,任命陈伯之为西豫州刺史;还未到任,又任命他为通直散骑常侍。很久之后,陈伯之在家逝世。

【华杉讲透】

没有固定立场，就容易被人蛊惑

萧宏给陈伯之的信，说："寻君去就之际，非有他故，直以不能内审诸己，外受流言，沉迷猖獗，以至于此。"这一段话，说透了陈伯之的本性。去就之际，去，是离开；就，是前往。有一种"轻于去就"的人，是去是留，决策很轻率，就像公司里感觉干得不爽就辞职的员工。去就之际，往往就是决定个人命运的关键抉择，陈伯之在这种时候，总是不能清醒，患得患失，首鼠两端，这和他无赖出身，既没有文化，也没有品行有关。

第二句，说他不能"内审诸己"，这是孟子的话，"行有不得，反求诸己"，万事不遂，都怪自己，在自己身上找原因，在自己身上找解决之道。因为你怪国家，怪"大环境"，怪别人，都没有用，你搞不清别人是怎么回事，也改变不了别人，所以不要去猜测别人，你只能改变自己。

陈伯之没判断，没文化，没品行，没有固定立场，所以他就很容易被人蛊惑影响，稀里糊涂就反叛萧衍，然后稀里糊涂又叛逃北魏。萧宏抓住他的软肋，仅仅是写一封信，他就又带八千人回来了，只可惜害死了他的儿子陈虎牙。他有了"爱妾"，儿子也不管了。

萧衍先任命他为西豫州刺史，接着又反悔，任命他为通直散骑常侍，这是不让他做边镇大员，掌握兵权，以免他下回又被人忽悠回北方去了。

丘迟的《与陈伯之书》，是古文的千古名篇，除了动摇陈伯之安全感的"将军鱼游于沸鼎之中，燕巢于飞幕之上"，还以江南美景的描写"暮春三月，江南草长，杂花生树，群莺乱飞"诱惑陈伯之，再加上四个字"爱妾尚在"，陈伯之就坐不住了。

上兵伐谋，折冲樽俎，可以再加上丘迟的写信催眠术。

元恪采纳甄琛的建议，撤销盐池禁令

17 当初，北魏御史中尉甄琛上表称："按照《周礼》，山林川泽有官员管理，立下禁令，只是要求无论砍伐还是打猎，都要在适当季节，不要造成伤害，保障可持续发展而已。所以，虽然设置有关部门，实际上只是为人民保护生态环境。一家之长，必须惠养子孙，而天下之君王，必须惠养兆民，没有为人父母而吝啬孩子吃酱吃醋，富有天下万物，却要独占一物的。如今陛下垄断河东盐池而收其利，这是只管口腹而不顾四肢（口腹是君，四肢是民）。天子富有四海，还怕受穷吗！乞请解除盐禁，与人民共享利益。"

录尚书事元勰、尚书邢峦上奏，认为："甄琛的话，嘴上说说，好像道理很高，实际执行起来则有所缺失。古代善于治理人民的人，必定顺应时节，根据收成的丰歉来做事情，该劳役时就劳役，该休养时就休养，这样来成全他们。如果放任自由，让他们自生自灭，想吃就吃，想喝就喝，那是把天地万物当成刍狗一样，还要国君来做什么！所以，圣人收取山泽之利，是为了放宽农耕赋税；收取关税和市场税，也是为了保障农业税不要超过十分之一。这头收取，那头给予，都不是为了君王自己，而是以天地之产，惠天地之民。如今盐池禁令，为日已久，征收起来，又散用出去，以济军国之用，并非专为供御膳房酒食，或者后宫服饰器玩。既然利不在陛下自己，那就是在天下百姓。只是禁盐以来，负责的官吏往往傲慢，验收和卖出的时候，又不依法办理。所以细民嗟怨，商贩非议，这是执行问题，不是政策问题。一旦撤销盐禁，恐怕违反本意。一会儿执行，一会儿更改，岂不是把法令当成棋子。综合各方道理，应该保持原状。"

北魏主元恪最后还是听从了甄琛的建议，夏，四月一日，撤销盐池禁令。

18 四月十六日，北魏任命中山王元英为征南将军，都督扬、徐二州诸军事，率众十余万以抵御南梁军，指挥各州郡部队，所到之处，都可以全权处理，便宜从事。

南梁江州刺史王茂将兵数万入侵北魏荆州，引诱北魏边民及诸蛮夷另行设立宛州，派他所任命的宛州刺史雷豹狼等袭取北魏河南城。北魏派平南将军杨大眼都督诸军攻击王茂。

四月二十七日，王茂战败，损失二千余人。杨大眼进攻河南城，王茂逃还；杨大眼一路追到汉水，攻拔五城。

北魏征虏将军宇文福入寇南梁司州，俘虏百姓一千余人而去。

五月七日，南梁太子右卫率张惠绍等入侵北魏徐州，攻陷宿预，抓获城主马成龙。

五月十一日，南梁北徐州刺史昌义之攻拔北魏梁城。

南梁豫州刺史韦睿派长史王超等攻打小岘，未能攻拔。韦睿巡视围城栅栏，北魏出数百人列阵于门外，韦睿想要出击，诸将都说："我们是轻装而来，没有装备，回去穿上盔甲，才能进战。"韦睿说："不对。魏城中二千余人，足以固守，今无故派人出城，必定都是他们的骁勇精锐。如果能挫败他们，城自然就攻下了。"众人还在迟疑，韦睿指着他的符节说："朝廷授此给我，不是用来做装饰的，我的军法不可违犯！"于是进击，将士们都殊死作战，北魏兵败走，梁军乘胜急攻之，半夜时分攻陷小岘，于是挺进到合肥。

之前，南梁右军司马胡景略等攻合肥，久久未能攻下，韦睿考察山川地形，夜里率众在淝水修筑堰坝，堰坝很快筑成，水位上涨，舟舰相继抵达城下。北魏在合肥东、西各修筑一座小城，韦睿先攻二城，北魏将领杨灵胤率众五万人突然杀到。众人担心不敌，请求上奏朝廷，增派援军，韦睿笑道："贼军已经到了城下，才请求增兵，来得及吗！况且我们要求增兵，他也会增兵。用兵贵在出其不意，岂在人多呢！"于是进击杨灵胤，击破北魏军。

韦睿派军主王怀静筑城于河岸以把守堰坝，被北魏军攻陷，城中一千余人全军覆没。北魏军乘胜攻到堤下，兵势甚盛，诸将想要退还巢湖，或者退保三叉，韦睿怒道："岂有此理！"下令把他的伞扇麾幢取来，竖在堤下，以示绝不离开。北魏人来凿堤，韦睿亲自上阵作战，北魏兵退却，韦睿就在堤坝上筑营，加强保护。韦睿修建主力战舰，高度与合肥城墙相等，将合肥四面包围，城中人皆哭，守将杜元伦登城督战，被弩箭射死。

五月十七日，合肥城崩溃，俘虏斩首一万余人，缴获牛马数以万计。

韦睿一向身体羸弱，从未骑马，每次作战，常坐在两人抬的轿子上监督勉励将士，勇气无敌；他白天接待宾客，半夜起床处理军事文书，灯火通明，直到天亮。他照顾自己的下属，常担心不够周到，所以投效军队的人争相到他的部队。所到之处，驻扎的营舍和围墙，都符合规范。

诸军进军到东陵，有诏班师。因为离北魏城池很近，诸将担心被追击，韦睿将辎重全部放在前面，自己乘小轿亲自殿后，北魏人敬服韦睿威名，远远看着，不敢进逼，于是全军而还。

南梁朝廷将豫州治所迁到合肥。

五月十八日，北魏派尚书元遥率军南下，拒战南梁兵。

【华杉讲透】

兵法贵在知胜，就是你知道自己能不能取胜。《孙子兵法》说："故知胜有五：知可以战与不可以战者胜，识众寡之用者胜，上下同欲者胜，以虞待不虞者胜，将能而君不御者胜。此五者，知胜之道也。"韦睿所体现的军事指挥才能，第一条就是他"知可以战与不可以战"。面对复杂的情况，别的人都害怕，一害怕，就"认为"不可以战，就拖延，韦睿则知道，马上就可以战。第二条，"识众寡之用者胜"，他知道兵多兵少怎么用。第三条，"上下同欲者胜"，他平时爱兵如子，大家都敬佩他，爱戴他，信任他，服从他，所以他符节一挥，将士就都能殊死作战。第四条，"以虞待不虞者胜"，他先筑起水坝，并保护水坝，占据了有利地形，保障了自己的后方运输，是以有备打无备。第五条，"将能而君不御者胜"，他手里有皇帝符节，全权指挥，没有监军给他添乱。

这就是《孙子兵法》中的五条知胜之道，韦睿都占全了，所以他底气足啊！

19 五月十九日，北魏派征西将军于劲节度秦、陇诸军。

20 五月二十三日，南梁庐江太守、闻喜人裴邃攻克北魏羊石城，五月二十六日，又攻克霍丘城。

六月七日，南梁青州、冀州二州刺史桓和攻克北魏朐山城。

21 六月十二日，北魏安西将军元丽攻击匈奴屠各部落酋长王法智，击破，斩首六千级。

22 南梁太子右卫率张惠绍与代理徐州刺史宋黑水陆俱进，直攻北魏徐州州府彭城，包围高冢戍，北魏武卫将军奚康生将兵救援，六月十四日，张惠绍作战不利，宋黑战死。

23 南梁太子萧统本年五岁，能完整背诵"五经"；六月十七日，萧统从宫中搬出，入居东宫。

24 六月二十四日，北魏任命度支尚书邢峦为都督东讨诸军事。

25 北魏骠骑大将军冯翊惠公源怀去世。源怀性格宽厚简约，不喜欢烦琐细碎的事，常说："身为贵人，应当抓住纲要，何必事事详细！譬如盖房子，只需要外面看起来高大显赫，梁平柱正，地基墙壁都完整牢靠，这就足够了；至于木头刨得平不平，接缝的地方密不密，那都不算什么毛病。"

26 秋，七月三日，南梁青州、冀州二州刺史桓和攻击北魏兖州，攻陷固城。

27 登基称帝的吕苟儿率众十余万屯驻孤山，围逼秦州，北魏安西将军元丽进击，大破吕苟儿军。行秦州事李韶掩击孤山，生擒吕苟儿的父母妻子，七月十日，吕苟儿率其部众前往元丽大营投降。

北魏兼太仆卿杨椿率军征讨自称为王的陈瞻，陈瞻据险拒守。诸将有的建议伏兵于山中小道，截断叛军交通线，等他们粮食吃尽再攻击；有的建议砍伐树木，纵火烧山，然后进讨。杨椿说："这都不是好办法。自从官军出动以来，所向披靡，贼人之所以窜入深山，正是为了保命而已。如今我们约束诸军，停止军事行动，也不要侵扰百姓，贼人必定认为我们见险不前，等他们放松戒备，然后奋击，可以一举平定。"

于是大军驻扎下来，不再前进。贼军果然出来抄掠，杨椿再以马匹和牲畜为饵引诱他们，也不派人追捕。这样过了很久，杨椿秘密选拔精锐士卒，衔枚夜袭，斩陈瞻，把首级送到京师。秦州、泾州二州都平定。

28 七月二十五日，南梁徐州刺史王伯敖与北魏中山王元英战于阴陵，王伯敖兵败，损失五千余人。

七月二十六日，北魏征发定州、冀州、瀛州、相州、并州、肆州六州十万人增援南下部队。南梁皇帝萧衍派将军角念将兵一万人屯驻蒙山，招纳兖州百姓，来归降的人很多。当时，将军萧及屯驻固城，桓和屯驻孤山。北魏都督东讨诸军事邢峦派统军樊鲁攻打桓和，别将元恒攻打萧及，统军毕祖朽攻打角念。

八月十日，樊鲁大破桓和于孤山，元恒攻陷固城，毕祖朽攻击角念，角念撤退。

八月十七日，北魏下诏，平南将军、安乐王元诠都督后发诸军奔赴淮南。元诠，是元长乐之子。

南梁将军蓝怀恭与北魏邢峦战于睢口，蓝怀恭战败，邢峦进兵包围宿预。蓝怀恭在清水以南，再筑一座新城，邢峦与平南将军杨大眼合兵攻打，九月十一日，攻拔，斩蓝怀恭，杀死及俘获敌军士兵数以万计。张惠绍放弃宿预，萧昺放弃淮阳，逃回。

临川王萧宏以皇帝的弟弟身份将兵,器械精新,军容壮盛,北方人认为一百多年以来都没见过。军队抵达洛口,前军攻克梁城,诸将想要乘胜深入,萧宏性格懦怯,部署指挥,错漏百出。北魏朝廷下诏,命邢峦引兵渡过淮河,与中山王元英合攻梁城。萧宏听闻,感到惧怕,召诸将商议班师。吕僧珍说:"知难而退,这不是很好吗?"萧宏说:"我也是这个意见。"柳惔说:"我大军所到,何城不服,什么叫'难'!"裴邃说:"我们来,就是为了找到敌人决战,为什么要避开他们呢?有什么难呢!"马仙琕说:"大王怎能说出这亡国之言!天子把全国武装力量交给大王,宁可向前一尺而死,绝不退后一寸而生!"北徐州刺史昌义之大怒,须发全部张开,说:"吕僧珍可以斩首了!岂有百万之师出动,还未遇到敌人,就望风而退!有什么脸面去见圣主!"朱僧勇、胡辛生拔剑而退,说:"谁要退自己退,下官当向前取死。"

会议散出,吕僧珍向诸将道歉说:"殿下昨天风疾发作,集中不了精力处理军事问题,深怕大家失望沮丧,所以想要全师撤退罢了。"

萧宏不敢违背群议,停军不前。北魏人知道他是个懦夫,送给他妇人衣服,并唱歌说:"不畏萧娘与吕姥,但畏合肥有韦虎。"萧娘娘,是萧宏;吕姥姥,是吕僧珍;韦虎,是韦睿。吕僧珍叹息说:"假如有始兴王萧憺、吴平王萧昺为元帅,我来辅佐他,岂会被敌人侮辱到这个地步!"吕僧珍想要派裴邃分军攻打寿阳,大军停在洛口,萧宏固执不听,下令军中说:"人马有前行者斩!"于是将士个个心怀愤怒。

北魏武卫将军奚康生派杨大眼飞驰向中山王元英报告说:"梁人自攻克梁城以后,久不进军,形势很明显,他必定是怕我们。大王如果进据洛水,他们自己就奔败了。"元英说:"萧宏虽然愚蠢,其下还有良将韦睿、裴邃之属,不可轻视。暂且观望形势,不与他们交锋。"

南梁太子右卫率张惠绍号令严明,所到之处,攻无不克。驻军在下邳,下邳人很多想要归降他的,张惠绍晓谕他们说:"我如果攻下这城,诸位都是国人,如果不能攻克,那白白连累你们失去乡里,这不是朝廷解放人民的本意。如今你们暂且安居乐业,不要妄自辛苦。"来归降的人都非常喜悦。

九月二十七日，夜，洛口暴风雨，军中夜惊，临川王萧宏与数名骑兵逃去。将士们找不到萧宏，都逃散而归，被抛弃的盔甲武器，填满水陆，生病的士兵和老弱者都被丢下，死者近五万人。萧宏乘小船渡江，夜里抵达白石垒，叩城门求入。临汝侯萧渊猷登城说："百万之师，一朝鸟散，国之存亡，还未可知。担心奸人乘间为变，城门夜间不可开。"萧宏无言以对，于是萧渊猷用绳索放下食物给他吃。萧渊猷，是萧渊藻的弟弟。当时北徐州刺史昌义之的军队在梁城，听闻洛口失败，与张惠绍一起引兵撤退。

北魏主元恪下诏，命中山王元英乘胜平荡东南，于是追击到马头，攻陷马头，城中粮储，全部被北魏搬运回北方。南梁朝廷会议，群臣都说："北魏运米北归，这是不再往南方来了。"皇帝萧衍说："不然，这必定是准备进兵，诈我们罢了。"于是下令修筑钟离城，命昌义之积极为防御作战做准备。

冬，十月，元英进兵包围钟离，北魏主元恪下诏，命邢峦引兵前往会师。邢峦上表，认为："南军野战虽然不是我们的对手，但是守城却绰绰有余，如今我军尽锐攻打钟离，得到了没多大利益，不得则亏损甚大。钟离城在淮河以南，就算敌人束手归顺，恐怕我们也没有粮草，难以守住，更何况牺牲士卒去攻打呢！而且，征南士卒已经连续作战两个季度，疲弊死伤，不用问也知道。虽然说起来是乘胜追击，但并没有多少可用的兵力。以臣愚见，不如修复旧戍，抚慰诸州，以待后举，江东的弱点，不怕以后抓不住。"

元恪下诏回复说："渡过淮河，与元英形成犄角之势，这就是之前的命令，谁允许你到现在还盘桓不进，到今天提出这些请求！应迅速进军！"

邢峦又上表，认为："如今中山王元英进军钟离，我实在是不理解。如果不计算得失，不顾自己安危，直袭广陵，出其不备，或许还能有战果。如果认为只带八十天的军粮就可以攻取钟离城，那是臣闻所未闻的事。敌人坚城自守，不与我们交战，护城河水很深，不能填塞，空坐到春天，士卒自己就疲弊了。如果派我去，又从哪里运粮！夏天出发的军队,没有准备冬衣,如果遇上冰雪,又怎么解决困难!臣宁愿承担怯懦不进的责任,也不受损兵折将、劳而无功的罪行。钟离是天险要塞,朝中显贵大臣们都知道,如果有内应,或许还有机会;如果没有内应,必定不能攻克。如果陛下相信臣的话,希望允许我停止用兵;如果认为臣是害怕打仗,想要回来,可以把臣所领的兵全部交给中山王,由他处分,臣只以单骑追随中山王上战场。臣屡次为大将,知道什么仗能打,什么仗不能打,臣既然已经知道很难,为什么一定要强迫我去呢!"

元恪于是召邢峦还京,另行任镇东将军萧宝寅与元英共同包围钟离。

北魏侍中卢昶一向厌恶邢峦,与侍中、领右卫将军元晖一起诬陷他,指使御史中尉崔亮弹劾邢峦在汉中抢掠百姓为奴婢。邢峦把在汉中抢得的美女用来贿赂元晖,元晖对北魏主元恪说:"邢峦新有大功,不应当以大赦前的小事来审查他。"北魏主元恪以为然,于是不再过问。

元晖与卢昶都有宠于北魏主而贪纵不法,时人称之为"饿虎将军""饥鹰侍中"。元晖不久升迁到吏部尚书,用官都有定价,大郡为二千匹,次郡、下郡递减一半,其余官职各有等差,大家称他为"市曹"(官职交易市场主管)。

【华杉讲透】

这里有两个好人,一个是太子右卫率张惠绍,处于敌国的百姓投降他,他不收。他说,我如果得胜,你们不用投降,自然就回归祖国了。但是,我如果战败,就把你们害了。这就是高贵的人格!真正的爱心!忠恕之道,己欲立而立人,己欲达而达人,己所不欲,勿施于人,这种为他人着想的爱,就是儒家价值观的内核!

另一个好人是邢峦,他做到了《孙子兵法》说的"进不求名,退不避罪",反复进谏,只是为了告诉皇帝:我是专业的,请相信我的专业意见!他并不求勇名而进军,不怕别人说他懦弱,也不怕皇帝治他的罪,因为《孙子兵法》后面还有两句:"唯人是保,而利合于主。"

29 十月六日，南梁包围义阳的军队夜里遁逃，北魏郢州刺史娄悦追击，击破。

30 柔然库者可汗去世，儿子伏图继位，号佗汗可汗，改年号为始平。

十月十七日，佗汗派使者纥奚勿六跋到北魏请和。北魏主元恪不派使者回访，对勿六跋说："蠕蠕远祖社仑，是我魏国叛臣，之前包容，暂且允许通使。如今蠕蠕衰微，已不比当年，而大魏之德，正兴隆如周、汉，只是因为江南未平，稍微给你们北边留点空间，通和之事，不予批准。不过，如果你们能修藩臣之礼，款诚昭著，我也不会辜负你们。"

31 北魏京兆王元愉、广平王元怀封国臣子多骄纵，公开干预政事，北魏主元恪下诏，命中尉崔亮追查到底，获罪而死者三十余人，其他没死的全部除名为平民。唯有广平王右常侍杨昱、文学崔楷以忠谏获免。杨昱，是杨椿之子。

32 十一月四日，南梁大赦。皇帝萧衍下诏，命右卫将军曹景宗都督诸军二十万人，救援钟离。皇帝命曹景宗驻扎在道人洲，等众军齐集之后，再一起前进。曹景宗坚决要求先进据邵阳洲尾，皇帝不许。曹景宗想要专得功劳，违抗诏命进军，结果突然刮起暴风，许多士卒落水淹死，只好退回。皇帝听闻后，说："曹景宗不能前进，这是天意啊！如果孤军独往，又不能及时构筑城垒，必然狼狈不堪。现在一定能击破贼军。"

33 当初，成汉归义侯李势（十六国时期成都的成汉帝国末任皇帝）末期，獠人从山区开始迁出，北自汉中，南至邛都、笮都，布满山谷。成汉灭亡之后，蜀民多向东迁徙，山谷空地都被獠人占据。靠近郡县又与汉人杂居，跟汉人一样缴纳租赋，而远在深山的，郡县不能管制。梁州、益州二州每年都借着讨伐獠人牟利，公私都靠这发财。等到邢峦任梁州刺史，獠人住得近的都安居乐业，远的也不敢为寇。邢峦离任之后，北魏任命羊祉为梁州刺史，傅竖眼为益州刺史。羊祉性格酷虐，不得人心。獠王赵清荆引南梁兵入州境为寇，被羊祉派兵击破。傅竖眼施恩布信，大得獠人拥护。

【华杉讲透】

"剿匪"是一项业务

"梁、益二州岁伐獠以自润，公私利之。"这是什么情况呢？如果说州境内有土匪，要剿匪，朝廷就要拨军费，这就有钱捞了。剿匪又怎么剿呢？到山里去，把一个村子全灭了，财产和妇女大家分了，男的斩首，然后把首级拿回去报功领赏，谁能知道那人头是不是土匪的人头呢？所以，明朝的时候，王阳明剿匪，第一道命令就是严禁将领私自进山剿匪，因为他了解剿匪的这个"业务"，别说这些将领不会剿匪，没有匪他们也要弄出匪来，这是他们的"生意"。

34 十二月十二日，南梁都亭靖侯谢朏去世。

35 北魏人议定乐律，久拖不决。

天监六年（公元507年）

1 春，正月，公孙崇奏请委任卫军将军、尚书右仆射高肇监督制定乐律的事。北魏主元恪知道高肇没有学问，下诏命太常卿刘芳协助他。

曹景宗、韦睿大败北魏军

2 北魏中山王元英与平东将军杨大眼等率部众数十万人攻打钟离。钟离城北就是淮河,北魏人在邵阳洲两岸建桥,竖立栅栏,宽数百步,横跨淮河,连接两岸交通。元英在南岸攻城,杨大眼在北岸另筑城垒,以通粮运。城中南梁军才三千人,北徐州刺史昌义之督率将士,随机应变,坚持抵抗。北魏人以车载土,要填平护城河,步兵背土跟进,骑兵督战队在后面催促。有人动作慢,来不及回头,后面的土扔过来,直接就被活埋了。一会儿工夫,护城河被填平。北魏人再用冲车撞城墙,城墙上的土掉落下来,昌义之用泥填补,冲车虽然撞入城墙,但是不能撞出缺口。北魏人昼夜苦攻,轮番替代,从城墙上坠落,又接着往上攀爬,没有一个人后退。一日交战数十个回合,前后杀伤数以万计,北魏军的尸体堆积,与城墙一样高。

二月,北魏主元恪召元英还师,元英上表称:"臣志在殄灭贼寇,而月初以来,霖雨不止,如果三月天晴,城池必定可以攻克,希望再给我一点时间。"元恪赐诏回复说:"南方土地蒸湿,不宜久留。志在必得,是将军的深谋远虑,而用兵时间长了,筋疲力尽,也是朝廷的担心。"元英仍然上表说必定能攻克。元恪派步兵校尉范绍到元英处,与他讨论攻取形势。范绍见钟离城墙坚固,劝元英退兵,元英不从。

南梁皇帝萧衍命豫州刺史韦睿将兵救钟离,受曹景宗节度。韦睿从合肥直接向北进军,穿过阴陵沼泽,遇到山涧深谷,就架吊桥通过。大家畏惧北魏兵盛,多劝韦睿缓行。韦睿说:"钟离城中守军,现在正在挖掘地穴居住,背着门板去打水,我们车驰卒奔,还担心来不及,何况缓行!北魏人已经落在我的肚子里了,你们不必忧虑。"十天就到了邵阳。皇帝萧衍下诏给曹景宗说:"韦睿,是你们家乡的望族,你要好好尊敬他!"曹景宗见了韦睿,执礼甚谨。萧衍听闻,说:"二将和,必定成功。"

曹景宗与韦睿进驻邵阳洲,韦睿在曹景宗营前二十里连夜挖掘长堑,把带枝叉的树木竖立其中,把沙洲分为两半,筑起一座城垒,距北魏军城垒仅一百余步。南梁太守冯道根，能骑在马上丈量土地，先计算马走了多少步，再根据一个人的工作量，计算需要投入多少人筑城，然后分派任务，到了天明时分，大营已经建成。北魏中山王元英大惊，以杖击地说："是何神也！"曹景宗等器甲精新，军容壮盛，北魏人望见，十分气馁。曹景宗担心城中危惧，招募军士言文达等潜水进城，城中才晓得援兵已到，勇气百倍。

杨大眼勇冠军中，率骑兵一万余人来战，所向披靡。韦睿把车辆连接起来，结为圆形阵地，杨大眼聚集骑兵围攻，韦睿以强弩二千张，同时发射，洞穿北魏兵盔甲，杀伤甚众。一支箭贯穿杨大眼右臂，杨大眼退走。

第二天早上，元英亲自率众来战，韦睿乘坐小轿，手执白角如意，指挥战斗。一天交战数回合，元英才退去。

北魏军夜里又来攻城，箭如雨下。韦睿的儿子韦黯请他下城墙以避箭，韦睿不许。军中惊慌，韦睿于城墙上厉声呵斥，才安定下来。前往淮河以北割草的牧人，都被杨大眼抓捕。曹景宗招募敢死队一千余人，在杨大眼城南数里构筑城垒，杨大眼来攻，被曹景宗击退。城垒建成，派别将赵草驻守，北魏军有来抄掠的，都被赵草抓获，之后牧人割草才恢复正常。

南梁皇帝萧衍命曹景宗等预先装备高舰，让舰船的高度与北魏大桥相等，准备用于火攻。令曹景宗与韦睿各攻一桥：韦睿攻南桥，曹景宗攻北桥。三月，淮水暴涨六七尺。韦睿派冯道根与庐江太守裴邃、秦郡太守李文钊等乘战舰竞发，攻击北魏在沙洲上的军队，全部消灭。再另以小船载草，灌上油膏，焚烧北魏大桥。风怒火盛，烟尘蔽日，敢死队冲上去，拔除栅栏，砍断桥墩，水势湍急，倏忽之间，桥和栅就被全部清除了。冯道根等都亲自上阵搏战，军人奋勇，呼声动天地，无不以一当百，北魏军大溃。元英见桥没了，脱身弃城逃走，杨大眼也烧营而去，北魏诸军相继土崩瓦解，全都抛弃武器盔甲，争相投水逃跑，淹死者十余万，被斩首的也有这么多。韦睿派人报告昌义之，昌义之悲喜交集，来不及答话，只是叫说："重生！重生！"南梁诸军一路向北追击到洨水上，元英单骑入梁城，沿淮河一百余里，尸体相互枕压。生擒五万人，收其物资、粮草、器械，堆积如山，牛马驴骡不可胜计。

昌义之感激曹景宗及韦睿，请二人相会，筹钱二十万，就在官衙开赌。曹景宗掷得"雉"，韦睿慢慢掷下，得"卢"，迅速翻转一个色子，说："怪事！"于是得"塞"（韦睿赢了，故意拨乱色子输掉）。曹景宗与群帅争先告捷，韦睿独居后，世人尤其以此赞赏他的贤德。皇帝下诏，增封曹景宗、韦睿爵邑，昌义之等受赏各有等差。

3 夏，四月二十日，南梁任命江州刺史王茂为尚书右仆射，安成王萧秀为江州刺史。萧秀将要出发，主办官员要求准备坚固的船只，用来运送府库里的财物，萧秀说："我难道是爱财而不爱士吗？"于是把坚固的船给参佐官员，而把不太牢靠的船只，用来运送府库财物。既而遭风，装财物的船都被风吹坏了。

4 四月二十八日，南梁任命临川王萧宏为骠骑将军、开府仪同三司，建安王萧伟为扬州刺史，右光禄大夫沈约为尚书左仆射，左仆射王莹为中军将军。

5 六月十八日，南梁冯翊郡等七郡叛变，投降北魏。

6 秋，七月三十日，南梁任命尚书右仆射王茂为中军将军。

7 八月一日，南梁大赦。

8 北魏有司上奏："中山王元英计划失败，齐王萧宝寅等守桥不固，都应该处以极刑。"

八月十二日，北魏主元恪下诏，元英、萧宝寅免死，除名为平民，杨大眼流放营州为士兵。任命中护军李崇为征南将军、扬州刺史。李崇喜欢经营家产，征南长史、狄道人辛琛屡谏不听，于是相互举报。元恪下诏，都不予追究。李崇于是摆设酒宴，对辛琛说："长史以后必定会当刺史，但不知道想要什么样的佐官。"辛琛说："如果万一托福能当上刺史，希望得到一个刚直方正的长史，让我朝夕都能听到自己的过失，这就是我的愿望了。"李崇有羞惭之色。

9 九月三日，北魏任命司空、高阳王元雍为太尉，尚书令、广阳王元嘉为司空。

10 九月八日，北魏开通斜谷旧道。

11 冬，十月十六日，南梁任命五兵尚书徐勉为吏部尚书。徐勉精力过人，虽然文件堆积，宾客满座，他却可以应对如流，同时手不停笔。又通晓诸子百家的著作，但从不批评他们的缺点。他曾经与门人夜里一起聚会，其中一位宾客虞暠请求当太子詹事五官，徐勉正色说："今天只可谈风月，不可及公事。"当时的人都佩服他的无私。

12 闰十月十日，南梁任命临川王萧宏为司徒、行太子太傅，尚书左仆射沈约为尚书令、行太子少傅，吏部尚书袁昂为右仆射。

13 闰十月十二日，北魏皇后于氏崩殂。当时高贵嫔得宠而妒心十足，高肇势倾中外，皇后暴病而死，人们都归咎于高氏。但宫禁事秘，也没法弄清楚。（为皇子元昌之死埋下伏笔。）

14 闰十月二十九日，南梁任命光禄大夫夏侯详为尚书左仆射。

15 闰十月三十日，北魏葬顺皇后于永泰陵。

16 十二月二日，南梁丰城景公夏侯详去世。

17 十二月十一日，北魏淮阳镇都军主常邕和献出城池，投降南梁。

卷第一百四十七　梁纪三

（公元508年—514年，共7年）

高祖武皇帝三

天监七年（公元508年）

1 春，正月，北魏颍川太守王神念投奔南梁。

2 正月二十八日，北魏任命卫尉、吴平侯萧昺兼领军将军。

3 南梁皇帝萧衍下诏，命吏部尚书徐勉制定百官等级，为九品、十八班，以班多者为贵（"品"数字越小，官越高；"班"数字越大，官越大）。二月十一日，增置镇、卫将军以下为十品，一共二十四班；进入不了十品的，另有八班。又特别设置外国将军二十四班，一共一百零九个官称。

二月十六日，萧衍下诏设置州望、郡宗、乡豪各一人，专门负责选拔举荐人才。

4 二月二十一日,南梁任命南兖州刺史吕僧珍为领军将军。领军掌中外兵要,刘宋孝建年间以来,制局监(内府器杖兵役)用事,与领军分兵权,典事以上都可以直接向皇帝汇报,领军只是虚置。后来,吴平侯萧昺任领军将军,工作负责而严格,官曹肃然;制局监都是皇帝宠幸的近臣,受不了他的作风,所以萧昺在朝中待不下去。二月二十二日,萧昺被排挤出去,外放为雍州刺史。

5 三月五日,北魏皇子元昌去世(时年三岁),御医王显治疗失误,时人都认为是受高肇指使。

6 夏,四月二日,南梁皇太子纳妃,大赦。

7 五月十七日,北魏主元恪下诏,恢复设置宗正、太仆、大匠、鸿胪,又增设太府、太舟,仍为十二卿。

8 五月二十一日,南梁任命安成王萧秀为荆州刺史。之前,巴陵马营蛮沿江为寇,州郡不能征讨。萧秀派防阁将军文炽率众火烧山林,蛮夷失去山林掩护,州境内盗寇绝迹。

北魏立高贵嫔为皇后,其父高肇地位更加贵重

9 秋,七月十三日,北魏立高贵嫔为皇后。尚书令高肇更加贵重掌权。高肇多有改变先朝旧制,减削贵族们的封邑,贬抑罢黜有功勋的人的举措,由是怨声载道。群臣和宗室都对他低声下气,唯有度支尚书元匡与高肇抗衡,先自己打造一具棺材,放在议事厅,准备带着棺材到宫门前控诉高肇的罪恶,然后自杀以尸谏;高肇听闻,非常厌恶。正巧元匡与太常刘芳讨论度量衡的事,高肇赞同刘芳的意见,元匡于是与高肇争吵,上表说高肇指鹿为马。御史中尉王显上奏弹劾元匡诬毁宰相,有

司判处元匡死刑。元恪下诏免死，降他为光禄大夫。

10 八月二日，南梁竟陵壮公曹景宗去世。

元愉假称高肇篡位，自立为皇帝

11 当初，北魏主元恪为京兆王元愉纳于皇后的妹妹为王妃，元愉不爱，爱妾李氏，生下儿子元宝月。于皇后召李氏入宫，捶打她。元愉骄奢贪纵，多为不法之事。元恪召元愉入禁中审问，杖打元愉五十棍，外放他为冀州刺史。元愉自以为年长，而地位不如两个弟弟，心中暗怀愧恨；而且，自己与爱妾屡次被侮辱殴打，高肇又数次诬告元愉兄弟，元愉不胜其忿；八月十二日，杀长史羊灵引、司马李遵，诈称收到清河王元怿密信，说"高肇弑逆"。于是在信都之南筑坛，即皇帝位，大赦，改年号为建平，立李氏为皇后。法曹参军崔伯骥不从，元愉杀了他。在北州镇都怀疑朝廷有变，定州刺史、安乐王元诠把实际情形通知各镇，州镇才安定下来。

八月十四日，北魏朝廷任命尚书李平为都督北讨诸军、行冀州事，以讨伐元愉。李平，是李崇的堂弟。

12 八月十六日，北魏大赦，改年号为永平。

13 北魏京兆王元愉遣使游说平原太守、清河人房亮，房亮斩杀来使；元愉派部将张灵和攻击，被房亮击败。李平军抵达经县，诸军大集。夜，有蛮兵数千人来劫营，箭矢射到李平帐前。李平坚卧不动，一会儿军营就自己安定下来了。

九月一日，元愉在城南草桥迎战朝廷军。李平奋击，大破元愉。元愉脱身逃入城，李平进兵包围。

九月十二日，安乐王元诠击破元愉兵于城北。

14 九月十三日,南梁立皇子萧绩为南康王。

高肇诬告元勰谋反,元勰被诛杀

15 北魏立高皇后时,彭城武宣王元勰坚决谏止,北魏主元恪不听。高肇由此怨恨元勰,数次向元恪诬陷元勰,元恪不信。元勰举荐他的舅舅潘僧固为长乐太守。京兆王元愉造反,胁迫潘僧固与他同谋,高肇因此诬告元勰与元愉通谋,勾结南方蛮贼。彭城郎中令魏偃、前防阁将军高祖珍希望得到高肇的提携,出面作证,使罪状成立。高肇令侍中元晖向皇帝汇报,元晖不从,又令左卫元珍去。元恪问元晖,元晖说元勰绝对不会如此;又问高肇,高肇引魏偃、高祖珍等作证,元恪于是相信。

九月十八日,元恪召元勰及高阳王元雍、广阳王元嘉、清河王元怿、广平王元怀、高肇一起入宫参加宴会。元勰的妃子李氏正要生产,他坚决推辞不去。宦官相继来召,不得已,与妃子诀别而登车,进入东掖门,要过一座小桥,拉车的牛不肯前进,鞭打了半天,又有使者来责备元勰迟到,于是撤去牛,由人拉着车进宫。宴于禁中,到了夜里,大家都喝醉了,各自到自己房间休息。过了一会儿,元珍领着武士,带毒酒而至,元勰说:"我无罪,希望能见皇帝一面,死而无恨!"元珍说:"皇帝怎么能够面见!"元勰说:"皇帝圣明,不应无事杀我,乞请与告我的人对质!"武士以刀环撞击他,元勰大声说:"冤哉,皇天!忠臣被杀!"武士又捶打他,元勰于是饮毒酒,武士就地杀了他。第二天早晨,以被褥裹尸载归其第,说大王因醉而死。李妃号哭大喊说:"高肇枉理杀人,天道有灵,你不得好死!"北魏主元恪举哀于东堂,追赠官职,葬礼都优厚加等。在朝贵贱,无不丧气。行路士女都流涕说:"高令公枉杀贤王!"由是朝廷内外,对高肇更加痛恨。

京兆王元愉无法守住信都,九月二十三日,烧城门,携李氏及四个儿子,带着骑兵一百余人突围逃走。李平进入信都,斩元愉所任命的冀州牧韦超等,派统军叔孙头追捕,抓获元愉,关押在信都,向朝廷汇报。群臣请诛杀元愉，北魏主元恪不许，命令锁拿他押送到洛阳，打算用家法训诫。走到野王，高肇秘密派人把他杀死。元愉的几个儿子到了洛阳，北魏主元恪将他们全部赦免。

北魏主元恪准备杀掉李氏，中书令崔光进谏说："李氏正怀有身孕，如果剖腹杀胎，这是桀、纣这等暴君所为，残酷而非法。请等她生产后再行刑。"元恪听从。

李平逮捕元愉余党一千余人，准备将他们全部处死，录事参军高颢说："这些人都是被胁从的，之前既然承诺免他们一死，应该上表报告皇帝。"李平听从，最后都得以免死。高颢，是高祐的孙子。

济州刺史高植率州军击元愉有功，应当封爵，高植不接受，说："我家蒙受重恩，为国报效，是职责所在，何敢求赏！"高植，是高肇之子。

北魏主元恪加授李平为散骑常侍。高肇及中尉王显一向厌恶李平，王显弹劾李平在冀州包庇隐藏叛党家属，高肇上奏，将李平除名。

当初，显祖拓跋弘在位时期，柔然一万余户投降北魏，安置在高平、薄骨律二镇，到了太和末期，叛逃一空，还剩一千多户。太中大夫王通建议把他们迁徙到淮北，以阻绝他们向北叛逃的道路，北魏主元恪下诏，命太仆卿杨椿持节前往负责迁徙。杨椿上言说："先朝将他们安置在边境地区，是为了招附不同风俗的民族，且区别汉人和戎夷也。如今新归附的人很多，如果把之前归附的人强迫迁走，新来的人必不自安，这是驱使他们叛变。况且这些民族穿皮毛，吃肉，喜欢冬天，适应寒冷；南方湿热，迁过去恐怕他们也要死光了。这样做，既让归附的人失望，也无益于让他们成为帝国守边的藩卫，安置在中原地区，必生后患，不是良策。"元恪不听。于是朝廷还是将柔然部众迁徙到济州，沿着黄河居住。等到京兆王元愉之乱，这些人都渡河投奔元愉，一路抢掠，正如杨椿预言的一样。

16 九月二十日，北魏郢州司马彭珍等叛变，秘密引南梁兵攻打义阳，三关戍主侯登等献出城池投降。郢州刺史娄悦闭城自守，北魏任命中山王元英为都督南征诸军事，率步兵、骑兵三万人从汝南出兵救援。

17 冬，十月，北魏悬瓠军主白早生杀豫州刺史司马悦，自号平北将军，叛变北魏，求援于南梁司州刺史马仙琕。当时，荆州刺史、安成王萧秀为都督。马仙琕报告萧秀，请求前往接应。参佐们都认为应等待朝廷命令，萧秀说："他等着我救命，救援应该迅速，等待朝廷下令才可出兵，虽然是旧制，但不适合紧急情况。"即刻派出军队。皇帝萧衍也下诏命马仙琕救白早生。

马仙琕进兵屯驻楚王城，派副将齐苟儿带兵二千助守悬瓠。萧衍下诏，任命白早生为司州刺史。

18 十月十六日，南梁朝廷任命吴兴太守张稷为尚书左仆射。

北魏邢峦大败白早生

19 北魏任命尚书邢峦兼管豫州事务，将兵攻打白早生。北魏主元恪问他："你认为白早生是会逃走，还是固守呢？什么时候能平定？"邢峦回答说："白早生并非有深谋大智，只是因为司马悦暴虐，他乘众怒作乱，百姓迫于他的凶威，不得已而跟从。纵使梁兵入城，水路不通，粮运不继，最终也会被我们抓住的。白早生得到梁国支援，溺于利欲，必定守而不走。如果王师抵达，士民必然归顺。不出今年，白早生的首级就会送到京师。"元恪喜悦，命邢峦先发，中山王元英随后出发。

邢峦率骑兵八百，倍道兼行，五天就到了鲍口。十月二十六日，白早生派其大将胡孝智将兵七千，离城二百里迎战。邢峦奋击，大破胡孝智军，乘胜长驱至悬瓠。白早生出城迎战，又被击破，邢峦于是率军渡过汝水，包围悬瓠城。元恪下诏，加授邢峦为都督南讨诸军事。

十月二十七日，北魏镇东参军成景隽杀宿豫戍主严仲贤，献出城池投降南梁。当时北魏郢州、豫州二州，自悬瓠以南，一直到安陆，全部城池都落入南梁，唯义阳一城为北魏坚守。蛮帅田益宗率群蛮归附北魏，北魏任命他为东豫州刺史。南梁皇帝萧衍开出车骑大将军、开府仪同三司、五千户郡公的条件招降他，田益宗不从。

十一月十一日，北魏派安东将军杨椿将兵四万攻打宿豫。

北魏主屡次接到邢峦捷报，命中山王元英救援义阳，元英因兵少，累次上表请求增兵，元恪不许。元英到了悬瓠，与邢峦一起攻城。

十二月十日，齐苟儿等开门出降，斩白早生及其党羽数十人。元英于是引兵前趋义阳。南梁宁朔将军张道凝之前屯驻楚王城，十二月十四日，弃城逃走。元英追击，斩张道凝。

北魏义阳太守、狄道人辛祥与郢州刺史娄悦共守义阳，南梁将军胡武城、陶平虏攻城，辛祥夜里出城偷袭南梁军营，生擒陶平虏，斩胡武城，由是州境得以保全。论功当赏，娄悦耻于功劳出于下属，向执政的高肇说将军们的坏话，于是这些功臣没有得到任何赏赐。

【华杉讲透】

邢峦有大智慧，一眼就看穿了白早生的心理和形势，就是汉代荀悦说的"形、势、情"三要，他说：

"夫立策决胜之术，其要有三：一曰形，二曰势，三曰情。形者，言其大体得失之数也；势者，言其临时之宜，进退之机也；情者，言其心志可否之实也。故策同、事等而功殊者，三术不同也。"

这段话的意思是，形是大体得失的计算，你胜算有多大，这是算得出来的。算清楚了再做，算不清楚别做。

做事先看形，行不行，做起来就靠势。势，是"临时之宜，进退之机"。"情"，就是主将的意志力和团队的士气，"心志可否"，是讨论心理问题。

"情"是关键，叛变这种事，主将和部属心情不同。主将是没有回头路，而部属们往往是被主将裹挟，搞得成就搞，搞不成就偷袭一刀把主将砍了拿去邀功请赏，也是一个机会。

邢峦早就把白早生的心理和他的部属的心理，都看透了。

再说北魏皇帝元恪，他的决策有问题。他本来派邢峦先行，元英继后，去攻打悬瓠。邢峦只带了八百骑兵，就节节胜利，他马上就不要元英去悬瓠了，要他改道去救义阳。元英认为自己带的兵不足以救义阳，要求增兵，他拒绝。他为什么拒绝呢？他认为，人家邢峦带八百人就一路捷报不断，你带这么多兵救义阳还不够吗？

这就是老板的心理，一是拿最优秀员工的表现给其他员工施加压力，二是得了便宜，就马上想得到更大的便宜。邢峦带八百人就节节胜利，并不是理所当然的，有他的本事，也有他的运气，如果八百人单独去攻城，就不一定能拿下，可能还会生变。另外，如果要元英救义阳，增兵是应该的，因为他本来的任务是与邢峦合兵攻悬瓠，不是单独去救义阳。打仗靠集中优势兵力，靠压倒性投入，怎么能要求以少胜多呢？那是小概率事件，不能赶上一次，就认为是理所当然，把它变成"考核指标"。

最坏的是娄悦，因为他嫉贤妒能。嫉贤妒能，是组织里最大的恶。

《秦誓》曰："若有一介臣，断断兮无他技，其心休休焉，其如有容焉。人之有技，若己有之，人之彦圣，其心好之，不啻若自其口出，是能容之，以能保我子孙黎民，尚亦有利哉。人之有技，媢嫉以恶之，人之彦圣，而违之俾不通，寔不能容，以不能保我子孙黎民，亦曰殆哉。"

《秦誓》，是秦穆公告诫群臣的语录。如果有这样一位大臣，真诚纯一，不逞一己之能，平易正直，宽宏大量，能容受天下之善，别人有才能，他真心喜爱，就如同他自己有一样；别人德才兼备，他心悦诚服，不只是在口头上表示，而是打心眼里赞赏。这等的人，着实能容受天下之贤才，没有虚假，若用他做大臣，将使君子在位，展布施用，把天下的事，件件都做得好，必能保我子孙，使长享富贵，保我百姓，使长享太平！

相反，若是个不良之臣，总要逞自己的本事。别人有本领，他就嫉妒、厌恶；别人德才兼备，他便想方设法压制、排挤，无论如何容忍不得，就怕别人强过他！用这种人，不仅不能保护我的子孙和百姓，乱亡之祸,可能就由他而起!

这就是娄悦,他能干成这样的坏事,是因为朝廷也有坏人,就是高肇一党。北魏此时的政治,已经败坏了。

20 十二月二十三日,北魏东荆州上奏朝廷:"桓晖之弟桓兴前后招抚太阳蛮,归附者一万余户,请设置十六个郡,五十个县。"北魏主元恪下诏,命前镇东府长史郦道元核实,随即批准。郦道元,是郦范的儿子。

21 这一年,柔然佗汗可汗再次派纥奚勿六跋出使北魏,献上貂皮大衣,北魏主元恪拒绝接受,回答他的话跟上次一样。

当初,高车的侯倍(王储)穷奇为㕉哒所杀,他的儿子弥俄突也被俘虏带走。其部众分散,有的投奔北魏,有的投奔柔然。北魏主元恪派羽林监、河南人孟威抚纳降户,安置在高平镇。高车王阿伏至罗残暴,高车人杀了他,立他的同宗跋利延。㕉哒护送弥俄突讨伐高车,高车人又杀跋利延,迎立弥俄突。弥俄突与柔然佗汗可汗战于蒲类海,不胜,西走三百余里。佗汗军驻扎在伊吾北山。正巧高昌王麹嘉请求内徙于北魏,当时孟威为龙骧将军,北魏主元恪派孟威征发凉州兵三千人前往迎接,到了伊吾,佗汗见孟威军,恐怖逃遁。弥俄突接到消息,追击,大破柔然军,杀佗汗于蒲类海北,割下他的头发,送给孟威,并且遣使入北魏朝贡。北魏主元恪派东城子于亮报聘,赏赐馈赠甚厚。高昌王麹嘉到了约定日期没有来,孟威班师。

柔然佗汗可汗之子丑奴继位,号豆罗伏跋豆伐可汗,改年号为建昌。

22 刘宋、南齐时代的礼仪,祭祀天神时皇帝都头戴衮(皇冠),身穿冕(皇袍),兼著作郎、高阳人许懋建议制造大裘,萧衍听从。

23 南梁皇帝萧衍将到太庙祭祀,下诏说:"祭祀当天,不应该听音乐。从现在开始,皇帝舆驾出宫时,鼓吹乐队跟从,但是不演奏;回宫的时候，跟平常一样演奏。"

天监八年（公元509年）

1 春，正月三日，南梁皇帝萧衍在南郊祭天，大赦。

当时有人建议皇帝到会稽山、国山举行封禅大典，皇帝命诸儒起草封禅礼仪，准备施行。许懋认为："舜在泰山烧柴祭天，只是巡行天下途中的一站。而郑玄引用《孝经钩命决》说：'在泰山添土祭天（封），用柴火向上天报告政绩；在梁父山辟土祭地（禅），在石头上刻上帝号和祷词。'这都是纬书的曲解，不是正规经书的通义。舜五年巡行一次，春夏秋冬走遍四岳，如果是为了封禅，岂不是次数太多！又如管仲所说，古代封禅的君王有七十二位，在燧人氏之前，世界简陋，人民质朴，哪里得来金泥玉印！在那结绳计事的时代，又怎能写出文章，祭告天地！管仲又说：'唯有接受天命之君，才能封禅。'周成王并非受命之君，他怎么能封泰山、禅社首山！神农就是炎帝，是同一个人，而管仲却认为是两个人，这错误也犯得太大了！如果是圣主，不须封禅；如果是凡主，不应封禅。当初齐桓公想要封禅泰山，管仲知其不可，故意说一些怪事来打消他的念头。秦始皇曾经封禅泰山，孙皓也曾派兼司空董朝到阳羡去封禅国山，这都不是盛德之事，不足以效法。而且这封禅之礼，都是道听途说，不是本意，只是君王好名于上，而大臣阿谀于下而已。古代祀天祭地，礼有常数，只是诚敬之道而已。至于封禅，我听都不敢听！"皇上嘉许，采纳他的意见，并以许懋的建议答复那些请求封禅的人。

2 北魏中山王元英到了义阳，将攻取三关，先研究策略，说："三关相互依赖，如同左右手，如果先攻克一关，其他两关不攻自破；攻难不如攻易，应该先攻东关。"又担心南梁三关兵力集中到东关，于是派长史李华率领五统军攻打西关，以分散南梁守军兵势，自己督诸军向东关进发。

之前，南梁司州刺史马仙琕派云骑将军马广屯驻长薄，军主胡文超屯驻松岘。正月十八日，元英抵达长薄。正月二十日，长薄城防崩溃，马广逃入武阳，元英进兵包围。萧衍派冠军将军彭甕生、骠骑将军徐元季将兵救援武阳。元英故意放救兵入城，说："我观察此城形势，容易攻取。"彭甕生等入城之后，元英促兵攻打，六天攻拔，俘虏三员守将及士卒七千余人。进兵攻打广岘，太子左卫率李元履弃城逃走；又攻西关，马仙琕也弃城而走。

南梁皇帝萧衍派南郡太守韦睿将兵救援马仙琕，韦睿到了安陆，增筑城墙二丈多，又开挖大沟，筑起高楼。众人颇讥笑他的胆怯，韦睿说："不对，身为将领，应该有胆怯的时候，不可专恃勇敢。"

北魏中山王元英急追马仙琕，要雪邵阳战败之耻，听闻韦睿救兵已到，撤退。南梁皇帝萧衍也下诏罢兵。

当初，北魏主元恪派中书舍人、铜阳人董绍慰劳叛城，白早生袭击，将他囚禁，送到建康。北魏攻克悬瓠之后，命于南梁降将齐苟儿等四人之中选出二人，送到扬州，移书给南梁，要用这两人交换董绍及司马悦的人头（认为二人已死）。信还没送到，南梁领军将军吕僧珍与董绍谈话，喜爱他的文才，向皇帝萧衍报告，萧衍派主书霍灵超去对董绍说："如今放你回去，请你通两家之好，彼此让人民得到休养生息，岂不是好事！"然后召见他，赏赐衣物，令舍人周舍设宴慰劳，并说："战争多年，民物涂炭，所以我并不耻于先提出与魏朝通好，最近也曾送信给北方，但是都没有回复，你回去转达我的意思。现在我派霍灵秀送你回国，等候你传来佳音。"又对董绍说："你知道自己为什么得以不死吗？如今我们得到你，这是天意。设立君王，是为了保护人民，凡是在人民之上者，能不深思吗？如果你们愿意通好，我们将宿豫还给你们，你们也把汉中归还我国。"

董绍回到北魏，向北魏主元恪报告，元恪不许。

3 三月，北魏荆州刺史元志将兵七万入寇南梁潺沟，驱迫群蛮，群蛮全部渡过汉水来降南梁，雍州刺史、吴平侯萧昺收容了他们。左右高级官员都认为，蛮夷累为边患，不如趁此机会将他们全部铲除，萧昺说："他们穷急来归，诛杀不祥之事。况且魏人来侵，我们有蛮夷为屏障，不也很好吗！"于是打开樊城，接受投降，命司马朱思远等攻击元志于潺沟，大破北魏军，斩首一万余级。

元志，是元齐的孙子。

4 夏，四月一日，南梁皇帝萧衍任命临川王萧宏为司空，加授车骑将军王茂开府仪同三司。

5 四月二十日，北魏楚王城主李国兴献出城池投降南梁。

6 秋，七月十七日，南梁巴陵王萧宝义去世。

7 九月六日，北魏封已故北海王元详的儿子元颢为北海王。

8 北魏公孙崇制造乐尺，以十二黍为一寸。太常卿刘芳认为是错的，改为以十黍为一寸。尚书令高肇等上奏说："公孙崇所造八音之器及度量，都与经传不同，诘问他为什么这样，他说：'如果一定依照经文，声音就不和谐。'请重新下令，让刘芳依照《周礼》造乐器，造成之后，把他们两人的方案都交上来，再从中选择比较好的。"北魏主元恪下诏，听从高肇建议。

9 冬，十月九日，北魏任命司空、广阳王元嘉为司徒。

10 十一月十五日，北魏主元恪在式乾殿为诸僧及朝臣讲《维摩诘经》。当时元恪专尚佛法，不修儒经，中书侍郎、河东人裴延儁上疏，认为："汉光武帝刘秀、魏武帝曹操，虽在戎马之间，也未尝荒废读书；先帝迁都行军，手不释卷，都是因为学问对自己有益，不能停止学习。

陛下身登法座，亲自讲解佛经，凡是在场瞻仰聆听的人，心中尘蔽俱开，恍然觉悟。但是，儒家五经才是治世之楷模，应该优先学习，希望陛下对儒经和佛经都能学习，让孔子与释迦牟尼并存，则内外兼修，互相畅通。"

当时佛教盛于洛阳，除了中国和尚之外，还有从西域来的三千余人，元恪特别为他们建造了永明寺，有一千多个房间。南阳人处士冯亮有巧思，元恪派他与河南尹甄琛、沙门统（全国最高僧官）僧暹选择嵩山形胜之地，建立闲居寺，极尽岩壑土木之美。于是修建寺庙成为一种风气，全国各地，无不事佛，到了延昌年间，州郡共有寺庙一万三千余座。

元翼密谋举州归降北魏，消息泄露后被处死

11 本年，北魏宗正卿元树投奔南梁，被赐爵为邺王。元树，是元翼的弟弟。当时元翼为青州、冀州二州刺史，镇所在郁洲，过了一段时间，元翼密谋举州归降北魏，事情泄露被处死。

天监九年（公元510年）

1 春，正月二日，南梁皇帝萧衍任命尚书令沈约为左光禄大夫，右光禄大夫王莹为尚书令。沈约的文学才能高于当世，但是对荣华富贵贪得无厌，当权十余年，政治得失，唯唯诺诺而已。自以为久居百官之首，总觉得自己应该登上三公之位，舆论也认为是应该的，但是皇帝始终不用他；于是就请求外出做地方官，皇帝又不许。徐勉为他请求给予开府仪同三司的礼仪待遇，皇帝也不许。

2 三月十四日，南梁在秦淮河两岸修筑长堤，北岸西起石头城，一

直到东郊冶炼场，南岸西起后渚篱门，东到三桥。

胡国珍之女胡充华生北魏皇子元诩

3 三月十四日，北魏皇子元诩出生，大赦。

元诩的母亲胡充华，临泾人，父亲是胡国珍，世袭武始伯。胡充华初选入掖庭时，一同入选的其他嫔妃祈祷说："愿生诸王、公主，不要生太子。"胡充华说："我的志向与他人不同，为什么要因害怕自己一死而让国家没有嗣君呢！"后来她怀孕，闺密劝她堕胎，胡充华不同意，私自立誓说："如果幸而生下男孩，按次序是长子，生下了他，我即便死，也死而无憾！"既而生元诩。

之前，元恪的几个皇子都夭折，随着自己年纪渐长，更加审慎保护，选择生儿子的良家妇女为乳母，在别的宫殿抚养，皇后、胡充华都不得靠近。

【华杉讲透】

这是一个惊心动魄的故事。"立子杀母"的残暴制度，始作俑者是汉武帝。汉武帝遗嘱，令立太子刘弗陵，是为昭帝，而杀其生母钩弋夫人。朝臣们不理解，汉武帝说："这不是你们这些愚人所能理解的。往古国家之所以乱，都是因为主上年少，而他的母亲正在壮年。女主独居骄蹇，淫乱自恣，谁也禁止不了她。你们没听说过吕后的故事吗？所以不得不先除去她。"

到了北魏，"立子杀母"成了一种制度。所以，本来是母以子贵，人人都想让自己的儿子当太子，现在呢，个个都祈祷自己不要生下太子。计算下来前面没人生男孩，担心自己生下来是长子，于是怀孕了就想办法堕胎。史书说元恪之前几个皇帝都夭折，恐怕这些夭折里面，也有非正常死亡了。制度是要杀死儿子的母亲，就免不了母亲要下毒手先杀死自己的儿子，这宫廷就成了吃人的宫廷。所以元恪要把男孩抱走，不让生母接近。

4 三月十七日，南梁皇帝萧衍前往国子学，亲自进入课堂。

三月二十三日，萧衍下诏，太子以下及王侯之子，到了读书年龄都要入学。

5 旧制：尚书五都令史都由寒门出身的人担任。夏，四月十六日，萧衍下诏说："尚书五都，参与朝廷机密，职责重要，不仅总领众局，而且与左右二丞并驾齐驱，应该改用豪门出身的世家子弟担任，领导所有官属。"于是提升五都令史的地位，与奉朝请相等，用太学博士刘纳兼任殿中都，司空法曹参军刘显兼任吏部都，太学博士孔虔孙兼任金部都，司空法曹参军萧轨兼任左右户都，宣毅墨曹参军王颙兼任中兵都。这几人都出身高贵门第，又有才干，成为首选。

6 六月，宣城郡吏吴承伯挟妖术聚众。六月十三日，攻打郡城，杀太守朱僧勇，转而向临县杀掠。

闰六月十九日，吴承伯翻过山岭，冲杀到吴兴。东方各郡人民一向不熟悉军事，吏民惟惧奔散，有人劝太守蔡撙逃避，蔡撙不同意，招募勇敢之士，闭门拒守。吴承伯尽锐强攻，蔡撙率众出战，大破贼军，临阵斩吴承伯。

蔡撙，是蔡兴宗之子。

吴承伯余党进入新安，攻陷黟县、歙县等县，新安太守谢览派兵拒战，不胜，逃奔会稽。朝廷军出动讨贼，讨平。

谢览，是谢沦之子。

7 冬，十月，北魏中山献武王元英去世。

8 南梁皇帝萧衍登基第三年，下诏命修订历法。员外散骑侍郎祖暅上奏说，他的父亲祖冲之根据古法考订的历法为正，不可更改。到了萧衍登基的第八年，下诏让太史审查新旧二历，结论是，新历严密，旧历疏漏，本年，开始推行祖冲之的《大明历》。

9 北魏刘芳等上奏说："所制造的乐器及文舞、武舞、登歌、鼓吹曲等都已完成，请按照之前的诏书，召集公卿群儒议定，与旧乐一起上呈。如果臣等所造，形制合于古代，演奏又合乎节拍，请于来年元旦朝会启用。"元恪下诏："舞可用新，音乐仍用旧的。"

天监十年（公元511年）

1 春，正月四日，南梁皇帝萧衍在南郊祭天，大赦。

2 尚书左仆射张稷，自以为功大赏薄，曾经在侍宴乐寿殿时，酒酣之际，怨望形于辞色。皇帝萧衍说："你的哥哥杀郡守（张稷的哥哥张瓌杀吴郡太守刘遐，事见公元477年记载），你的弟弟杀了他的君主（张稷杀萧宝卷），你有什么值得夸耀的呢？"张稷说："臣没什么值得夸耀的，但是对陛下，不能说我没有功勋。东昏侯暴虐，义师也来讨伐，岂是在我！"萧衍捋着胡须说："张先生气势咄咄逼人啊！"张稷既惧且恨，于是请求外放为地方官。

正月六日，萧衍任命张稷为青州、冀州二州刺史。

王珍国也心怀怨望，从梁州、秦州二州刺史卸任回来，酒后在座位上启奏说："臣最近进入梁山便哭。"皇帝萧衍大惊说："你如果是哭东昏，则为时已晚；如果是哭我，我还没死！"王珍国起身下拜道歉，竟不回答，酒宴不欢而散，皇帝对他也因此疏远了。过了一段时间，任命王珍国为都官尚书。

【华杉讲透】

痴心妄想是人性

王珍国、张稷二人，功劳确实大，因为是他二人杀了萧宝卷，迎萧衍入宫，以最后一击，完成了南梁建国大业。王珍国说他入梁山就哭，意思是他后悔了，当初站队应该跟萧宝卷，另一层意思是如果他跟萧宝卷，就没萧衍什么事了。这是对萧衍极大的挑衅。

当初联络的时候，王珍国送给萧衍一面明镜，明明白白我的心；萧衍回送一块断金，兄弟齐心，其利断金。王珍国可能理解为天下可以分给他一半。

每个人都会痴心妄想，否则就没有"痴心妄想"这个成语了。痴心妄想，就是人性。

但是，在这天人相与之际，我们要想一想，王珍国、张稷二人做这事，是为了什么？如果是为了国家，为了天下苍生，那诛杀独夫民贼，是义所当为，不需要谁回报，如果国家需要我，我也可以当官任职；如果新朝不需要我，我功成身退，也无怨无悔。

反过来，如果是为自己的功名利禄，跟新君做生意，那就要按生意规则，这种政治交易，你根本没有议价能力，也没有定价权。特别是成交之后，你很难要对方去"执行合同"，人家愿意给多少就给多少，没有"飞鸟尽，良弓藏；狡兔死，走狗烹"，就已经很不错了。

至于他们是不是功大赏薄，也不好说，因为他们是最后加入革命的，做的是包赚不赔的生意，怎么跟之前提着脑袋干的人相比呢？他们如果不反正，恐怕也一起被灭族了。人总是夸大自己所起的作用，就是这样。

萧衍是个仁厚的君主，两人知道萧衍仁厚，所以才敢放肆。孔子说小人难养，近之则不逊，远之则怨。这二人就是既不逊，又怨愤。萧衍确实仁厚，也没把他们怎么样。

3 正月二十日，北魏汾州山胡刘龙驹聚众造反，侵扰夏州，北魏主元恪下诏，命谏议大夫薛和征发东秦州、汾州、华州、夏州四州部队前去讨伐。

4 正月二十四日，南梁皇帝萧衍在明堂祭祀。

5 三月，琅邪平民王万寿杀东莞、琅邪二郡太守刘晰，占据朐山，召北魏军来接应。

6 三月二十六日，北魏广阳懿烈王元嘉去世。

7 北魏徐州刺史卢昶派郯城戍副张天惠、琅邪戍主傅文骥相继奔赴朐山，南梁青州、冀州二州刺史张稷遣兵拒战，不能取胜。

夏，四月，傅文骥等占领朐山。南梁皇帝萧衍下诏，命振远将军马仙琕攻击。北魏又派代理安南将军萧宝寅，代理平东将军、天水人赵遐将兵进据朐山，受卢昶节度。

8 北魏谏议大夫薛和击破刘龙驹，平定其全部党羽，上表建议，设置东夏州。

9 五月二十一日，北魏禁止天文学。

10 南梁任命国子祭酒张充为尚书左仆射。张充，是张绪之子。

11 南梁振远将军马仙琕包围朐山，青州、冀州二州刺史张稷暂时驻军在六里之外，督运粮草物资，皇帝萧衍数次发兵援助。

秋，北魏徐州刺史卢昶上表请求增兵六千人，米十万石，北魏主元恪只给了四千人。

冬，十一月七日，元恪下诏，命扬州刺史李崇等在寿阳集结军队，减少朐山所受的压力。卢昶本是儒生，不习军旅。朐山城中粮草和木柴都耗尽了，傅文骥献出城池投降。

十二月十九日，卢昶率兵先行逃走，北魏诸军相继崩溃。又赶上大雪，军士被冻死及冻掉手足的有三分之二，马仙琕追击，大破北魏军。二百里间，僵尸相连，北魏兵仅逃出十分之一二。缴获粮畜器械，不可胜数。卢昶单骑而走，把仪仗卫队，甚至皇帝给他的符节全都丢光了，到了郯城，又借赵遐的符节以为军威。北魏主元恪命黄门侍郎甄琛飞驰到郯城，锁拿卢昶，追究他的败状，与赵遐一起都免官。唯独萧宝寅全军而归。

卢昶在朐山时，御史中尉游肇对北魏主说："朐山是一个蕞尔小城，偏处海滨，卑湿难居，对我们来说并非急需，但对于敌人来说却是有利之地。既然有利，他必定死命来争；不是急需，我们就是不得已而战。以不得已之众击必死之师，恐怕拖延岁月，耗费甚大。就算得到朐山，也是徒然引起之后不断的战争，终难全守，这就是古人所谓无用之田（《左传》，吴王将要讨伐齐国，伍子胥进谏说："得志于齐，就仿佛得到石田，没有什么用。"）。我听说敌人屡次请求以宿豫交换朐山，若必如此，持此无用之地，恢复旧有疆土，而军事行动得以马上解除，利益更大。"北魏主元恪准备听从，正赶上卢昶兵败，元恪擢升游肇为侍中。游肇，是游明根之子。

马仙琕为将，能与士卒同甘共苦，穿的都是布做的衣服，住的地方也没有帷幕屏障，饮食待遇与最底层的士兵相同。也守卫边境，经常单身潜入敌境，侦察了解北魏壁垒村落险要之处，所攻战多能取胜，士卒也乐于为他所用。

12 北魏任命甄琛为河南尹（首都洛阳市长），甄琛上表说："帝国在代都的时候，盗窃为患，世祖（拓跋焘）发愤，广置主司、里宰，都由居住在代都的卸任县令以及爵位为五等男爵中有经略才干的人担任，又多置吏士为其羽翼，尊崇敬重他们，这才把盗窃犯罪消灭。自从迁都洛阳以来，国家版图越来越大，四方遥远的人都趋赴京师，事务繁杂超过代都,京师百姓和四方来客混杂,寇盗公行,里正官职轻微,任务细碎,多是下等人才,得过且过,不能督察。请取武官八品将军以下,有才干而又清廉的,按原本官职的薪俸待遇,兼领里尉之任,官阶高的兼任六部尉(北魏将洛阳分六个部,相当于现在的区,设六个部尉),官阶中等的兼任经途尉(巡察),下等的兼任里正。如果这样不行,那就稍微提高里尉的级别,在资格较低的官吏中,选拔应升迁的人担任。使督察的责任归属明确,京师盗贼就可清除。"

元恪下诏说:"里正可进至正式官品,经途为从九品,六部尉为正九品;在各官府衙门选拔,不限于武官。"

甄琛又上奏以羽林军为游军,于诸街坊里巷伺察盗贼。于是洛城清静,后世也都沿用这个办法。

13 本年,南梁境内有二十三个州,三百五十个郡,一千零二十二个县。之后州名越来越多,废置离合,不可胜记。北魏朝也一样。

14 南梁皇帝萧衍,对萧姓皇族十分亲切和睦,对朝廷大臣也十分优厚,有犯罪的,都曲解法律,让他们不被惩罚。而百姓有罪,则依法办理,有连坐的,老幼都不放过,一人逃亡,逮捕全家为人质,并罚做劳役。百姓穷急窘迫,作奸犯科的情形更加严重。有一次萧衍到南郊祭天,有秣陵老人拦住车驾,进言说:"陛下为法,急于庶民,缓于权贵,非长久之道。如果能反过来,天下幸甚。"萧衍于是考虑对天下宽厚。

【华杉讲透】

萧衍这个性格特点,有点像齐宣王。齐宣王看见一头被牵去要杀掉用来祭祀的牛,心中不忍,赦免了那头牛,下令换成一只羊。孟子说:"这是大王的不忍之心,因为你看见了那头牛,没有看见那只羊。君子对于禽兽,看见它们活着,便不忍心看见它们死去。听见它们被宰杀的悲鸣哀号,就不忍心吃它们的肉。所以君子总是离开厨房远远的,就是这个道理。今天您的恩情足以施之于禽兽,施之于那头牛,却不能施之于百姓，这算怎么回事呢？所以啊，像尊敬自己家长辈一样，推广到尊敬别人家长辈，像对待自己家孩子一样，推广到爱护别人家孩子。一切政治原则都是从这儿出发，那天下百姓，都像自己的父母兄弟儿女子侄一样，不就在自己的手掌中吗？只要你心里装着别人，有了这份心，你自然就会做！"

萧衍平时只看到自己的亲族和朝臣，所以对他们犯罪，也不忍心惩罚。而他的朝廷对百姓的残酷呢，他就"君子远庖厨"，安心于这吃人的社会。路上遇到老人拦驾进谏，他看见了，听见了，就动了不忍之心了。

他很仁厚，但他的仁厚只在自己眼前所见的范围内，所以他不知道自己已经成了一个暴君。他纵容皇族和大臣犯罪，就是给了他们祸害百姓的机会。

天监十一年（公元512年）

1 春，正月一日，南梁皇帝萧衍下诏："从今天开始，逃犯的家属或有罪应当作为人质做苦工的人，如果家里有老人或小孩，可以停止移送。"

【胡三省注】

所谓对人民宽厚，如此而已，而不能将犯罪的权贵绳之以法，君子以此知道南梁政治之乱。

2 南梁皇帝萧衍任命临川王萧宏为太尉，骠骑将军王茂为司空、尚书令。

3 正月二十五日，北魏任命车骑大将军、尚书令高肇为司徒，清河王元怿为司空，广平王元怀进号为骠骑大将军，加授仪同三司。高肇虽然登上三公之位，却认为自己离开了实权（尚书令），怏怏不乐，形于言色，见到的人都嗤笑他。尚书右丞高绰、国子博士封轨，一向以正直自立，等到高肇为司徒，高绰送迎往来，封轨竟不去见高肇。高绰回头没有看见封轨，于是退回，叹息说："我自以为平生做事不失规矩，今天的举措，远远不如封轨这小子啊！"

高绰，是高允的孙子；封轨，是封懿的族孙。

【华杉讲透】

君子自立、自强，有自己的独立人格和独立价值，不攀附权贵，不趋炎附势。孔子说："故君子和而不流，强哉矫！中立而不倚，强哉矫！国有道，不变塞焉，强哉矫！国无道，至死不变，强哉矫！"

君子与人相处，虽然也以和为贵，但自己心中有原则，有主张，绝不肯跟着做一些不好的事，不同流合污，这就是"和而不流"。

"中立而不倚"，从义理上来说，是执守中正，始终极其坚定，绝不偏倚到一边；从做人处世来说，就是不找靠山。君子之强，有自己的独立人格、独立价值、独立格局，能得到别人的帮助，却不把任何人当靠山。如果你的"强"来自于"倚"，来自于靠山，那你离了他连活命都做不到。你的靠山如果一时不太稳，晃了一晃，你就摔下山崖了；你的靠山如果和别的山摩擦摩擦，蹭了一下，你就血肉模糊了；你的靠山如果倒了，你就被埋葬了。所以靠山靠山，靠得再大都是冰山。

国家有道，君子之强，就能发达富贵。人在没有发达的时候，很注意自己，等富贵发达了，就容易放松骄肆，改变了当年的志向操守。所以君子之强，就是不忘初心，坚守义理。

当国家无道，不变平生之所守，再穷再困，就算遇着大祸患要被置于死地，也不肯改了平生的节操。这是什么呢？就是明哲保身。许多人误以为明哲保身就是贪生怕死。在儒家思想中，偷生是有的，怕死则未必。明哲保身，保身，首先是保证自己的节操，保证自己不要同流合污。当国家有道，君子一定是立于朝堂，不能立于朝堂，那是你没本事。当国家无道，如果你还立于朝堂，那你就是同流合污，和昏君奸臣一起干坏事，所以君子一定要退隐。退隐，等待下一任君主。

人格独立、志有定向、立场鲜明、坚守原则、观点始终不变，不同流合污，也不跟人和稀泥、捣糨糊，就是君子之强，就是高绰和封轨修养的品德。

北魏清河王元怿有才学声望，有鉴于彭城王元勰无罪被杀之祸，趁着参加宫中酒宴的机会，对高肇说："天子兄弟才有几人，而被剪除几尽（指杀京兆王元愉）！当年王莽这个秃头，借着自己国舅爷的身份，篡夺汉室。如今你已经驼背，恐怕也终将成为祸根！"

正巧遇上灾旱，高肇擅自重审囚徒，想要收买众心。元怿对北魏主元恪说："当年季氏祭祀泰山，受到孔子斥责。因为君臣各有本分，应该防微杜渐，不可亵渎。遇上天变，减少膳食，重审囚犯，都是天子之事，而今司徒去做，这岂是人臣之义！明君失之于上，奸臣窃之于下，祸乱之基，就在于此。"元恪笑而不应。

4 夏，四月，北魏主元恪下诏，命尚书与群司重审狱讼，令饥民到燕州、恒州二州及六镇就食。

5 四月二十五日，北魏大赦，改年号为延昌。

北魏立元诩为太子，废除"立子杀母"制度

6 冬，十月十八日，北魏立皇子元诩为太子，开始废除"立子杀母"的制度，不再杀太子的母亲。任命尚书右仆射郭祚兼领太子少师。郭祚曾经跟从北魏主元恪到东宫，私自在怀里揣着黄瓠（一种瓜），送给太子。当时在皇帝左右应诏的赵桃弓深为皇帝所信任，郭祚私底下也巴结侍奉他，时人称之为"桃弓仆射""黄瓠少师"。

7 十一月九日，南梁任命吴郡太守袁昂兼尚书右仆射。

8 当初，南齐太子步兵校尉、平昌人伏曼容上表请求制定当代礼乐，世祖萧赜下诏，选学士十人修订五礼（吉礼、凶礼、军礼、宾礼、嘉礼），丹杨尹王俭总负责。后来，王俭去世，把资料移交给国子祭酒何胤。何胤退休回东山，齐明帝萧鸾下令让尚书令徐孝嗣主持。徐孝嗣被诛，大部分资料都散失了，又下诏命骠骑将军何佟之主掌。经过南齐末年的兵火，留下来的资料寥寥无几。萧衍即位，何佟之请示是否继续，萧衍命有关官员讨论。当时，尚书认为，新朝刚刚建立，应该等天下太平之后再制定礼乐，想要把礼局撤销，并入尚书仪曹。萧衍下诏说："礼坏乐缺，应该及时修订。只是之前修撰人选不称职，所以历年不就，有名无实。这是治国的基础，应该马上开始编撰。"于是尚书仆射沈约等上奏："请五礼各设置旧学士一人，令每人再自举一名学古的人帮助抄撰，其中有疑问的，依照石渠、白虎故事（石渠事见公元前51年记载，白虎事见公元79年记载），请皇帝裁决。"于是任命右军记室参军明山宾等分掌五礼，何佟之全面负责此事。何佟之去世后，以镇北咨议参军伏暅接替。伏暅，是曼容的儿子。至此，《五礼》成，上呈皇帝，一共八千零一十九条，皇帝下诏，命有司遵照执行。

9 十一月二十三日，临川王萧宏因公事被贬为骠骑大将军。

10 本年，北魏任命桓叔兴为南荆州刺史，治所在安昌，隶属东荆州。

【柏杨注】
隶属东荆州，即隶属东荆州军区。

天监十二年（公元513年）

1 春，正月六日，南梁皇帝萧衍在南郊祭祀天神，大赦。

2 二月六日，南梁皇帝萧衍任命兼尚书右仆射袁昂为右仆射。

3 二月二十四日，北魏高阳王元雍进位为太保。

4 南梁郁洲（青州、冀州二州州府所在地）迫近北魏边境，很多居民私底下与北魏人交易。朐山之乱时，有的人与北魏私下来往，朐山平定之后，这些人心中不能自安。青州、冀州二州刺史张稷不得志，政令宽弛，他的幕僚官吏颇多侵渔百姓。二月二十五日，郁洲平民徐道角等夜袭州城，杀张稷，把他的首级献给北魏，请求投降。北魏派前南兖州刺史樊鲁率军接应。当时北魏正闹饥荒，人民饿死者数万，侍中游肇进谏，认为："朐山滨海，卑湿难居，而郁洲又在海岛上，得到了也没用。其地离敌国要塞很近，而离我们很远，以遥远的军队，攻打敌国要塞附近的城池，不能取胜。方今年饥民困，应该只求安静，如果再劳师动众，运送大量粮草物资上前线，臣只见其损，未见其益。"北魏主不听，又派平西将军奚康生率军增援，还未出发，南梁北兖州刺史康绚已经派司马霍奉伯将叛乱讨平。

【华杉讲透】

随便撂担子，是对自己不负责！

张稷觉得皇帝对不起他，撂挑子，结果把自己的脑袋撂掉了，这个教训不可谓不深刻。要撂挑子，也得看地方，边州险恶之地，每天警醒都怕出事，哪能对国家、对人民、对自己都不负责任！

5 二月二十六日，南梁新建的太极殿落成。

沈约去世，谥号为"隐侯"

6 南梁皇帝萧衍曾经与侍中、太子少傅、建昌侯沈约各自书写有关栗子的事，沈约比萧衍少写了三条，出来后对人说："此公什么事都要赛过别人，否则他就要羞死！"萧衍听闻，怒，想要治沈约的罪，徐勉坚持谏劝，于是停止。

萧衍对张稷不满，从容与沈约谈及，沈约说："左仆射外放为边州刺史，已经是过去的事，还说他做什么！"萧衍认为沈约与张稷是姻亲，所以相互维护，怒道："你说这话，是忠臣吗？"起身就上轿回内殿。沈约恐惧，萧衍已经走了，他还没反应过来，还呆坐在那里。回家之后，还没走到床前，一脚踏空，摔倒在门下，头先着地，于是生病。又梦见齐和帝萧宝融用剑割断他的舌头（沈约劝萧衍诛杀萧宝融），于是请道士写赤章（将祷词写在红纸上，焚告上天），说："禅代之事，不是我的主意。"皇帝萧衍派主书黄穆之去探病，黄穆之晚上回宫，惧罪，于是揭发赤章的事。皇帝大怒，一个接一个地派出使者去谴责沈约。沈约更加恐惧，闰三月十一日，去世。有司拟谥号为"文"，皇帝说："心中情怀有所隐藏，应该叫'隐'。"于是改谥号为"隐侯"。

【华杉讲透】

领导需要人才，但是又忌才，妒忌下属比他有才，总要展示自己全方位的天下第一，萧衍就有这个毛病。胡三省说，萧衍经常召集文学之士一起策论经史，但一定要大家都说不过他，他才高兴。所以沈约才这么说他。

栗子的事，又是什么事呢？宫廷宴会，有豫州献上的栗子，直径达到半寸，萧衍觉得很稀奇，就问沈约："关于栗子的事你知道多少？"于是与沈约比赛看谁知道得多，各自写下来，沈约就比萧衍少写了三条。这就是萧衍的毛病，关于板栗，他也要做首席专家，而且要跟你比，比得你心服口服。萧衍虚荣心如此之强，沈约又忍不住要在背后戳穿他，那么他恼羞成怒的反应也就非常强烈了。

领导不要跟下属比赛，搞得人家难做。如果忍不住要比，你就要放下领导身份，不能跟人计较。

7 夏，五月，寿阳久雨，大水入城，房屋都被淹没。北魏扬州刺史李崇勒兵驻扎在城墙上，水势还在上涨，于是登船，紧靠墙垛停泊，城墙距水面只有两个墙板的距离。将佐劝李崇放弃寿阳，退保北山，李崇说："我身为镇守一方的将领，因为我的德薄，导致天灾，淮南万里疆土，都在我身上，一旦我拔腿而去，百姓即刻瓦解，扬州之地，恐怕就不为国家所有了。我岂能爱惜自己，而愧对王尊！只是可怜这里的士民，无辜同死，大家可以编结木筏，前往高地，各自想办法逃生，我必定与此城共存亡，希望诸君不要再说！"

扬州治中裴绚率城南居民数千家乘船南下，避水于高地，以为李崇已经回去北方，于是自称豫州刺史，与别驾郑祖起等送人质到南梁请降。南梁振远将军马仙琕派兵前往接应。

李崇听闻裴绚叛变，不知虚实，派国侍郎韩方兴单船前往，召他来见。裴绚听闻李崇还在，怅然惊恨，回复说："之前因为大水狼狈，为众人所推举。如今大计已定，不可挽回，恐怕人民已经不再是您的人民，官吏也不再是您的官吏，希望您早回北方，不要冒犯将士们。"李崇派堂弟、宁朔将军李神等率水军讨伐，裴绚战败，李神追击，攻陷裴绚大营。裴绚逃走，被村民抓获，押回，走到尉升湖，说："我还有何面目见李公！"于是投水而死。

裴绚，是裴叔业哥哥的孙子。郑祖起等皆伏诛。李崇上表，要为水灾承担责任，请求解除刺史职务，北魏主元恪不许。

李崇深沉宽厚，有方略，得士众人心，在寿春十年，常养壮士数千人，敌寇前来，无不被他摧破，临近的敌人都称他为"卧虎"。南梁皇帝萧衍屡次设反间计，希望引起北魏主元恪对他的猜疑，又授李崇为车骑大将军、开府仪同三司、万户郡公，诸子皆为县侯，而元恪一向知道李崇忠笃，委信不疑。

【华杉讲透】

英雄可以激励世世代代的人

李崇说"愧对王尊",是指西汉时期,王尊任东郡太守,黄河满溢,淹过金堤,全郡老弱奔逃。王尊驻扎在堤上,吏民向他叩头,劝他离开,王尊不肯。后来,堤坝崩坏,吏民奔走逃命,只有主簿站在王尊身旁哭泣。王尊岿然不动。不久,水势稍退,官民都敬佩王尊的壮勇。

这就是历史,一个英雄,可以激励世世代代的人。当你遇到什么情况,历史上总有和你处理过同样事情的英雄模范。

8 六月十日,南梁新建太庙。

9 秋,九月七日,南梁任命临川王萧宏为司空。

10 北魏恒州、肆州二州地震,群山鸣响,有一年之久,还不停止,人民被覆压,死伤甚众。

11 北魏主元恪前往东宫,任命中书监崔光为太子少傅,命太子向他下拜。崔光推辞不敢当,元恪不许。太子向南再拜,詹事王显启禀皇帝,请求跟太子一起下拜,于是东宫宫臣全部下拜。崔光北面而立,不敢答礼,只向西面叩拜致谢,然后告辞退出。

天监十三年(公元514年)

1 春,二月八日,南梁皇帝萧衍举行天子亲耕典礼,大赦。

在刘宋、南齐时期,天子亲耕都在正月,从此时开始改为二月,并且开始祭祀神农氏。

2 北魏东豫州刺史田益宗衰老，与子孙们聚敛财富，贪得无厌，官吏百姓苦不堪言，都说要发生叛乱了。北魏主元恪派中书舍人刘桃符前往慰劳田益宗，刘桃符回来，启奏田益宗家族侵扰百姓的情况。元恪赐诏给田益宗说："刘桃符奏闻，你的儿子田鲁生在淮南贪暴，如此下去，损坏你忠诚报效的形象。可以让田鲁生回到京师，我另外给他安排一个职务。"田鲁生过了很久也没来，元恪下诏，调任田益宗为镇东将军、济州刺史；又考虑到他可能拒绝接受，派后将军李世哲与刘桃符率军攻打，袭击广陵。田鲁生和他的弟弟田鲁贤、田超秀都逃奔关南，招引南梁军队，攻取光城以南各戍防基地。南梁皇帝萧衍任命田鲁生为北司州刺史，田鲁贤为北豫州刺史，田超秀为定州刺史。

三月，北魏李世哲攻击田鲁生等，击破，恢复北魏所置郡县及戍防基地。随后把田益宗带回洛阳，任命他为征南将军、金紫光禄大夫。田益宗上表，声称被刘桃符陷害，并且说："田鲁生等为刘桃符逼迫驱逐，才被迫叛变，我请求与刘桃符当面对质。"元恪下诏不许，说："谋叛之罪，已经赦免，不能再提出诉讼。"

3 秋，七月二十九日，南梁皇帝萧衍立皇子萧纶为邵陵王，萧绎为湘东王，萧纪为武陵王。

4 冬，十月五日，北魏主元恪派骁骑将军马义舒慰谕柔然。

5 北魏益州刺史王足入寇南梁时，南梁皇帝萧衍命宁州刺史、涪城人李略率军抵御，许诺事平之后，任命他为益州刺史。后来王足撤退，萧衍却没有兑现承诺，李略心中怨恨，密谋叛变，萧衍杀了他。李略哥哥的儿子李苗逃奔北魏，步兵校尉、泰山人淳于诞曾经担任益州主簿，从汉中进入北魏，和李苗一起游说北魏主元恪，献上取蜀之策，元恪相信了他们。

十一月六日，元恪任命司徒高肇为大将军、平蜀大都督，率步骑兵十五万入寇益州；命益州刺史傅竖眼从巴北出兵，梁州刺史羊祉从涪城出兵，安西将军奚康生从绵竹出兵，抚军将军甄琛从剑阁出兵。

十一月十日，北魏任命中护军元遥为征南将军，都督阻遏南梁从梁、楚地区派来的援军。侍中游肇劝谏，认为："如今连年水灾、旱灾，百姓不宜劳役。之前开疆拓土，都是有对方城主前来投诚，所以有征无战。如今来献计的人真伪难分，或者只是发泄他的怨恨，不可全信。蜀地险隘，梁军镇戍又没有什么漏洞，岂能因为一些虚词浮说就出动大军！在开始的时候不谨慎，以后悔将何及！"元恪不听。任命淳于诞为骁骑将军，李苗为代理龙骧将军，二人都兼领乡导统军（向导，带路）。

6 北魏降人王足（王足先是任北魏益州刺史，攻打南梁，后来又投降南梁，事见公元505年记载）献计，建议在淮河上修筑堤坝，阻水灌寿阳城。皇帝萧衍赞同，命水工陈承伯、材官将军祖暅勘察地形，二人都说"淮河内沙土漂轻不坚实，堤坝修不成"。萧衍不听，征发徐州、扬州百姓，每二十户取五个男丁，参加筑坝，命代理太子右卫率康绚担任都督淮上诸军事，驻扎在钟离，保护筑堰工作。役夫及战士合共二十万人，南起浮山，北抵巉石，依岸筑土，合脊于淮河中流。

7 北魏任命前定州刺史杨津为华州刺史。杨津，是杨椿的弟弟。之前，官府征收绸绢，尺度有弹性，官吏们因缘弄奸，给贿赂的，就把绢布拉长；不给贿赂的，就把绢布缩短，百姓深为所苦。杨津下令全部依照公尺，对缴纳的绸缎质量好的，就赐给一杯酒；质量差的，也接收，但是不给酒，以示羞耻。于是人们竞相劝勉，官家收到的绸缎更多更好。

8 北魏太子年纪尚幼，每次出入东宫，只有左右乳母而已，宫臣们都不知道。詹事杨昱上疏说："请陛下以后召见太子，一定降下手诏，这样让臣等知道，也能跟随进宫。"北魏主元恪听从，命宫臣在值班者护送到万岁门。

9 北魏御史中尉王显问治书侍御史阳固说:"我当太府卿,府库充实,你认为如何?"阳固说:"你收取百官俸禄四分之一,州郡没收的赃款、罚款,全部送到京师,以此充实国府,再多也不算多。况且,'有聚敛之臣,宁有盗臣'。怎么不使人戒惧!"王显不悦,抓住机会上奏将阳固免职。

【华杉讲透】

以利为利,只会求利得害

阳固说:"有聚敛之臣,宁有盗臣。"出自《大学》:孟献子曰:"百乘之家不畜聚敛之臣,与其有聚敛之臣,宁有盗臣。"此谓国不以利为利,以义为利。

百乘之家,这是诸侯之卿有采邑十里,可以出兵车百辆的,他不仅有国家给的俸禄,而且有采邑百姓的赋税收入,那富甲一方了,不仅是大臣,而且有自己的家臣了。这样的人家,不应该去蓄养聚敛之臣,再去刮地皮,搜刮百姓财富。宁愿有家贼,盗窃自家府库,也不要有国贼,去与民争利,伤民之命。

为国者的利,不在于物质的利益,而在于上上下下的义。以利为利,失了人心,败了国家,本是求利,却反而有害,这是求利得害。以义为利,则有人、有土、有财用,虽不求利,而利在其中也。

利害,利害,利就是害,君子以利为害。王显认为他的贡献对国家有利,阳固却说对国家有害。王显因此就陷害阳固。

卷第一百四十八　梁纪四

（公元515年—518年，共4年）

高祖武皇帝四

天监十四年（公元515年）

北魏宣武帝元恪病逝，太子元诩即位

1 春，正月一日，南梁皇帝萧衍在太极殿为太子萧统举行加冠成人礼，大赦。

2 正月七日，萧衍在南郊祭祀天神。

3 正月十日，北魏主元恪患病。
正月十三日，元恪崩殂于式乾殿。
侍中、中书监、太子少傅崔光，侍中、领军将军于忠，詹事王显，中庶子、代人侯刚，于东宫迎太子元诩到了显阳殿。王显想要等第二天

再举行即位典礼，崔光说："皇位不可有片刻空置，为什么要等待天亮呢！"王显说："必须奏报中宫皇后。"崔光说："帝崩，太子立，国之常典，何须中宫下令！"于是崔光等请太子停止哭泣，站立于东厢房。于忠与黄门郎元昭扶太子西面哭十余声，即行停止。崔光摄理太尉职务，奉策书，进献皇帝御玺，太子跪受，穿上衮冕黄袍，登太极殿，即皇帝位。崔光等与当夜值班的群官站立庭中，北面稽首称万岁。

元昭，是元遵的曾孙。

高皇后想要诛杀胡贵嫔，中给事、谯郡人刘腾把消息报告侯刚，侯刚报告于忠。于忠问计于崔光，崔光派人将胡贵嫔安置于别的地方，严加守卫，因此胡贵嫔对四人十分感激。

正月十四日，北魏大赦。

正月十五日，召回在东、西战场出征的全部军队。

骠骑大将军、广平王元怀抱病进宫吊唁，径直走到太极殿西厢，哀恸，呼唤侍中、黄门、领军将军及左右卫将军，说："我想要上殿为大行皇帝哭灵，再进宫晋见主上。"众人皆愕然相视，没人敢回答。崔光身穿丧服，手持丧杖，引用汉光武帝崩逝时赵熹扶诸王下殿的故事，声色俱厉，听到的人无不称善。元怀声泪俱止，说："侍中以古义纠正我，我敢不服？"元怀回去后仍频频派左右向崔光道歉。

之前，高肇擅权，尤其猜忌宗室中有声望的亲王。太子太保、任城王元澄数次被高肇进谗言陷害，害怕不能保全自己，于是终日酣饮，行为癫狂，朝廷机要，一概不问。等到世宗元恪崩殂，高肇拥兵于外，朝野不安。于忠与门下官员商议，认为肃宗元诩年幼，不能亲政，应该让太保、高阳王元雍入居西柏堂，裁决政务，以任城王元澄为尚书令，总揽百官，上奏高皇后，请即刻下令授权。王显一向有宠于世宗元恪，恃势使威，大家都痛恨他，他担心自己不能为元澄等所容，与中常侍孙伏连等密谋压下门下省奏章，假传皇后命令，任命高肇为录尚书事，以王显与勃海公高猛同为侍中。于忠等收到消息，以王显侍奉先帝医治无效为借口，逮捕王显于禁中，下诏削除他的爵位和官职。王显被捕时呼冤，直阁将军以刀环猛撞他的腋下肋骨，将他送到右卫府。过了一夜，王显就死了。

正月十六日，高皇后下诏，一切按门下省所奏执行，百官听命于二王，于是内外悦服。

二月七日，尊高皇后为皇太后。

北魏主元诩自称名字，写信告哀于高肇，并且召他还京。高肇承受着这种变故，忧惧不已，朝夕哭泣，羸弱憔悴，回军，走到瀍涧，家人迎接，他不与他们相见。

高肇被刑豹扼杀，北魏朝廷对外称其自杀

二月八日，高肇抵达京师，衰服号哭，升太极殿尽哀。高阳王元雍与于忠密谋，命直寝将军邢豹等十余人埋伏于舍人省下，高肇哭毕，引入西厢，清河诸王都看着他窃窃私语。高肇进入中书省，邢豹等将他扼杀，北魏主下诏，宣布他的罪状，声称高肇自杀，其余亲党一概不予追究，削除官职和爵位，葬以士人之礼。黄昏时分，将尸体由侧门抬出，交给他的家属。

4 北魏伐蜀时，军队到了晋寿，蜀人震恐。北魏益州刺史傅竖眼率步兵三万攻击巴北，南梁皇帝萧衍派宁州刺史任太洪从阴平小道进入益州，招诱氐人、蜀人，截断北魏军交通线。正巧，北魏大军班师北还，任太洪袭破北魏东洛、除口两个军事据点，声言南梁大军即将陆续抵达，氐人、蜀人翕然响应跟从。任太洪进兵包围关城，傅竖眼派统军姜喜等迎击任太洪，大破南梁军，任太洪放弃关城，撤回。

5 二月十日，北魏任命高阳王元雍为太傅、兼领太尉，清河王元怿为司徒，广平王元怀为司空。

6 二月二十一日，北魏葬宣武皇帝元恪于景陵，庙号世宗。

二月二十六日，尊胡贵嫔为皇太妃。

三月一日，以高太后为尼姑，迁居金墉瑶光寺，不是大节庆，不得入宫。

7 北魏左仆射郭祚上表称："萧衍狂悖，企图筑坝截断淮河，役苦民劳，危亡之兆已现，应该命将出师，长驱扑讨。"北魏朝廷下诏，命平南将军杨大眼督诸军镇守荆山。

8 北魏于忠既居门下之位，又总管宫廷宿卫，于是专揽朝政，权倾一时。

当初，太和年间，军国多事，高祖元宏以用度不足，百官俸禄一律减少四分之一。现在于忠下令，将所减少的俸禄全部补发。旧制：百姓缴纳绸绢一匹，另外加收绵八两；缴纳棉布一匹，附加麻十五斤，于忠将附加税全部取消。

三月二十二日，北魏主下诏文武群官各进位一级。

【华杉讲透】

收买人心的行为非常危险

于忠掌握了诏命大权，开始收买人心，给文武百官补发工资，全部进位一级，又给百姓减税，他这是要买通全国官民。他的举动非常危险，会做到哪一步，就要看事态发展了。

9 夏，四月，浮山堰（淮河大坝）筑成，却又崩溃。有人说蛟龙能呼风唤雨，摧毁堰坝，但是它怕铁；于是运东、西冶炼场铁器数千万斤沉入水中，大坝仍不能合拢。又砍伐树木用来做护栏，填以巨石，上面再加土。沿淮河一百里内，树木石头，无论大小，全部用尽。担土扛木的人肩膀全都磨破，加上夏日疾疫，死者尸体相互枕藉，苍蝇蚊虫叫声昼夜不停。

10 北魏梁州刺史薛怀吉击破叛氐于沮水。薛怀吉，是薛真度之子。五月十二日，南秦州刺史崔暹又击破叛氐，解除武兴包围。

11 六月，北魏冀州和尚法庆以妖幻惑众，与勃海人李归伯等作乱，推举法庆为主。法庆以尼姑惠晖为妻，任命李归伯为十住菩萨、平魔军司、定汉王，法庆自号为"大乘"。又配置让人发狂的药，让大家吞服，吃药之后，父子兄弟也不认识，只知道杀人。

刺史萧宝寅派兼长史崔伯骥率军攻击法庆的叛军，崔伯骥战败身死。贼众更加壮大，所到之处，摧毁寺舍，斩杀僧尼，焚烧经像，声称："新佛出世，除去众魔。"

秋，七月六日，北魏朝廷下诏，命右光禄大夫元遥代理征北大将军，出兵征讨法庆。

12 北魏尚书裴植，自认为家世门第不比王肃低，而朝廷给他的待遇不高（两人都是南朝投降过来的名门望族），怏怏不乐，上表请求解除官职，归隐嵩山，世宗元恪不许，而且对他深为怪罪。等他做了尚书，志气骄满，经常对人说："不是我需要做尚书，而是尚书需要我！"每次入宫参与议论，喜欢当面讥讽诋毁群官，又上表攻击征南将军田益宗，说："华、夷异类，夷人官位不应在百世衣冠家族之上。"于忠、元昭见了他的表章，对他切齿痛恨（二人都是鲜卑人，在裴植的话语体系里，他们也属于夷人）。

尚书左仆射郭祚，积极钻营升官，自以为是东宫师傅，满心希望能封侯、仪同三司。北魏主下诏，任命郭祚为都督雍州、岐州、华州三州诸军事，征西将军，雍州刺史。

郭祚与裴植都厌恶于忠专横，秘密劝高阳王元雍把他外放出去做地方官。于忠听闻，大怒，令有司诬奏二人罪状。尚书上奏说："羊祉告诉裴植姑妈的儿子皇甫仲达说：'受裴植指示，诈称接到皇帝诏书，率部曲图谋于忠。'臣等彻底调查，被告虽然不肯承认，但是证据确凿，依法应当判处死刑。各种证据虽然没有牵涉到裴植，但是大家都说'皇甫仲达是受裴植指使，裴植召见皇甫仲达责问，却不告知同僚'。以此推论，说裴植不是皇甫仲达同党，绝不可能，这不是寻常案件，可以有所减刑，应该与皇甫仲达一样，判处裴植死刑。裴植曾经亲率大军，献出城池，归附王化，属于对国家有大功的人，依照法律，乞请皇帝裁决。"

于忠假传圣旨说："他们的阴谋既然如此凶险，罪不当恕；虽有归化之诚，不必再加讨论，也不必等到秋后再处决。"

八月五日，裴植与郭祚及都水使者、杜陵人韦俊都被赐死。韦俊，是郭祚的儿女亲家。

于忠又想杀高阳王元雍，崔光坚决不从。于是免去元雍官职，让他以亲王身份回家。朝野都知道这是天大冤屈，无不愤慨切齿。

北魏尊胡太妃为皇太后，尊其父为光禄大夫

13 八月六日，北魏尊胡太妃为皇太后，居崇训宫。于忠兼领崇训卫尉，刘腾为崇训太仆，加侍中，侯刚为侍中抚军将军。又任命太后的父亲胡国珍为光禄大夫。

14 八月十日，南梁定州刺史田超秀率三千人投降北魏。

15 八月十八日，北魏大赦。

16 八月十九日，北魏清河王元怿进位为太傅，兼领太尉，广平王元怀为太保，兼领司徒，任城王元澄为司空。

八月二十日，北魏任命车骑大将军于忠为尚书令，特进崔光为车骑大将军，并加仪同三司。

胡太后接受群臣奏请，开始临朝称制

17 北魏江阳王元继，是元熙的曾孙，先为青州刺史，被控抢夺良家妇女为婢，被削夺爵位。元继的儿子元乂，娶了胡太后的妹妹，八月二十二日，北魏主元诩下诏，恢复元继原来的王爵，又任命元乂为通直散骑侍郎，元乂的妻子为新平郡君，并拜为女侍中。

群臣奏请皇太后临朝称制。九月五日，胡太后开始临朝听政，但她的指示仍称为"令"，而不称为"诏"，群臣上书则称她为"殿下"。胡太后聪悟，颇好读书作文，射箭能射中针孔，政事都由她亲笔批示裁决。

加授胡国珍为侍中，封安定公。

自从郭祚等人被处死，诏令生杀大权都由于忠掌握，王公们畏惧他，见到他都双脚沉重，不敢移动；屏声静气，也不敢大声呼吸。太后既亲政，解除于忠侍中、领军、崇训卫尉职务，只保留仪同三司、尚书令。后来，又过了十几天，太后接见门下侍官于崇训宫，问道："于忠身为百官之首，声望如何？"侍官们都回答说："不称职。"于是外放于忠为都督冀州、定州、瀛州三州诸军事，征北大将军，冀州刺史；以司空元澄兼领尚书令。元澄上奏说："安定公胡国珍，应该出入禁中，参与咨询国家大事。"皇帝下诏听从。

18 九月十四日，北魏代理征北将军元遥击破大乘叛军，生擒法庆及渠帅一百余人，砍下人头，送到洛阳。

19 南梁左游击将军赵祖悦袭取北魏西硖石，作为基地，对寿阳形成军事压力；又在旧城之外，修筑外城，迁移淮河沿岸百姓以充实城内。南梁将军田道龙等攻打附近各北魏军事据点，北魏扬州刺史李崇分遣诸将拒战。

九月二十三日，北魏派代理镇南将军崔亮攻打西硖石，又派镇东将军萧宝寅攻打南梁修筑的淮河堰坝，准备摧毁堤坝。

20 冬，十月十六日，北魏任命胡国珍为中书监、仪同三司，侍中如故。

21 十月二十五日，南梁弘化太守杜桂举郡投降北魏。

胡太后拒绝治罪于忠，任用其为太师

22 当初，北魏于忠掌权用事，自称世宗元恪生前曾允许他越级升迁。太傅元雍等都不敢违背，加授于忠为车骑大将军。于忠又说他在新旧政权交替时有定社稷之功，暗示百官出面为他增加封赏。元雍等建议封于忠为常山郡公。于忠又不好意思单独受赏，于是暗示朝廷，同在门下省任职的官员，都应该增加封邑。元雍等不得已，又封崔光为博平县公，而尚书元昭等不断上诉。太后下令公卿再议，太傅元怿等上言："先帝仙逝，奉迎新君，侍卫宫廷，本是臣子常职，不应该以此为功。臣等之前建议给于忠增加封邑，只是畏惧他的威权，以免被他暴戾报复而已。如果功过相抵，都不应该受赏，请全部追回。"崔光也上书奉送自己的印信和采邑。奏章前后呈递十几次，太后听从。

高阳王元雍上表弹劾自己，称："臣初入柏堂之时，见所有诏旨都没有呈给皇帝批准，由门下省直接签发，臣子决策，而由皇帝执行，我深知不能这样，却又不能禁止。于忠专权，随意生杀，而臣不能违抗。于忠还想杀我，幸亏主管官员（崔光）坚决反对。我想把于忠外放为地方官，只是有这个念头，还没有实行，反而被于忠废黜。我尸位素餐，辜负国家大恩，请允许我辞职回家，等候处罚。"

太后以于忠有保护之功（救了她的命），不问其罪。

闰十二月三日，任命于忠为太师，兼领司州牧，不久又任命他为录尚书事，与太傅元怿、太保元怀、侍中胡国珍入居门下省，共同管理朝政。

23 闰十二月十一日,北魏代理镇南将军崔亮抵达硖石,南梁守将赵祖悦逆战而败,闭城自守。崔亮进兵包围。

24 闰十二月二十九日,北魏主元诩及胡太后到景陵祭拜。

25 这年冬天十分寒冷,淮河、泗水全部冰冻,修筑浮山堰(淮河大堤)的南梁士卒,死者十之七八。

26 北魏益州刺史傅竖眼,性情清廉朴素,汉人和獠人都怀念他。龙骧将军元法僧接替傅竖眼为益州刺史,元法僧一向没有治理政事的才干,又贪暴凶残,王、贾诸姓,是本州士族,元法僧照样征召他们的子弟当兵。葭萌平民任令宗利用民心对北魏的不满,杀死北魏晋寿太守,献出城池投降南梁,汉人、獠人纷纷响应他。南梁益州刺史、鄱阳王萧恢派巴西、梓潼二郡太守张齐将兵三万人迎接。

元法僧,是元熙的曾孙。

胡太后代替北魏皇帝元诩主持祭祀

27 北魏岐州刺史、赵王元谧,是拓跋干之子,为政暴虐。一天,关闭城门,大肆搜查,逮捕人之后,严刑拷打,楚毒备至,又无故斩杀六人,全城凶惧。民众于是大声呼喊,屯据城门,元谧登上高楼,拆毁楼梯,以保护自己。胡太后派游击将军王靖飞驰赶来,安抚劝告民众,民众开门谢罪,送还城门钥匙。于是,罢黜元谧刺史职务。元谧的妃子,是胡太后的侄女。元谧返回洛阳,被任命为大司农卿。

太后因为北魏主元诩年纪尚幼,不能亲自主持祭祀,想要由自己代行祭事;礼官们商议,认为不可。太后问侍中崔光,崔光引用汉朝和熹邓太后祭祀宗庙故事,太后大悦,于是摄行祭事。

28 北魏南荆州刺史桓叔兴，上书请求不再隶属东荆州，朝廷批准。

天监十五年（公元516年）

1 春，正月一日，北魏大赦，改年号为熙平。

2 北魏代理镇南将军崔亮攻打硖石，未能攻下，与扬州刺史李崇屡次约期水陆并进，而李崇每次都失约不来。胡太后认为诸将没有统一指挥，于是任命吏部尚书李平为使持节、镇军大将军兼尚书右仆射，率步骑兵二千人赶赴寿阳，建立行台，节度诸军，如有违抗，以军法从事。

北魏镇东将军萧宝寅派轻车将军刘智文等渡过淮河，攻破南梁军三个堡垒；二月八日，又在淮北击败南梁将领垣孟孙等。李平抵达硖石，督促李崇、崔亮等水陆并进，没人敢不听指挥，作战不断得胜。

南梁皇帝萧衍派左卫将军昌义之将兵救援浮山，还未抵达，都督淮上诸军事康绚已击退北魏兵。萧衍命昌义之与直阁将军王神念溯淮河而上，救援硖石。崔亮派将军、博陵人崔延伯驻守下蔡，崔延伯与别将伊甕生夹淮河两岸为营。崔延伯取下车轮，拆去轮辋，把辐条削尖，两两接对，揉竹条为大索，串联起来，一共十几条，横断河面，两头各建一辘轳，可以随时拉起或沉入水底，让敌人既无法砍断，也无法烧毁。既截断赵祖悦退路，又让南梁援军战舰无法通过。昌义之、王神念屯驻梁城，不得前进。李平部署水陆两军，进攻硖石，攻克其外城。

二月二十八日，赵祖悦出降，被斩首，南梁守军全部被俘。

胡太后赐给崔亮书信，命他乘胜深入。李平给诸将分派作战任务，水陆并进，攻打浮山堰。崔亮违抗李平军令，声称有病，请求班师，奏表发出，即刻撤军。李平上奏，请将崔亮处以死刑，太后下令说："崔亮擅自去留，违背我的战略，虽有小胜，岂能赦免他的大错！但是，我摄御万机，不愿多做杀戮，可以特许他以功补过。"北魏大军于是全部班师。

3 北魏中尉元匡上奏弹劾于忠："先帝薨逝，是国之大灾，于忠却乘机专擅朝命，令裴植、郭祚被冤杀，宰辅大臣（元雍）受罢黜之辱。又假传圣旨任命自己为仪同三司、尚书令，兼领崇训卫尉，追究他的本心，就是想以君王自居。事情发生在大赦令之后，应该公开处刑，请派御史一人，前往冀州就地处决。自从去年世宗晏驾以后，皇太后未亲自执政之前，所有没有经过合法程序——发门下诏书，或由中书宣敕，而是由于忠擅自拜授的，已经经过大赦，可以免罪，但应该追夺全部官职。"

太后下令说："于忠已经得到特赦，不宜追罪，其他的准奏。"

元匡又弹劾侍中侯刚拷打杀死羽林军军官。侯刚本来因为善于烹调，担任尚食典御（掌管御膳，并负责品尝），前后三十年，因为对太后有救命之恩，颇为专恣用事，王公都畏惧依附他。廷尉判处侯刚死刑。太后说："侯刚因公事拷打被告，意外致死，依法不应判罪。"少卿、陈郡人袁翻说："'意外'是说案情已经十分清楚，但是被告拒不交代，所以拷打他，要他亲口招供。而这位羽林军官，一问他就全招了，侯刚却大喊打死他！无理拷打致死，怎能说是意外！"太后于是削夺侯刚封邑三百户，解除了他的尚食典御职务。

4 三月一日，日食。

5 北魏朝廷评定西硖石战功。三月四日，任命李崇为骠骑将军，加授仪同三司，李平为尚书右仆射，崔亮进号为镇北将军。崔亮与李平在宫中争功，太后任命崔亮为殿中尚书。

6 北魏镇东将军萧宝寅仍逗留在淮河大坝附近，南梁皇帝萧衍写亲笔信招诱他，让他袭击彭城，许诺将他的家庙牌位及家属送到北方与他团聚。萧宝寅上表，将萧衍的信交给北魏朝廷。

7 夏，四月，淮河大坝筑成，长九里，下宽一百四十丈，上宽四十五丈,高二十丈,大坝上种植杨柳,并驻扎军营。

　　有人告诉都督淮上诸军事康绚说:"四大河流(长江、黄河、淮河、济水),是上天用来调节宣泄天地之气的,不可长久堵塞,如果能开凿泄洪口,引导积水东流,则游波宽缓,可以保障堰坝不会毁坏。"康绚于是开挖泄洪水道。又派人到北魏行反间计,散布流言说:"梁人不怕野战,就怕魏人挖掘泄洪水道。"萧宝寅信了,凿山深五丈,开泄洪渠,引导积水北流,水日夜分流而水位不减,北魏军白忙活一阵。大坝蓄水淹没大片地区,夹淮河两岸,方圆数百里。李崇在硖石各军事据点之间修建浮桥,又筑魏昌城于八公山东南,以防备寿阳城被损坏。居民散居山冈丘垄,其水清澈,俯视水中的庐舍坟墓,清晰可见。

　　当初,堰坝选址在徐州境内,刺史张豹子宣称,一定会派自己来主掌其事;既而康绚以太子右卫率身份前来监作,张豹子十分羞惭。不久,朝廷又下令,命张豹子受康绚节度,张豹子于是诬告康绚与北魏私通,皇帝萧衍虽然不信,但还是以工程已经完成为由,征召康绚回京。

　　8 北魏胡太后追思于忠之功,说:"岂能因为一个错误就抛弃他所有的功勋!"重新封于忠为灵寿县公,也封崔光为平恩县侯。

【华杉讲透】

以自己的感情和欲望行事,国家必然会灭亡

　　人都是感情动物,于忠等保护胡太后,废黜高皇后,就是为了她的回报。他们时刻觉得自己得到的回报太少,因为他们把胡太后从死亡边缘保护下来,还送给她整个国家,要什么回报都不算过分。

　　胡太后呢,不仅得以摆脱多年的死亡恐惧,还成为了帝国的最高统治者。她心里只有个人的权力、财富和欲望,不理解什么是国家,以自己的感情和欲望行事,国家就要亡在她手里了。

9 北魏益州刺史元法僧派他的儿子元景隆将兵迎击南梁张齐（张齐率军前来接应叛魏投梁的任令宗），张齐与元法僧战于葭萌，大破北魏军，屠了十几个城池，进兵包围武兴。元法僧闭城自守，境内全部叛变。元法僧派使者抄小道告急于北魏。北魏朝廷以驿马车召镇南军司傅竖眼于淮南，任命他为益州刺史、西征都督，率步骑兵三千人前往救援。傅竖眼入境，转战三日，行二百余里，九战皆捷。五月，傅竖眼击杀南梁任命的梁州刺史任太洪。汉人、獠人听说傅竖眼来了，都很欢喜，迎拜于道路者，前后相继。张齐退保白水，傅竖眼进入州城，白水以东的人民，都安居乐业。

北魏梓潼太守苟金龙兼领关城戍主，南梁兵抵达时，苟金龙生病，无法主持军事工作，他的妻子刘氏率领城民，登城拒战，对战一百多天，士卒死伤过半。戍副高景谋叛，刘氏斩高景及其党羽数千人，对其余将士，分衣减食，劳逸必同，大家对她无不畏惧而感怀。水井在城外，被南梁兵占据。正巧天降大雨，刘氏让人拿出公私布绢及衣服悬挂起来，绞而取水，将城中所有坛坛罐罐全部用于储水。傅竖眼抵达，南梁兵撤退，北魏封她的儿子为平昌县子。

10 六月五日，南梁朝廷任命尚书令王莹为左光禄大夫、开府仪同三司，尚书右仆射袁昂为左仆射，吏部尚书王暕为右仆射。王暕，是王俭之子。

11 南梁张齐数次从白水出兵入侵北魏葭萌，北魏益州刺史傅竖眼派虎威将军强虬攻打南梁信义将军杨兴起，斩杨兴起，收复白水。南梁宁朔将军王光昭又在阳平被击败，张齐亲自率领骁勇二万余人与傅竖眼作战。

秋，七月，张齐军大败，撤退，小剑、大剑诸戍防驻军都弃城逃走，东益州重新并入北魏版图。

12 八月十一日，北魏任命胡国珍为骠骑大将军、开府仪同三司、雍州刺史。胡国珍年老，太后实际上并不想让父亲离开洛阳，只是给他官衔来显示荣耀而已；最终胡国珍并没有到雍州上任。

淮河大坝崩溃

13 康绚被召回之后，张豹子不再维护保养淮河大坝。九月十三日，淮水暴涨，堰坝崩坏，声如雷鸣，三百里外都能听见，沿淮河城戍村落十余万人全部被洪水吞噬，漂入大海。

当初，北魏人对淮河大坝感到忧虑，任命任城王元澄为大将军、大都督南讨诸军事，率军十万，将出徐州来攻打大坝。尚书右仆射李平认为："不需要兵力，那大坝自己会崩坏的。"等接到大坝崩溃的消息，太后大喜，对李平赏赐非常丰厚，元澄也就没有出发。

【华杉讲透】

淮河大坝投入民工二十万，修建期间冻死十五万人。如今崩溃，又死了十几万人。二十几万人的生命，为萧衍的错误决策买单。

14 九月二十八日，南梁大赦。

15 北魏胡太后数次前往宗戚勋贵家中，侍中崔光上表进谏说："诸侯国君如果不是问疾吊丧而入诸臣之家，称为戏谑。只提诸侯国君，而没有提及王后夫人，说明国君夫人根本没有前往臣子家中的道理。对国君夫人而言，父母在时，可以回家省亲，称为归宁；如果父母去世，只能派人回家探望，自己不能去。汉朝上官皇后将要废黜昌邑王刘贺的时候，霍光是上官皇后的外祖父，身居宰辅之职，皇后仍高坐武帐之中，接见群臣，以示男女之别。如今，皇族之家生男与女，或者勋贵之家升官晋爵，都来请太后亲临祝贺，这样下去，越来越多，将成为惯例。希望您不再游幸，则全国人民都有依靠，皆大欢喜。"

任城王元澄认为北方边镇将领选拔越来越轻率，担心敌寇窥视边境，给皇家陵园带来危险，上奏请求重视镇将选拔，加强边境警备。太后下诏，命公卿商议。

廷尉少卿袁翻认为："之前沿边州郡官员并不以才干选拔，只论资级。有时遇到贪污之人，就广开戍逻，多置将领编制；或者用他的左右姻亲；或者受人货财，卖官鬻爵。都无防寇之心，唯有聚敛之意。手下有勇力的士兵，就驱令他们做抢劫的勾当，如果遇上强敌，就被人家俘虏为奴隶，如果抢到财务，就据为己有。其他羸弱老小之辈，稍微懂一点炼铁铸铜的技术，或者会一点营造建筑工作的，全都从军营中搜检出来，派做苦役。剩余的，或者派到深山中伐木，或者派去平原割除野草，填平洼地；还有充当往来商贩的，相望于道路。这些人的薪俸本来就不多，贩卖的货物也有限，但将领们向他们征收的都是实实在在的绸绢，发给他们的却是升斗不足的粟米，穷其力，薄其衣，用其功，节其食，经历冬夏，加以病苦，死于沟壑者常在十之七八。所以，邻敌窥伺，扰我疆场，都是因为边将不得其人。我认为，从今往后，南北边境诸藩及所统郡县府佐、统军以及戍主，都让朝臣王公以下，各自举荐自己所知道的人才，必定唯才是举，不论他的身份；如果称职或不称职，举荐他的人一起受赏或受罚。"

太后没有采纳袁翻的建议。到了正光末年，北边盗贼群起，进逼旧都，侵犯皇陵，一切就像元澄当初所担心的那样。

16 冬，十一月，交州刺史李畟斩交州变民首领阮宗孝，将他的首级送到建康。

17 当初，北魏世宗元恪建造瑶光寺，还未完工。本年，胡太后又建造永宁寺，都在皇宫旁边；又建造石窟寺于伊阙口，都极尽土木之美。其中永宁寺尤其盛大，有一丈八尺高的金像一座，和人一样高的金像十座，玉像二座。又建造九层佛塔，掘地筑基，深到挖出泉水。佛塔高九十丈，佛塔顶柱又高十丈，每到夜深人静，塔上所悬挂的铃铎声音远传十里之外。佛殿如同太极殿，南门如同端门。有僧房一千间，珠玉锦绣，骇人心目。自从佛法入中国，塔庙之盛，从未到如此地步。

扬州刺史李崇上表，认为："高祖（元宏）迁都洛阳，至今三十年，明堂未修，太学荒废，城阙、官衙颇多颓坏，这不是继承祖先遗志、垂范万国的样子。如今国子虽有学官之名，而无教授之实，跟兔丝不是丝、燕麦不是麦，南箕不是箕、北斗不是斗，有什么分别！事情不能两方面都兼顾，必须有选择；应该停止尚方府雕刻奢靡之作，取消永宁寺、瑶光寺、石窟寺土木、材瓦、镌琢之劳，以及并不紧急的诸多工程劳役，如果在农闲时节修建明堂、太学和城阙、官衙，使国容严整，礼化兴行，岂不美好！"太后好言答复，但并不采纳他的意见。

太后好事佛，民间很多男子去当和尚，以致绝户。高阳王的友人李瑒上言说："罪行三千，莫大于不孝，不孝之大，无过于绝祀。岂得纵容他们违背礼教人情，肆意信仰佛法，本身双亲年老，弃家绝养，不顾当世之礼，而求将来之益！孔子云：'未知生，焉知死？'岂有抛弃堂堂政教，而去从事鬼教的呢！而且，如今南方还未平定，各种兵役劳役繁重，这些人去做和尚，真实目的是逃避兵役，如果听之任之，恐怕抛弃孝慈，满街都是和尚了。"

都统僧暹等愤恨李瑒称佛教为"鬼教"，认为是诽谤佛祖，泣诉于太后。太后责备李瑒。李瑒说："天曰神，地曰祇，人曰鬼。古书说：'明则有礼乐，幽则有鬼神。'所以明者为堂堂，幽者为鬼教。佛本来出于人，名之为鬼，我认为不是诽谤。"太后虽然知道李瑒说得对，但拗不过僧暹等人的面子，罚李瑒黄金一两。

18 北魏征南大将军田益宗请求任命自己为东豫州刺史，以召唤他投奔南梁的两个儿子，太后不许，田益宗后来在洛阳逝世。

19 柔然伏跋可汗，壮健善用兵，本年，西击高车，大胜，生擒高车王弥俄突，捆住他的脚，拴到一匹劣马上，拖曳杀死了他，又把他的头骨漆为饮器。邻国先羁属柔然后又叛去的，伏跋将他们全部击灭，柔然国又强大起来。

天监十六年（公元517年）

1 春，正月九日，南梁皇帝萧衍在南郊祭祀天神。

2 北魏残余的大乘变民（法庆的党羽）又聚集起来，突然攻入瀛州，刺史宇文福之子、员外散骑侍郎宇文延率家奴及宾客抵抗。贼兵火烧州府，宇文延冲入火中，将父亲宇文福抱出来，肌肤头发都烧焦了，勒众苦战，贼人散走，宇文延追讨，讨平。

3 正月十二日，北魏大赦。

4 北魏建国初年，民间都不用钱，高祖太和十九年，开始铸太和五铢钱，派钱工在造币厂鼓铸。民间有想要铸钱的，允许自己带铜到官炉铸造，要求必须是精铜，不能有杂质。世宗永平三年，又铸五铢钱，对不合标准的钱一律禁止。既而洛阳及诸州镇所用钱各不相同，商货不能流通。尚书令、任城王元澄上言，认为："哪些钱不许使用，法律有明确规定，指的是鸡眼（钱小如鸡眼）、环凿（外缘凸起的边被凿掉），其他的都不禁止。而黄河以南各州现在所通行的钱币，并不在禁止之列，却在之前被禁，我感到很困惑。而且，河北既无新钱，又禁了旧钱，只能以丝绸布匹替代钱币，那些丝绸是单线织成，布匹则疏薄不堪，宽度既窄，长度又短，不符合常用的标准规格。为了支付零星开支，又把整匹的布，剪为一尺，作为零钱使用，这样白白浪费纺织的辛劳，又不能免于饥寒的痛苦，这不是国家救恤冻馁、养育百姓的本意。用钱时，用绳子串起来就行，又不需要去量它的长短轻重，既公平，又方便，对人民的好处，可以说是太大了。我请求下令各州镇，太和年间与现在新铸的五铢钱，以及民间惯用的古钱，只要内外全好，虽有大小不同，都允许流通,贵贱之差,由当地市场决定。这样就能让钱币流通全国,公私两便。至于鸡眼、环凿、盗铸、把大钱毁掉另铸小钱以及其他各种花样翻新的违法假币,依法判罪。"

太后下诏听从。但是河北仍然缺少货币,民间用物交易,钱币不能进入市场。

5 北魏人多假冒军功,尚书左丞卢同查阅吏部功劳簿,重新检查核实,查出造假者三百余人,于是上奏:"请求总集吏部、中兵(京畿部队)两个衙门的功劳簿,对照奏案,重新审定,编造两份,一份送到吏部,一份留在兵局。而且,在作战中斩下敌人首级,累积到可以升一级以上的,即令行台军司发给证明书一份,当中裁裂为二,一半给本人,一半送到门下省,以防造假。"太后听从。卢同,是卢玄的族孙。

中尉元匡奏请,取景明元年以来,内外考核表册、吏部任命书、中兵功劳簿,以及各殿最优、最劣者的档案,以检查造假升官之人,太后批准。

尚书令、任城王元澄上表认为:"国家法令,最忌讳烦琐苛刻,治理政事,贵在简约明了。御史的责任,是闻风奏事,如果听到说谁冒功升官,那就调查谁,检查虚实,绳之以法。岂有把整个衙门的档案全部检查,去追究二十年前的事,如此求过,谁能逃罪!这实在是圣朝所宜慎重的。"太后于是停止。又因为自己多次都没有听元匡的建议,担心他辞职,想要安抚他,于是加授元匡为镇东将军。二月六日,立元匡为东平王。

6 三月十五日,南梁皇帝萧衍下令织官,刺绣不得绣出仙人鸟兽之形,因为将来裁剪时,有可能损坏形体,有违仁恕之道。

【华杉讲透】

仁恕不施于民众，就是空有仁恕

萧衍矫情，他的仁恕不能施之于人民，倒在刺绣上下功夫，这是以绣花针治天下了。

7 三月二十六日，北魏广平文穆王元怀去世。

8 夏，四月十八日，北魏任命中书监胡国珍为司徒。

9 南梁皇帝萧衍下诏，说宗庙祭祀宰杀牲畜为祭品，有违冥道，应该用面做成的牲畜来替代。于是朝野喧哗，认为宗庙去牲，那是祖先不能血食了，萧衍竟不听。八坐大臣于是商议，以干肉替代活牛。

10 秋，八月十八日，北魏朝廷下诏，太师、高阳王元雍入居门下省，参与决策尚书奏事。

11 冬，十月，南梁皇帝萧衍下诏，因宗庙祭祀仍用干肉，命重新讨论替代品，于是以大饼替代干肉，其余全用蔬果。又修建至敬殿、景阳台，设置皇家七庙的牌位，每月中旬再献一次素食。

12 十月二十七日，北魏朝廷下诏：北京（平城）士民没有迁走的，全部允许留下定居。

13 十一月，南梁巴州刺史牟汉宠叛变，投降北魏。

14 十二月，柔然伏跋可汗派俟斤尉比建等向北魏求和，北魏用敌国之礼。

15 本年，南梁任命右卫将军冯道根为豫州刺史。冯道根谨厚木讷，行军能约束士卒军纪；诸将争功，唯独冯道根默然不语。为政清简，吏民都怀念他。皇上曾经感叹说："道根所在，令朝廷都想不起还有这么一个州。"（指平静无事。）

16 北魏尚书崔亮奏请于王屋等山采铜铸钱，太后听从。之后百姓多私铸，钱稍薄小，分量轻。

天监十七年（公元518年）

1 春，正月八日，北魏任命氐酋杨定为阴平王。

2 北魏秦州羌人造反。

3 二月七日，南梁安成康王萧秀去世。萧秀虽与皇帝萧衍是布衣兄弟，但等到萧衍称帝后，萧秀更加小心敬畏，超过其他血缘关系疏远的人，皇上以此更加认为他贤德。萧秀与弟弟、始兴王萧憺尤相友爱，萧憺长期担任荆州刺史，常常把俸禄分一半给萧秀，萧秀称心接受，既不推辞，也不嫌多。

4 二月十八日，南梁大赦。

5 二月二十三日，北魏大赦，改年号为神龟。

6 北魏东益州氐人造反。

7 北魏主元诩引见柔然使者，责备他不用藩国之礼，然后决定依照汉朝对待匈奴的先例，派使者回访报聘。司农少卿张伦上表，认为："太祖（拓跋珪）经略帝业，日有不暇，于是令竖子得以像鬼魂一样游荡一方。也是因为中国多事，不得不处理内部，而顾不上这些夷狄罢了。到了高祖（元宏），全力策划迁都洛阳，也没来得及北伐。世宗（元恪）遵从先帝遗志，对柔然派来的使者，只是接受，而不派人回访答复。因为圣明的君王在位，国富兵强，竟然跟柔然以敌国之礼平等交往，是怕他吗？还是有求于他呢？如今，柔然虽然慕德而来，但也是来观察我强弱的。如果我们派人衔命于柔然王庭，与他为兄弟之国，恐怕不是祖宗的本意。如果不得不跟他们交往，应该发下诏书，教导他君臣上下的礼仪，再命宰相致书，晓谕他以归顺之道，观他听不听话，再慢慢施之以恩威，或进或退，如此才是王者之体统。岂可以戎狄之间发生吞并之事（指柔然灭高车），就让帝国的典礼受到亏损呢！"

太后不听。

张伦，是张白泽之子。

8 三月十六日，北魏灵寿武敬公于忠去世。

9 北魏南秦州氐人造反。朝廷派龙骧将军崔袭持节前往晓谕招抚。

北魏厚葬胡国珍

10 夏，四月十二日，北魏秦文宣公胡国珍去世，追赠假黄钺、相国、都督中外诸军事、太师，号"太上秦公"，加九锡，以特殊高规格礼仪下葬，赠送死者衣服及仪仗卫队，待遇极为优厚。又迎胡太后母亲皇甫氏的灵柩与胡国珍合葬，尊称为太上秦孝穆君。谏议大夫、常山人张普惠认为，前世太后的父亲没有称"太上"的，"太上"之名不可施之于人臣，他到宫门前上疏陈述，但左右无人敢为他通报。正巧胡家挖掘墓穴，下面遇到磐石，张普惠于是上密表，认为："天无二日，土无二王，'太上'是因'上'而生名，皇太后称'令'而不称'敕'（敕是皇帝诏书），这是取三从之道（在家从父，出嫁从夫，夫死从子），媲美周文王的母亲。如今司徒为'太上'，恐怕有违称'令'而不称'敕'之意。孔子说：'必也正名乎！'最近选择墓穴，由于太浅的缘故，改到别的地方，恐怕也是天地神灵以此来告诫、启发圣人。希望停止使用逼进君上的称号，以换取谦虚正大的福分。"

太后于是亲自到胡国珍家宅，召集五品以上官员讨论。王公们都迎合太后旨意，争相诘难张普惠。张普惠应机分辩，没人能辩倒他。太后派元乂宣令于张普惠说："朕之所行，孝子之志。卿之所陈，忠臣之道。群公已有成议，卿不得苦苦剥夺朕的心意。以后如果发现朝廷有别的缺点和错误，不要不肯开口。"

太后又为父亲建造寺庙，壮丽如同永宁寺。

尚书上奏，建议恢复征收百姓绵麻税，张普惠上疏，认为："高祖（元宏）废除大斗，取消长尺，改为称重，以慈爱人民，减轻赋税。知道军国开支需要绵麻，于是在征收绸绢时加收绵八两，在征收棉布时加收麻十五斤，人民从改量尺为称重上减少的，超过加收的绵麻，所以踊跃上缴。但是，后来所征收的绢布，又逐渐加长加宽，百姓怨声载道，闻于朝野。宰辅不去探究其根本，在于绢布的幅度变长变宽了，而是直接就取消了绵麻税。既而尚书又以国用不足，要恢复征收。失去天下之大信，抛弃已经施行的诏书，补救前面的错误，却犯下更大的过失。从未想到国库中有的是绵麻，只是被群臣盗窃一空！怎么说呢，有时缴纳上来的货物，一斤就多出一百铢，从没听说有司依律治罪州郡官员；反过来，稍微有质量差的，就逮捕户主，并连坐三长（邻长、里长、村长）。所以在国库里的绢布，超规格的很多，郡臣领取薪俸，人人都要长、要宽、要厚、要重，没有标准，从没听说因为绸缎太长要退货的。如果现在要恢复征收绵麻，应当先矫正秤、尺，明立严禁，不得擅自调整，让天下人都知道二圣之心爱民惜法如此，则太和（元宏时期）之政复见于今日了。"

张普惠又认为北魏主元诩喜好游骋苑囿，不亲自出席朝会，过于推崇佛法，反而把祭祀天地和宗庙的事交给有司，上疏切谏，认为："从事不须思虑的幽冥之业，耗损百姓巨费，减少俸禄，剥削民力，去供养那些无所事事的和尚，装饰华丽的庙宇，追求不可预测的回报。群臣天色未明，就在宫门外叩头准备上朝；而谈论玄虚的和尚尼姑，却在皇宫内游荡。违背礼教，不合时宜，人神之间，不能安宁。我认为，与其朝夕修行下世之'因'，求劫后之'果'，不如让全国人民的欢心放在奉养双亲上，使天下和平，灾害不生。希望陛下行为谨慎，建立威仪，为万邦作出表率，亲自到郊庙祭祀，亲自参加朔望之礼；竭心关注田亩，奖劝农耕。撤除僧寺这类并不急需的华丽装饰，恢复百官长期被削减的俸禄。已经在建造的寺庙，务令简约速成，还未建造的，一律取消。则孝悌可以通神明，德教可以光四海，节用爱人，无论是佛教徒还是俗世百姓，都有所依赖。"

不久，太后下令讨论宴请教师的礼仪，又从此每月一次陛见群臣，都是采纳了张普惠的建议。

张普惠又上表议论时政得失，太后与皇帝元诩引见张普惠于宣光殿，随事询问和辩论。

萧衍探访萧宏，对其奢侈加以赞许

11 临川王萧宏小妾的弟弟吴法寿杀人后藏匿于萧宏府中，皇帝萧衍下令萧宏交人，即日伏诛。南司上奏免萧宏官，皇帝批准说："我爱萧宏，是兄弟私亲，免萧宏官，是王者正法。所奏可。"五月二十四日，司徒、骠骑大将军、扬州刺史、临川王萧宏被免职。

萧宏自从洛口之败，常心怀愧愤，首都每次有混乱暴动，都以萧宏为名，屡次为有司所奏，皇帝每次都赦免他。皇帝驾临光宅寺，有盗贼埋伏于骠骑桥，准备等皇帝夜里出宫时，发动突袭。皇帝将行，心动，于是改从朱雀桥通过。事发，有人称是萧宏指使，皇帝哭着对萧宏说："我的才能胜过你一百倍，身居此位，还总担心不能胜任，你怎么做出这种事？我不是不能做汉文帝（汉文帝刘恒杀弟弟刘长），只是可怜你愚昧啊！"萧宏叩头称没有此事。这次皇帝以藏匿吴法寿为由免了萧宏的官职。

萧宏奢僭过度，贪得无厌。库房有近百间，在内堂之后，封锁森严，有人怀疑是武器库，秘密向皇帝报告。皇帝对兄弟友爱甚厚，十分不悦。一天，送一桌丰盛酒席给萧宏爱妾江氏，说："我马上来你家欢宴。"独自与故人、射声校尉丘佗卿前往，与萧宏及江氏大饮，半醉后，说："我今天想要看看你家后房。"即刻乘轿前往后堂。萧宏害怕皇上看见他收取的贿赂财货，颜色怖惧。皇帝更加起疑心，于是屋屋检视，每钱百万为一堆，上面以黄榜标示，一千万为一库，悬挂一紫色标识，如此三十余间。皇帝与丘佗卿屈指计算，共计有钱三亿多，其他库房贮存布匹、绸缎、蚕丝、棉花、油漆、蜂蜜、细麻、蜡烛等杂货，但见满库，不知多少。皇帝这才知道不是武器，大悦，说："阿六，你过得不错！"于是更狂饮至夜，举烛而还。兄弟更加敦睦。

萧宏在建康有数十座宅第，出借金钱，立下契约，总要别人以田地、住宅、店铺为抵押，写在契约上，还款日期一到，便驱逐借款人，夺其住宅。京师及东土百姓，很多人因此流离失所。皇帝后来知道，下令借约上写明抵押品，也不得驱逐夺取，自此成为制度。

侍中、领军将军、吴平侯萧昺，文雅有风骨，为皇帝所器重，军国大事都与他议决，任命他为安右将军，监扬州。萧昺知道自己和皇帝血缘关系较远，却主持扬州（京畿地区），涕泣恳让，皇帝不许。萧昺在扬州，尤其以明断著称，教令严整。

五月二十七日，任命萧宏为中军将军、中书监，六月一日，又任命他为行司徒。

【司马光曰】

萧宏为将，则覆灭三军，为臣，则涉嫌大逆，高祖免他的死罪就可以了。数十日之间，还为三公，于兄弟之恩，诚然是厚重了，而王者之法，又在哪里呢？

12 初,洛阳有汉朝所立《三字石经》,虽屡经丧乱而没有受到损伤。等到北魏冯熙、常伯夫相继为洛州刺史,毁取石经用于建造佛塔精舍,于是大部分碑文颓落,所幸存的也被抛弃于荆棘草莽之中,由和尚或平民百姓随意搬取。侍中、领国子祭酒崔光奏请派出官员看守,命国子博士李郁等修补其残缺,胡太后批准。不巧又赶上元乂、刘腾作乱,事情又被搁置。

13 秋,七月,北魏河州羌人却铁忽造反,自称水池王。皇帝元诩下诏,任命主客郎源子恭为行台出兵讨伐。源子恭抵达河州,严厉约束州郡及诸军,不得侵犯百姓一物,也不得轻率与贼军交战,然后示以威恩,使羌人知道悔惧。八月,却铁忽等人相继到源子恭处投降,前后不到二十天。源子恭,是源怀之子。

14 北魏宦官刘腾,不能书写,而多奸谋,善于揣摩别人的意图。胡太后因为他对自己有保护之功,一路升迁至侍中、右光禄大夫,于是他就开始干预政事,收受贿赂为人求官,没有一次不能达到目的的。河间王元琛,是元简之子,为定州刺史,以贪污放纵著名,等他从州刺史任上卸任回来,太后下诏说:"元琛在定州,只差没有将中山宫搬来(定州州府中山,之前是后燕帝国首都,中山宫是后燕皇宫),其他的没有一件东西不拿走,怎么可以再任用他!"于是免职在家。元琛于是请求做刘腾养子,贿赂刘腾金宝数以巨万计。刘腾替他向太后说话,得以被任命为兼都官尚书,外放为秦州刺史,正巧刘腾病重,太后想要趁他还活着时给他富贵。九月一日,任命刘腾为卫将军,加仪同三司。

15 北魏胡太后以天象有变,想要让崇宪高太后来挡灾。九月二十六日夜,高太后暴毙。冬,十月十五日,以尼姑礼节葬于北邙,谥号为顺皇后。百官身穿单衣,戴着孝巾,送丧至墓所,埋葬之后就除下丧服。

16 十月二十三日,南梁任命临川王萧宏为司徒。

17 北魏胡太后派使者宋云与和尚惠生入西域求佛经。司空、任城王元澄上奏说："当年高祖迁都，规定城中只允许有一座和尚庙、一座尼姑庵，其余的一律建在城外。这是因为佛法和世俗是两条道路，高祖想让他们净居于尘外。正始三年，沙门统惠深开始违背之前的禁令，从此高祖的诏书得不到执行，私自兴建寺庙的人越来越多，都城之中，寺庙超过五百间，其中三分之一，都是占夺民居，与屠户、酒肆以及其他污秽行业，连比杂居。之前代北有法秀之乱，冀州有大乘之变。太和、景明年间，定下各种制度，无非就是要把出家人和世俗人隔离开，以防微杜渐。当初，如来阐释教法，多在山林之中，而今天这些和尚，眷恋城邑，正是因为他们为利欲所诱，不能控制自己，这是佛家的糟粕，君王之社鼠，不仅佛祖的戒律不允许，也为国法所不容。臣认为，都城内寺庙还未建成，可以迁徙的，应该全部迁到城外，庙里和尚数量不满五十的小庙，合并入大庙；外地各州也照此办理。"太后下诏听从，但最终仍是得不到执行。

北魏禁止私人开采盐池

18 本年，北魏太师元雍等上奏说："盐池是天赐宝藏，养育群生。先朝为之设禁，并非是为了与民争利，而是利益重大，又是天赐，如果取用无法，或者被豪强贵族封锁保护，或者被附近的居民把守，远方来的贫弱人民，只能望盐兴叹，邈然绝望。因此，设置主管单位，令他们观察裁决，对强者和弱者同时照顾，务令人人各得其所。十分之一的捐税，自古就有，关键是要远近齐平，公私都方便。后来甄琛启奏撤销盐禁，于是被盐池旁的居民尉保光等擅自固护；他们设置的障碍和禁令，比政府严厉很多倍，想怎么征收就怎么征收，都由他们随心所欲地开口。请依照先朝禁令为便。"朝廷下诏听从。

卷第一百四十九　梁纪五

（公元519年—523年，共5年）

高祖武皇帝五

天监十八年（公元519年）

1 春，正月四日，南梁皇帝萧衍任命尚书左仆射袁昂为尚书令，右仆射王暕为左仆射，太子詹事徐勉为右仆射。

2 正月七日，北魏主元诩下诏，称："皇太后临朝践极，已近六年，应宣称'诏'以令宇内。"

3 正月十一日，南梁皇帝萧衍到南郊祭天。

张仲瑀要求排抑武官，其家人被武官屠害

4 北魏征西将军、平陆文侯张彝之子张仲瑀呈递亲启密奏，要求改

变官员选任标准，排抑武官，不让他们升到高位。于是喧哗诟骂之声，充满大街小巷，军人在街上竖立文告，约期会集，要屠害他全家。张彝父子晏然，不以为意。

二月二十日，羽林军、虎贲军近千人相率至尚书省诟骂，要求交出张仲瑀的哥哥、左民郎中张始均，无法得到，便以瓦石击打尚书省大门；朝廷上下慑惧，无人敢出面禁讨。士兵们于是手持火把，一路掠取道旁堆积的柴薪和蒿草，以木棍和石头为兵器，直奔张家宅第，把张彝拖拽到堂下，极意捶打侮辱，呼喊之声，惊天动地，又焚烧张家房屋。张始均开始时翻墙逃走，然后又回来，向士兵们跪拜，请饶他父亲一命，士兵们上前殴击，把他活生生投入火中烧死。张仲瑀重伤逃走，张彝奄奄一息，隔了两个晚上就死了。远近震骇。胡太后逮捕羽林军、虎贲军凶强者八人并斩首，其余的不再追究。二月二十五日，发布大赦令，以安众心，并下令武官可以依资历入选。有识之士都知道北魏要乱了。

当时官员缺额既少，而应选者又多，吏部尚书李韶因为选补迟缓，被大家所怨嗟；于是改任殿中尚书崔亮为吏部尚书。崔亮上奏，创立排队制度，不问贤愚，只以候补时间长短为依据，于是那些长期得不到选补的人都称赞他贤能。崔亮的外甥、司空咨议刘景安写信给崔亮说："殷、周以乡塾贡士，两汉由州郡荐才，魏、晋因循，又设置中正，虽然不算尽善尽美，至少也得到人才的十分之六七。而如今朝廷贡才，对'文学'之士，只求他文辞好，不看他的文章有没有道理；选拔'孝廉'呢，也只看他章句精熟，不看他懂不懂治国之道；取'中正'，则不考察他的才能品行，只看他的门第姓氏。取士的途径既不广博，淘汰的标准又不精细。舅舅担当选拔之任，正应该改弦易辙，为何反而以年资为限之，天下士子谁还会去修炼自己的品行呢！"

崔亮回信说："你的话很有道理。但我制定这个标准，也自有原因。古今不同，要与时俱进。当年子产把刑法铸在鼎上，公示天下，以救时弊，叔向依据正法去讥刺他。你所说的，和叔向有什么分别？都是以古礼来非议权变罢了！"

洛阳县令、代人薛琡上书说:"百姓之命,系于官长。如果选曹只取年资,不管能力,把候补者像飞雁一样排成顺序,像鱼一样挂成一串,拿着名册点名,一个小吏就够了。只不过数数人头而已,还叫什么选拔呢!"奏书递上去,没有回复。后来,薛琡又请求太后召见,再次上奏说:"乞令王公贵臣举荐贤才以补郡县。"太后下诏,命公卿商议,结果也不了了之。其后甄琛等接替崔亮为吏部尚书,觉得这种排队的方法对自己方便,也继续推行。北魏再也不能选拔人才,就是从崔亮开始。

当初,后燕燕郡太守高湖投奔北魏,他的儿子高谧为侍御史,因犯法流放怀朔镇,世代居于北部边境,于是习惯鲜卑风俗。高谧的孙子高欢,深沉有大志,家贫,在平城为差役,富人娄氏的女儿见到他,觉得他不同凡响,于是嫁给了他。高欢这才有了马,得以给镇将做信差,到了洛阳,正看到张彝之死,回家之后,散尽家财以结交宾客。有人问他缘故,高欢说:"宿卫相率焚烧大臣宅第,朝廷惧其乱而不问,为政如此,天下事可知矣,还能守着财产吗?"高欢与怀朔省事、云中人司马子如,秀容人刘贵,中山人贾显智,户曹史、咸阳人孙腾,外兵史、怀朔人侯景,狱掾、善无人尉景,广宁人蔡俊等特别友善,行侠仗义,雄于乡里。

【华杉讲透】

动乱之中,不能守财

子产与叔向的事,是春秋时郑国大夫子产,将刑法铸在鼎上。叔向写信给他说,不能让人民知道法律,因为人民如果知道了法律,就对官员不再畏惧,并起争讼之心,各自印证对自己有利的条文。国家大事,社会秩序,就会败坏。

叔向的思想很有市场。没有明确的法律,一切由统治者"内部掌握",人民就会自己加倍小心,不敢惹事,而统治者又有完全的自由裁量权。如果依法治国,权力就被关进法律的笼子里了。

崔亮用子产和叔向的事来回复刘景安，实在是强词夺理。选拔官员应该有明确标准，不能只由个人举荐，但是，也不能只有候补时间长短这一条标准吧！北魏此时没有强有力的君主，上层腐化无耻，下层骄纵不法，崔亮也是知道自己什么也做不了，就谁也不得罪罢了。大家一起等死，早死为幸，晚死遭殃。

这一节，高欢和侯景两个重要人物登场，天下大乱即将开始。

高欢能从洛阳士兵骚乱中，看到自己的财产已经不是自己的，不能守财，要把钱花光，这就是他的远见和气魄了。

5 夏，四月八日，南梁大赦。

6 五月二十日，北魏任命任城王元澄为司徒，京兆王元继为司空。

7 北魏累世强盛，东夷、西域贡献不绝，又在南部边境建立互市，以通南货，至此府库盈溢。胡太后曾经到绸缎仓库，命从行的亲王、公爵、妃嫔、公主等一百余人各自负绢，能背得动多少就归自己，于是背得少的也不下一百余匹。尚书令、仪同三司李崇，章武王元融，身上背的绸缎太重，以至于颠仆于地，李崇伤腰，元融损足，太后夺了他们的绸缎，让他们空手而出，当时引为笑谈。元融，是拓跋太洛之子。侍中崔光只取两匹，太后怪他取得太少。崔光说："臣两只手，只能拿两匹。"众人都觉得羞愧。

当时宗室外戚权幸之臣，竞相攀比豪侈。高阳王元雍，富贵冠于全国，宫室园圃，与皇家禁苑相差无几，童仆六千，伎女五百，出则仪仗卫队塞满道路，归则歌吹连日夜，一顿饭值钱数万。李崇之富与元雍相当，而性格吝啬，曾经对人说："元雍一顿饭，够我吃一千天。"

河间王元琛，每每想要与元雍争富，骏马十余匹，都以银为马槽，窗户之上，玉凤衔铃，金龙吐旆。他曾经邀请诸王宴饮，酒器有水晶杯、玛瑙碗、赤玉卮，制作精巧，都是中国所没有的。又陈设女乐、名马及各种奇珍异宝，再引领诸王历观府库，金钱、缯布，不可胜计。元琛回头对章武王元融说："不恨我不见石崇，恨石崇不见我。"元融一向以富自负，回家之后惋叹，卧病三日。京光王元继听闻，前往探望，对他说："你的财货算下来也不比他少，何至于如此羞愧羡慕？"元融说："我以为比我富的只有一个元雍而已，没想到还有一个元琛！"元继说："你这就好比袁术在淮南，不知世间还有刘备！"元融于是一笑而起。

太后好佛，营建佛寺，一座接一座，永远没有停止，还令诸州各建五层高佛塔，导致民力疲弊。诸王、贵人、宦官、羽林各建寺于洛阳，相互攀比高大壮丽。太后数次设斋会，施舍和尚财物动则数以万计，赏赐左右毫无节度，耗费巨大，而从未施惠于百姓。府库渐渐空虚，于是削减百官俸禄。任城王元澄上表，认为："萧衍常蓄窥视之志，应该趁国家强盛，将士施力，早日完成统一大业。近年以来，公私贫困，应该节省浮华浪费，以周济紧急的事务。"太后虽然不听，但对他非常优礼。

北魏自永平年间以来，营建明堂、学校，工程人员多不过千人，有司还经常借调这些人去修建寺庙，或干其他杂役，于是十几年都不能建成。起部郎源子恭上书，认为："荒废经国之务，去资助并不紧急的项目，应该彻底裁减诸寺庙工程，早日完成明堂及学校，让祖宗可以配享上天，苍生能得到礼乐教育。"太后下诏听从，但明堂和学校还是未能建成。

8 北魏人陈仲儒上疏，请依京房建立的标准，调正八音。有司诘问陈仲儒："京房制定的音律标准，如今虽然乐器还在，但是很少有人懂得。你是哪个师父传授的，又依据什么典籍？"陈仲儒回答说："我一向喜爱弹琴，又曾经读司马彪《续汉书》，见到其中记载京房制定的音准，非常清楚。于是竭力思考，钻研良久，颇有所得。音准是用来代替音律的，取它的分数，来调校乐器。我研究调声之体，宫、商宜浊，徵、羽用清。如果按公孙崇的办法，只是用十二律声，却说还相为宫，清浊俱备。因为黄钟管最长，所以用黄钟为宫，则往往相顺。如果是调校八音，还需要错采众音，配成其美。如果以应钟为宫，蕤宾为徵，则徵浊而宫清，虽有其韵，不成音曲。如果以中吕为宫，则十二律中全无所取。如今依照京房的书，中吕为宫，以丢灭为商，执始为徵，然后才能成韵。而公孙崇以中吕为宫，又用林钟为徵，怎么可能和谐！只是音声精微，史传简略，旧志说准用十三弦，隐间九尺，不说需不需要用柱。而且，一寸之内有一万九千六百八十三分，微细难明。我私底下曾经考察验证，准应当有柱，只要前却柱中，来约度准分，则相生之韵自然应合。其中弦的粗细，必须与琴宫相似，然后用轸调声，令其与黄钟相合。中弦以下依度数画出六十律清浊节度，其余十二弦须施柱如筝，即于中弦案尽一周之声，度著在十二弦上。然后依相生之法，依次运行，取十二律之商、徵。商、徵既定，又依琴五调调声之法以均乐器，然后错采众声加以文饰，如果不按这个办法来，声律就不和谐。况且燧人没有老师教而能钻木取火，焦延寿（京房的老师）没有给谁交过学费而能改变音律，所以说懂得的人想要传授却找不到学生，明白的人没有老师教却能懂得，一丝一毫所得，都经过用心思考，岂必经过老师教才能知道吗？"尚书萧宝寅上奏说："陈仲儒没有经过老师传授，轻率地制定音律，不应批准。"事情于是被搁置。

9 北魏中尉、东平王元匡因为他的意见总是被任城王元澄否决，愤恚，再次抬出过去那副棺材（当初准备抬棺弹劾高肇的），准备上奏攻击元澄。元澄于是上奏弹劾元匡罪状三十余条，廷尉处以死刑。

秋，八月十二日，太后下诏免死，削除官爵，以车骑将军侯刚代领中尉。三公郎中辛雄上奏为元匡辩护，认为："元匡历事三朝，他骨鲠正直的事迹，朝野俱知，所以高祖赐名为匡。先帝已包容他于前，陛下也应该宽容他于后，如果最终贬黜，恐怕会因此堵住忠臣的嘴。"不久，又任命元匡为平州刺史。辛雄，是辛琛的族孙。

10 九月十四日，胡太后游嵩山；九月十七日，还宫。

太后从容对兼中书舍人杨昱说："我的一些亲戚在外做官，不得人心，你如果听到什么，不要对我隐瞒！"杨昱于是上奏，说扬州刺史李崇用五车（官府用的五种车子，学富五车的五车）载货，恒州刺史杨钧用银造食器，用于贿赂领军元乂。太后召见元乂夫妻，哭泣责备，元乂由此怨恨杨昱。杨昱的叔父杨舒的妻子，是武昌王元和的妹妹。元和就是元乂的族祖。杨舒去世，元氏频频请求搬出去住，杨昱的父亲杨椿流泪斥责，不许，元氏怀恨在心。正巧瀛州平民刘宣明谋反，事情被发觉，逃亡。元乂指使元和及元氏诬告杨昱藏匿刘宣明，并且说："杨昱的父亲、定州刺史杨椿，叔父、华州刺史杨津，一起送了盔甲武器三百件，参与谋反。"元乂再做手脚构成其罪，派御杖五百人夜里包围杨昱住宅，搜查后一无所获。太后察问此事，杨昱回答说是为元氏所怨恨陷害。太后给杨昱松绑，叛处元和及元氏死刑，事后元乂营救他们，元和只是被免官，元氏没有受到任何处罚。

11 冬，十二月八日，北魏任城文宣王元澄去世。

12 十二月十五日，北魏大赦。

13 本年，高句丽王高云去世，世子高安继位。

14 北魏因为郎官人选不精，大加淘汰，唯有朱元旭、辛雄、羊深、源子恭及范阳人祖莹等八人因为有才能而被留任，其余的全部罢遣。羊深，是羊祉之子。

普通元年（公元520年）

1 春，正月一日，南梁改年号为普通，大赦。

2 正月二日，日食。

3 正月五日，南梁任命临川王萧宏为太尉、扬州刺史，金紫光禄大夫王份为尚书左仆射。王份，是王奂的弟弟。

4 左军将军、豫宁威伯冯道根去世。当天正是南梁皇帝萧衍祭祀二庙（太庙及供奉萧衍祖母的小庙）的日子，刚出宫，有司报告冯道根死讯。皇帝问中书舍人朱异："吉凶同日，今天可以去吊唁他吗？"朱异回答说："当初卫献公接到柳庄死讯，没有脱下祭服，就直接前去吊丧。冯道根虽然不算社稷之臣，但也有劳于王室，前往吊丧，符合礼制。"皇帝即刻到冯道根家，恸哭哀悼。

5 高句丽世子高安遣使入贡。二月九日，南梁任命高安为宁东将军、高句丽王，派使者江法盛授予高安衣冠剑佩。北魏光州兵在海上阻截，将江法盛俘虏，送到洛阳。

元义、刘腾软禁胡太后，诬告诛杀元怿

6 北魏太傅、侍中、清河文献王元怿，风仪优美，胡太后逼他同房。元怿一向有才能，辅政多有匡正，措施有益，又好文学，礼敬士人，名望很高。侍中、领军将军元义在门下省，兼总禁兵，恃宠骄恣，志欲无极。元怿每每裁之以法，元义由此怨恨他。卫将军、仪同三司刘腾，权倾内外，吏部迎合刘腾的意思，上奏用刘腾的弟弟为郡太守，因刘腾的弟弟资历和才能都不达标，元怿将奏章压下不上奏，于是刘腾也怨恨他。龙骧府长史宋维，是宋弁之子，元怿举荐他为通直郎，但他其实是个轻薄无行的人。元义许诺宋维以富贵，指使他诬告司染都尉韩文殊父子阴谋作乱，立元怿为帝。元怿被软禁，调查后发现没有反状，得以释放，宋维应当反坐。元义对太后说："如果诛杀宋维，以后有真谋反的，知情者也不敢告发了。"于是贬黜宋维为昌平郡太守。

元义担心元怿终究是个祸害，于是与刘腾密谋，指使主食中黄门

胡定向朝廷自首，说："元怿用重金收买我，让我在皇帝食物中下毒，如果他得以当皇帝，给我荣华富贵。"皇帝元诩当年十一岁，相信了他的话。

秋，七月四日，太后在嘉福殿，没有到前殿，元义把皇帝元诩引导到显阳殿，刘腾关闭永巷门，太后不能出来。元怿进宫，在含章殿后遇到元义，元义厉声呵斥，不让元怿进入，元怿说："你想造反吗！"元义说："元义不反，正要逮捕谋反的人而已！"命宗士及直斋武士拉着元怿衣袂，拖入含章东省，派人守住他。刘腾以皇帝诏书的名义，召集公卿会议，指控元怿大逆。众人都畏惧元义，无人敢提出异议，只有仆射、新泰文贞公游肇抗议，认为不可，始终没有署名。

元义、刘腾手持公卿们的决议入奏皇帝，一会儿就得到批准，夜里杀了元怿。于是他们又诈为太后诏书，自称有病，还政于皇帝。幽禁太后于北宫宣光殿，宫门昼夜长闭，内外断绝，刘腾亲自掌管钥匙，皇帝也不能进去和太后见面，只是传递饮食而已。太后衣服没得换，膳食也跟不上，不免饥寒，于是叹息说："养虎反被虎咬，就是说我吧！"

元义、刘腾又派中常侍、酒泉人贾粲侍奉皇帝读书，密令监视皇帝动静。元义于是与太师、高阳王元雍等共同辅政，皇帝称元义为姨父。元义与刘腾内外擅权，元义对外，刘腾对内，二人常在宫禁值班，共同裁决赏罚，政无巨细，都由他二人决断，威震内外，百官恐惧。朝野听闻元怿之死，无不丧气，胡人、夷人为之割破脸面以示悲痛的有数百人。游肇愤郁而死。

7 七月七日，长江、淮河泛滥，海水倒灌。

8 七月十九日，北魏主元诩加元服，举行成人礼（本年十一岁），大赦，改年号为正光。

元熙要求讨伐元义和刘腾，被卢同诛杀

9 北魏相州刺史、中山文庄王元熙，是元英之子，与弟弟、给事黄门侍郎元略，司徒祭酒元纂，皆为清河王元怿所厚待，听闻元怿之死，起兵于邺城，上表要诛杀元义、刘腾，元纂逃奔邺城。过了十天，长史柳元章等率市民鼓噪而入，杀其左右，逮捕元熙、元纂和他们的儿子们，关押在高楼上。八月十三日，元义派尚书左丞卢同前往邺城，就在大街上斩了元熙及其子弟。

元熙喜好文学，有风仪，名士多与他交游。将死，写信给故旧知己说："我与弟弟一起蒙皇太后知遇，我为大州刺史，弟弟则入侍宫廷，太后殷勤言色，对我们恩同慈母。如今皇太后被废北宫，太傅、清河王横受屠酷，主上年幼，独在前殿。君亲如此，无以自安，所以率兵民欲建大义于天下。但智力浅短，反被囚执，上惭朝廷，下愧相知。本想伸张大义，树立美名，不得不如此，流肠碎首，都无话可说！愿天下君子，各自珍惜你们的名誉，为国为己，保持名节！"听到的人都怜悯他。元熙的首级被送到洛阳，亲故无人敢前往探视，唯独前骁骑将军刁整为他收尸，暂时寄葬。刁整，是刁雍的孙子。卢同迎合元义的意图，彻底查办元熙党羽，锁拿济阴内史杨昱到邺城，拷打审讯一百天，才得以回到任所。元义任命卢同为黄门侍郎。

元略逃亡，投奔故人、河内人司马始宾，司马始宾与元略用荻草缚成筏，夜里渡过黄河，到屯留栗法光家，再转投西河太守刁双，藏匿了一年多。当时朝廷悬赏捉拿甚急，元略惧，请求送他出境，刁双说："人都有一死，难得的是为知己而死罢了，希望你不要担心。"元略坚决要求南奔，刁双便派侄子刁昌送元略渡过长江，投奔南梁，皇帝萧衍封元略为中山王。刁双，是刁雍的族孙。元义诬陷说是刁整送走了元略，逮捕他及他的子弟，御史王基等极力为他辩护昭雪，才得以免罪。

10 八月二十三日，侍中、车骑将军、永昌严侯韦睿去世。当时皇帝萧衍正尊崇佛教，士民无不从风而靡，唯独韦睿认为自己位居大臣，不

愿意随波逐流，行事跟过去一样。

11 九月二十七日，北魏任命高阳王元雍为丞相，总摄内外，与元乂同决政务。

12 当初，柔然佗汗可汗纳伏名敦的妻子候吕陵氏，生下伏跋可汗及阿那瓌等六个儿子。伏跋继位之后，幼子祖惠突然失踪，悬赏寻找，也不能找到。有一个叫地万的巫女说："祖惠如今在天上，我能呼唤他。"于是在大泽中施帐幄，祭祀天神。祖惠忽然出现在帐中，自称是在天上。伏跋大喜，号地万为圣女，纳为正妻。地万既会旁门左道，又有姿色，伏跋对她又敬又爱，听她的话，干乱国政。如此过了几年，祖惠逐渐长大，对他的母亲说："我常在地万家，未尝上天。'上天'的事，是地万教我的。"他的母亲告诉伏跋，伏跋说："地万能前知未然，你不要进谗言！"既而地万惧怕，向伏跋进谗言，杀了祖惠。候吕陵氏派她的大臣具列等绞杀地万。伏跋怒，要诛杀具列等。正巧阿至罗入寇，伏跋迎击，兵败而还。候吕陵氏与大臣们一起杀了伏跋，立他的弟弟阿那瓌为可汗。阿那瓌继位十天，其族兄示发率众数万攻击他，阿那瓌战败，与其弟乙居伐轻骑投奔北魏。示发杀候吕陵氏及阿那瓌的两个弟弟。

13 北魏清河王元怿死，他的弟弟、汝南王元悦对元乂完全没有一点恨意，反而带着桑落酒前往拜访元乂，极尽巴结。元乂大喜，冬，十月十五日，任命元悦为侍中、太尉。元悦向元怿的儿子元亶索取元怿的服装、器玩，元亶没有及时送上，元悦下令杖打元亶一百棍，几乎把元亶打死。

14 柔然可汗阿那瓌将要抵达北魏，北魏主元诩派司空、京兆王元继、侍中崔光等相继前往迎接，赏赐慰劳非常丰厚。北魏主引见阿那瓌于显阳殿，设宴，将阿那瓌的座位安排在亲王之下。宴会将要结束时，阿那瓌手持奏章，站在座位后面。北魏主下诏，带他到御座前，阿那瓌再拜,说:"臣因为家庭变故,轻骑前来宫阙,我本国臣民,都已逃散。陛下恩隆天地,乞请派兵送我回国,诛剪叛逆,收集亡散。臣当统率遗民,侍奉陛下。言辞不能尽意,另有书面报告。"于是将报告交给中书舍人常景转呈。常景,是常爽的孙子。

十一月二十九日,北魏立阿那瓌为朔方公、蠕蠕王,赐以衣服、辂车(一匹马拉的轻便马车)。俸禄、津贴、仪仗卫队,都和亲王标准一样。当时北魏强盛,在洛水桥南御道东建造四所宾馆,道路西边有四个里弄:有自江南来投降的,安排住在金陵馆,三年之后赐住宅于归正里;从北夷来投降的安置在燕然馆,赐住宅于归德里;从东夷来投降的安排在扶桑馆,赐住宅于慕化里;从西夷来投降的安排在崦嵫馆,赐住宅于慕义里。等到阿那瓌入朝,安排在燕然馆。阿那瓌屡次请求返国,朝议意见不一,不能决断,阿那瓌用黄金一百斤贿赂元义,于是允许他北归。

十二月十三日,北魏下令怀朔都督简选精锐骑兵二千人护送阿那瓌抵达边境,观察机会,招纳归降人士。如果对方来人迎接等候,就赐以绸缎、布匹、车马,用尊贵礼节为他们饯行;如果对方没有派人来接,则阿那瓌仍可再回京师。其行装和路费,由尚书酌量供给。

15 十二月二十二日,北魏任命京兆王元继为司徒。

16 北魏派使者刘善明出使南梁报聘,两国又重新开始通好。

普通二年(公元521年)

1 春,正月十二日,南梁皇帝萧衍在南郊祭天。

2 南梁皇帝在建康设置孤独园,以收养穷民。

3 正月十九日，南梁大赦。

4 北魏南秦州氐人造反。

5 北魏征发附近州郡兵一万五千人，任命怀朔镇将杨钧为大将，送柔然可汗阿那瑰返国。尚书右丞张普惠上疏，认为："蠕蠕久为边患，如今上天给他们降下丧乱，荼毒其心，就是要让他们知道有道之乐，洗心革面，稽首以尊奉大魏。陛下应该安定人民，恭养自己，以悦服其心。阿那瑰束身归命，抚慰他就可以了；怎么能劳扰自己，兴师动众，把京畿部队，投放到荒夜之外，援救累世之劲敌，资助上天要他灭亡的丑虏。臣愚昧，实在是看不出有什么道理。这都是边将贪一时之功，不想想军队是凶器，王者都是迫不得已才使用。何况如今旱灾严重，皇帝都要减膳，却让杨钧为将统领一万五千人，打算平定蠕蠕，在最不恰当的时机出兵，这能成功吗？万一有颠覆之变，就是吃了杨钧的肉，也不足以抵消他的罪名！宰辅专好小名，不图安危大计，这是让微臣寒心的地方。况且我们不送阿那瑰回去，又有什么地方辜负信义？臣地位低贱，没有资格参加朝廷会议，但是文书从我这儿经过，我看见了，不敢不陈述我的意见。"

北魏主不听。阿那瑰在西堂告辞，北魏主下诏，赐以军器、衣被、各色绸缎、粮食、牲畜，事事优厚，命侍中崔光等到外城慰劳遣送。

阿那瑰南奔北魏时，他的堂兄婆罗门率众数万人讨伐示发，击破，示发逃奔地豆干，地豆干人杀了他，柔然人推举婆罗门为弥偶可社句可汗。杨钧上表说："柔然已立君长，恐怕不肯以杀兄之人郊迎其弟。我们轻率前往，又空手而回，白白损害国威。如果不能广加兵力，就无法送阿那瑰北归。"

二月，北魏人派之前曾经出使过柔然的牒云具仁前往，晓谕婆罗门，让他迎接阿那瑰。

6 二月三日，南梁皇帝萧衍祭祀明堂。

7 二月十二日，北魏派代理抚军将军邴虬讨伐南秦叛氐。

奚康生欲助胡太后捕杀元乂，失败后被斩首

8 北魏元乂、刘腾幽禁胡太后时，右卫将军奚康生参与其阴谋，元乂任命奚康生为抚军大将军、河南尹，仍让他兼领左右卫士。奚康生的儿子奚难当娶侍中、左卫将军侯刚的女儿为妻，侯刚的儿子，又是元乂的妹夫，元乂因为和奚康生是姻亲，非常信任他，三人大多数时候都一起宿卫禁中，或者轮流外出。任命奚难当为千牛备身（天子身边的侍卫）。奚康生性格粗武，意气用事，元乂稍稍有点忌惮他，脸色上表露出来，奚康生也微微有些恐惧不安。

二月十六日，北魏主元诩朝见太后于西林园，文武百官侍坐。酒酣之后，开始跳舞，奚康生起身跳力士舞，在转身投足之际，每每回头看着太后，举手、蹈足、瞋目、颔首，做出一副可以执杀元乂的样子，太后理解他的意思，但是不敢说话。到了傍晚，太后想要带皇帝元诩住宿在宣光殿，侯刚说："至尊已经朝拜完毕，寝殿在南，何必留宿！"奚康生说："至尊是太后陛下的儿子，跟着陛下，要往东就往东，要往西就往西，还需要问谁的意见吗？"群臣不敢回应。太后自己起身，拉着皇帝手臂，下堂而去。奚康生大呼万岁。皇帝前行进入阁门，元乂左右竟相争挤，让阁门无法关闭。奚康生夺取奚难当的千牛刀，猛砍直后元思辅，局势才得以平定。皇帝既登宣光殿，左右侍臣站立在西阶下。奚康生乘着酒势，正要发号施令，被元乂逮捕，锁拿于门下。光禄勋贾粲欺骗太后说："侍官们惊恐不安，陛下应该亲自去安慰。"太后信了，刚刚下殿，贾粲即刻搀扶皇帝从东侧走廊走到显阳殿，把太后关在宣光殿。当晚，元乂不出宫，令侍中、黄门、仆射、尚书等十余人到奚康生处审讯他，处奚康生斩刑、奚难当绞刑。元乂与侯刚一起在宫内，矫诏判决说："奚康生批准斩首，奚难当免死，流放。"奚难当哭着与父亲诀别，奚康生慷慨不悲，说："我不是造反而死，你哭什么？"当时天色已经昏

暗，有司驱赶奚康生到街市，斩首。尚食典御奚混与奚康生一同执刀入内，也被处以绞刑。奚难当因为是侯刚女婿，得以留在京师一百余日，后流放安州。过了一阵子，元义派行台卢同前往安州，将奚难当就地处死。

朝廷任命刘腾为司空。八坐、九卿经常在早上到刘腾家中，察言观色，然后再回到自己衙门处理公事，也有一整天都见不到他的。公私请示，只看贿赂多少。车船码头及山川特产，处处征收捐税；又剥削北方六镇，沿边境设立市场，交通贸易，一年所得利息以巨万万计。逼夺邻舍以扩大自己的住宅，远近之人，都痛苦不堪。

京兆王元继认为自己父子权位太盛，坚决请求把司徒之位让给车骑大将军、仪同三司崔光。夏，四月五日，北魏朝廷任命元继为太保，侍中如故；元继坚决推辞，不许。四月五日，任命崔光为司徒，侍中、祭酒、著作等原职不变。

9 北魏牒云具仁抵达柔然，婆罗门非常骄慢，毫无逊让避位之心，要求牒云具仁对他礼敬；牒云具仁不屈，婆罗门于是派大臣丘升头等率军二千人，跟牒云具仁一起去迎接阿那瑰。五月，牒云具仁回到怀朔镇，详细说了前后情况。阿那瑰恐惧，不敢前进，上表请求回洛阳。

10 五月十四日，北魏南荆州刺史桓叔兴率所部投降南梁。

六月一日，南梁义州刺史文僧明、边城太守田守德率所部投降北魏，二人都是蛮夷酋长。北魏任命文僧明为西豫州刺史，田守德为义州刺史。

11 癸卯（六月无此日），南梁皇宫琬琰殿发生火灾，延烧后宫三千间。

12 秋，七月一日，南梁任命大匠卿裴邃为信武将军，假节，都督众军讨伐义州，击破北魏义州刺史封寿于檀公岘，进而包围州城。封寿请降,南梁收复义州。北魏任命尚书左丞张普惠为行台,将兵救援,已经来不及。南梁任命裴邃为豫州刺史,镇守合肥。

裴邃想要袭击寿阳,秘密联络寿阳平民李瓜花等为内应。裴邃已经动员部队,约定出兵日期,担心北魏察觉,先送信给北魏扬州刺史说:"北魏之前在马头设置军事据点,现在又听说你们要重修白捺故城,如果这样,就更加逼近我方边境,我们也要在欧阳筑城,以加强边防。如今工程兵已经集结,只等候信差回来。"

北魏扬州刺史长孙稚与僚佐们商议,都说:"我们本无修筑白捺城之意,可以把实情告诉他们。"录事参军杨侃说:"白捺小城,本来就没有军事意义;裴邃喜欢狡诈阴谋,如今移动部队,恐怕有其他意图。"长孙稚大悟,说:"你可即刻给他回信。"杨侃回复说:"你移动部队,想来是别有他意,何必谎称要修筑白捺城!'他人有心,予忖度之'(引用《诗经》,他人有心,我能猜中),'勿谓秦无人也'(引用《左传》,不要以为秦国无人)。"裴邃收到信,认为北魏人已经察觉,即刻解散部队。李瓜花等因为到了约定日期没等到南梁军,为了撇清自己,相互告发,结果被诛杀的有十几家。长孙稚,是长孙观之子;杨侃,是杨播之子。

13 当初,高车王弥俄突死,他的部众全部归顺嚈哒;后来过了数年,嚈哒派弥俄突的弟弟伊匐率领这些部众回国。伊匐攻击柔然可汗婆罗门,大破柔然军,婆罗门率领十个部落到凉州,向北魏请降,柔然余众数万人相率迎接阿那瑰,阿那瑰启奏北魏主,说:"本国大乱,各部落分开居住,互相抄掠。当今国人伸长脖颈,盼望拯救,乞请依照之前的恩赐,给臣精兵一万,送臣返回北方,抚定荒民。"

北魏主下诏,命中书及门下广泛讨论,凉州刺史袁翻以为:"自从国家定都洛阳以来,蠕蠕、高车反复互相吞噬。开始是蠕蠕可汗被杀,既而又是高车王被擒。如今高车自奋于衰微之中,克雪仇耻,奈何双方都人口繁多,谁也不能将谁彻底消灭。自从二虎交斗,边境无事已经数十年了,这正是有利于中国。如今蠕蠕两代可汗相继归诚,虽然戎狄之人，和禽兽无异，终究没有纯洁坚固的节操，但是，存亡国，继绝嗣，是帝王的本职责任。如果抛弃他们，不帮助他们，则有亏我们的大德；如果接纳他们，抚养他们，又消耗我们的粮食物资；再或者，将他们全部迁徙到内地，那样他们又不愿意，也恐终为后患，出现刘渊、石勒那样的人。况且只要蠕蠕还在，高车就有内顾之忧，不敢窥视上国；如果蠕蠕全灭，则高车跋扈之势，谁知道会膨胀到哪一步！如今蠕蠕虽乱，而部落犹众，处处星罗棋布，盼望旧主归来，高车虽强，不能将他们全部征服。我认为，蠕蠕两个可汗，我们都应该支持，让阿那瑰统治东方，婆罗门统治西方，将投降的人一分为二，各有归属。阿那瑰所在东方的情形，我没有见过，不敢妄自猜度；婆罗门所在的西方，可以修筑西海故城来安置他。西海在酒泉之北，离高车所居住的金山有一千余里，是北虏往来之要冲，土地肥沃，适宜农耕。可以派一员良将，配以士兵和武器，监护婆罗门。并下令让他们屯田，以节省粮食转输之劳。其北部是大沙漠，野兽聚集，让蠕蠕射猎，彼此互相帮助，足以自固。这样，一方面可以扶持蠕蠕之微弱，另一方面也可防范高车的扩张，这是安边保塞的长远战略。如果婆罗门能收聚离散百姓，复兴他的国家，则逐渐命令他们向北迁徙，度过沙漠，成为我国外藩，高车劲敌，西北方面，可以无虑。如果他奸诈反叛，也不过是一个逃亡的贼寇，对我们也造不成什么损害！"朝议都赞同他的意见。

九月，柔然可汗俟匿伐到怀朔镇请兵，并请求迎回阿那瑰。俟匿伐，是阿那瑰的哥哥。冬，十月，录尚书事、高阳王元雍等上奏说："怀朔镇以北的吐若奚泉，原野平坦肥沃，建议将阿那瑰安置在吐若奚泉，婆罗门安置在故西海郡，令他们各自率领自己的部落，收集离散百姓。阿那瑰所居之地既在境外，应该稍加优待，婆罗门不能和他相比。在婆罗门未降之前归化的蠕蠕百姓，应该令州镇部队全部护送到怀朔镇，交给阿那瑰。"北魏主下诏听从。

14 十一月十九日，北魏侍中、车骑大将军侯刚加授仪同三司。

15 北魏因为东益州、南秦州氐人都造反，十二月十七日，任命秦州刺史、河间王元琛为行台以讨伐。元琛仗恃刘腾的势力，贪暴无所畏忌，被氐人打得大败。中尉上奏弹劾，正巧赶上大赦，仅革除官爵，不久又恢复王爵。

16 北魏任命安西将军元洪超兼尚书行台，到敦煌安置柔然婆罗门。

普通三年（公元522年）

1 春，正月七日，南梁任命尚书令袁昂为中书监，吴郡太守王暕为尚书左仆射。

2 正月十八日，北魏主元诩亲耕天子籍田。

3 北魏宋云与惠生自洛阳西行四千里，抵达赤岭，于是出北魏边境，又西行，经过两年时间，抵达乾罗国后返回。二月，回到洛阳，带回佛经一百七十部。

4 高车王伊匐遣使到北魏朝贡。夏，四月十九日，北魏任命伊匐为镇西将军、西海郡公、高车王。过了很久，伊匐与柔然交战，战败，他的弟弟越居杀伊匐，自立为王。

5 五月一日，日全食。

6 五月二日，南梁大赦。

7 冬，十一月六日，南梁领军将军、始兴忠武王萧憺去世。

8 十一月十七日，北魏主元诩祭祀圜丘。

9 当初，北魏世宗元恪认为《玄始历》的错误越来越严重，下令制定新历。至此，著作郎崔光上表，取荡寇将军张龙祥等九家所上呈的历法，经过检验得失，合并为一，以壬子日为新历第一日，呼应北魏的水德，命名为《正光历》。

十一月十八日，宣布开始推行《正光历》，大赦。

10 十二月二十七日，北魏任命车骑大将军、尚书右仆射元钦为仪同三司，太保、京兆王元继为太傅，司徒崔光为太保。

萧正德不受北魏优待，返回梁朝

11 当初，太子萧统还未出生时，南梁皇帝萧衍收养临川王萧宏之子萧正德为子。萧正德自幼凶险狡诈，萧衍即位之后，萧正德希望自己能成为东宫太子。等到太子萧统出生，萧正德回到自己本家，赐爵为西丰侯。萧正德怏怏不满意，常常心怀异谋。这一年，萧正德从黄门侍郎擢升为轻车将军，不久，逃亡投奔北魏，自称是废太子避祸而来。北魏尚书左仆射萧宝寅上表说："岂有伯父为天子，父亲为扬州刺史，却抛弃他的亲人，远投他国！不如杀了他。"由此北魏人对他很冷淡。萧正德于是杀了一个小男孩，声称是自己的儿子，远远地营建墓地；北魏人没有起疑，第二年，萧正德又从北魏逃回。皇帝萧衍哭泣教诲他，恢复他的封爵。

12 柔然阿那瑰请求给他们粟米做种子，北魏给了他一万石。婆罗门率领部落背叛北魏，逃亡回归哒哒。北魏任命平西府长史、代人费穆兼尚书右丞、西北道行台，将兵讨伐，柔然遁去。费穆对诸将说："戎狄之性，见敌即走，乘虚复出，如果不杀破他们的胆，恐怕终将搞得我们疲于奔命。"于是简选精骑，在山谷中埋伏，以步兵中羸弱者为外营，柔然果然前来偷袭；北魏军奋击，大破柔然军。婆罗门为凉州军所擒，押送洛阳。

普通四年（公元523年）

1 春，正月四日，南梁皇帝萧衍在南郊祭天，大赦。

正月十九日，在明堂祭祀。

二月十八日，亲耕籍田。

2 柔然发生大饥荒，阿那瑰率领部众进入北魏，上表请求赈济。

二月二十二日，北魏任命尚书左丞元孚为行台尚书，持节抚慰晓谕柔然。元孚，是元谭的孙子。临行，上表陈述战略，认为："蠕蠕长久以来都很强大，当年我们首都在代京时，常常对他们保持高度戒备。今天天佑大魏，让他们自己乱亡，稽首请服。朝廷收容他们散亡的民众，礼送他们返国，正应该在此时仔细思考长远的战略。当年汉宣帝的时候，呼韩邪单于前来朝见，汉朝派董忠、韩昌率领边郡兵马将他送出朔方，然后乘势留下驻军协防。而且，汉光武帝时，也派中郎将段彬设置安集掾史，追随单于所在，监视动静。如今应该大略依照历史先例，借给他空闲的土地，允许他们耕田放牧，粗略设置官属，以示慰抚。同时，边防部队严密戒备，随时侦察，使柔然与我们亲近却不至于欺骗我们，与我们疏远也无力反叛，这是最好的战略。"北魏人不听。

柔然俟匿伐到北魏朝见。

3 三月，北魏司空刘腾去世。宦官中当刘腾养子服三年之丧的有四十余人，穿丧服送葬的数以百计，朝廷权贵送葬者塞路满野。

4 夏，四月，北魏元孚持白虎幡（有白虎图像的旗，用作传布朝廷政令或军令）慰劳阿那瑰于柔玄、怀荒二镇之间。阿那瑰部众号称三十万，心怀异志，于是拘留元孚，软禁在一辆辒车（可以卧息、四面有帷帐的车辆）上，每次集合部众，就让元孚坐在东厢，称他为朝廷派驻的行台，对他礼敬有加。然后引兵而南，所过之处，一路抢掠，到了平城，才放元孚回去。有司上奏，弹劾元孚有辱使命，处以相当的罪刑。

四月二十八日，北魏派尚书令李崇、左仆射元纂率骑兵十万攻击柔然。阿那瑰接到消息，驱赶良民二千、公私马牛羊数十万向北逃遁，李崇追了三千余里，没有追上，还师。

元纂另派铠曹参军于谨率骑兵二千人追击柔然，追到郁对原，前后十七战，屡战屡胜。于谨，是于忠的族曾孙，性格深沉，有见识和度量，涉猎经史。少年时，摒绝人事，居住在乡间，不求仕进，有人劝他做官，于谨说："州郡之职，从前的人看不起；朝廷高位，须等待时机到来。"元纂听到他的名声，延聘他到幕府。后来率轻骑出塞侦察，铁勒部落数千骑兵突然掩至，于谨认为寡不敌众，如果撤退，必定被追上，于是令所有骑兵散开，藏匿在丛林野草之间，又派人登上山岗，做出左右指挥，部署战斗的模样。铁勒望见，虽然怀疑有伏兵，但仗恃自己人多，进军逼近于谨。于谨平常所乘的骏马，一匹紫色，一匹黑嘴黄色，铁勒人都认识，于是派两人各乘一马，突阵而出，铁勒以为是于谨，争相追逐；于谨率其他骑兵攻击铁勒追骑，铁勒于是退走，于谨得以平安入塞。

李崇的长史、巨鹿人魏兰根劝谏李崇说："以前沿着边境设置各镇，地广人稀，于是征发中原强宗子弟，或国家肺腑之族，寄望他们为帝国之爪牙。但若干年后，有司称他们为'府户'，当作厮养的差役，不能跟高贵门第通婚，以致被排挤出世家系统，而他们在内地的本族子弟，却居于荣华显贵的地位，彼此对照，理当愤怨。现在应该改镇立州，分置郡县，凡是府户，一律恢复为平民，依照过去的规矩，依次选拔做官，文武兼用，恩威并施。如果这样，国家就没有北顾之忧了。"李崇把他的建议奏报朝廷，事情却被搁置，没有回复。

【华杉讲透】

宰相起于州郡，猛士起于卒伍

于谨说以前的人看不起州郡之职，是指在《后汉书·梁竦传》中，梁竦说：大丈夫在世，生前应当封侯，死后应当进忠烈祠享受香火。如果办不到，就在家读书，培养志趣。州郡官职，只是一场辛劳。

梁竦说这话的时候，并非在家安心养志，而是自负才高，郁郁不得志。这种好高骛远，志在必得的态度，并不可取，他的命运，也不太好。人能得到什么，是由命运决定，不是由才干决定，自己哪有什么资格看得上或看不上，宰相起于州郡，猛士起于卒伍，岂有只能一步登天，不愿循序渐进之理？

5 当初，元乂幽禁胡太后以后，常常到北魏主元诩所居的宫殿旁值班，极尽谄媚，元诩于是宠信他。元乂出入禁中，总是令勇士手持兵器跟在自己前后，有时出宫到千秋门外休息，都围上木栏拒马，让心腹之人防守，以防备被人突袭，求见他的士民，只能远远喊话而已。在他刚开始执政之时，矫情自饰，谦虚勤勉，时事得失，颇为关怀。既得志之后，开始骄傲刚愎，嗜酒好色，贪吝宝贿，夺取和赏赐都随心所欲，以致纲纪坏乱。

元乂的父亲、京兆王元继尤其贪婪放纵，与他的妻子各自收受贿赂，然后向有司请托办事，没人敢违背他。于是导致郡县小吏也不能公选，州牧、郡守、县令、县长全是贪官。由此百姓困穷，人人思乱。

武卫将军于景，是于忠的弟弟，密谋废黜元乂，元乂先发制人，把他贬黜为怀荒镇将。后来柔然入寇，镇民请求赈济粮食，于景不肯给，镇民不胜其忿，于是造反，抓住于景，杀了他。不久，沃野镇民破六韩拔陵聚众造反，杀死镇将，改年号为真王，诸镇汉人、夷人纷纷响应。破六韩拔陵引兵南侵，派别帅卫可孤包围武川镇，又攻打怀朔镇。尖山人贺拔度拔和他的三个儿子贺拔允、贺拔胜、贺拔岳都勇敢而有才能，怀朔镇将杨钧擢升贺拔度拔为统军、三个儿子为军主，以抵御卫可孤。

6 北魏景明年初，世宗元恪命宦官白整为高祖元宏及文昭高后开凿两个佛龛于龙门山，都高百尺。永平年中，刘腾又为世宗开凿一龛，至此前后二十四年，一共动用民工十八万二千人，还未完成。

7 秋二十七日，北魏朝廷下诏："凡是现任朝官，依照法令，在七十岁退休的，可以发一半俸禄，直到终身。"

8 九月，北魏朝廷下诏，命侍中、太尉、汝南王元悦入居门下省，与丞相、高阳王元雍参决尚书奏事。

9 冬，十月十七日，任命中书监、中卫将军袁昂为尚书令，并以中卫将军名号开府仪同三司。

北魏崔光去世

10 北魏平恩文宣公崔光病重，北魏主元诩亲自前往探视，拜他的儿子崔励为齐州刺史，并为他撤去音乐，取消游玩。十一月十五日，崔光去世，皇帝亲临吊丧，恸哭，为之减少膳食。

崔光宽和乐善，终日怡然自得，从不生气。于忠、元乂掌权用事，因为崔光是前辈，对他都很尊敬，政事也多向他咨询决策，但是，他却不能救裴植、郭祚及清河王元怿，时人将他比作张禹、胡广（张禹事见公元110年记载，胡广事见公元172年记载，都是明哲保身之人）。

崔光临死，举荐都官尚书贾思伯为侍讲。皇帝元诩跟从贾思伯学习《春秋》，贾思伯虽然显贵，但倾身下士。有人问贾思伯说："您是怎么能做到不骄傲的呢？"贾思伯说："衰败来临时就会骄傲，这怎么是常有的事呢！"当时传为雅谈。

11 十一月一日,日食。

12 十一月二十二日,南梁尚书左仆射王暕去世。

13 南梁最初只有扬州、荆州、郢州、江州、湘州、梁州、益州七州用钱,交州、广州用金银,其余各州杂以谷米、布帛为交易媒介。皇帝萧衍于是铸五铢钱,钱的形状完好,钱孔、钱边及四周凸起全都完备。又另铸一种没有周边凸起的,称为"女钱"。民间私用古钱交易,不能禁止,于是朝议废除铜钱。十二月六日,开始铸铁钱。

14 北魏任命汝南王元悦为太保。

卷第一百五十　梁纪六

（公元524年—525年，共2年）

高祖武皇帝六

普通五年（公元524年）

1 春，正月二十日，北魏主元诩到南郊祭天。

2 三月，北魏任命临淮王元彧为都督北讨诸军事，讨伐破六韩拔陵。

夏，四月，高平镇平民赫连恩等造反，推举敕勒酋长胡琛为高平王，攻打高平镇，以响应破六韩拔陵。北魏将领卢祖迁击破叛军，胡琛向北逃走。

怀朔镇被破六韩拔陵部将卫可孤围攻已经超过一年，而外援不至，镇将杨钧派贺拔胜找临淮王元彧告急。贺拔胜招募敢死少年骑兵十余人，夜里伺机突围而出，贼军骑兵追上他，贺拔胜说："我是贺拔破胡。"贼兵不敢进逼。贺拔胜到云中见到元彧，对他说："怀朔被围，随时都可能沦陷，大王如今按兵不动；怀朔如果沦陷，则武川危急，贼兵锐气百倍，那时候，就算是张良、陈平复出，也不能为大王设计了。"元彧许诺出师，贺拔胜回来，又突围入城。杨钧再派贺拔胜出城观察武川形势，发现武川已经陷落。贺拔胜驰还，怀朔也崩溃，贺拔胜父子都被卫可孤俘虏。

五月，临淮王元彧与破六韩拔陵战于五原，兵败，元彧被削除官爵。安北将军、陇西人李叔仁又败于白道，贼军气势更盛。北魏主元诩引见丞相、令、仆、尚书、侍中、黄门于显阳殿，问道："如今敌寇在恒州、朔州连成一片，逼近金陵（迁都后留在北方的皇家陵园），怎么办？"吏部尚书元修义建议派重臣督军镇守恒州、朔州，以抵御贼寇。元诩说："去年阿那瑰叛乱，派李崇北征，李崇上表请求改镇为州，朕认为旧有的制度，不便革新，没有批准。没想到李崇的这份奏章，却煽起镇户不安分的心理，以致有今日之患。不过，过去的事，无法挽救，我只是再提起罢了。李崇是皇亲国戚，又有重望，器识英敏，我想还是派李崇去，如何？"仆射萧宝寅等都说："如此，正是众望所归。"李崇说："臣因为六镇偏远，接近蛮夷地区，想要慰悦他们的人心，岂敢引导他们作乱！臣罪当就死，陛下赦免；如今又派臣北行，正是报恩改过之时。但是，臣年已七十，加上疲病，不堪军旅，希望另择贤才。"元诩不许。

元修义，是拓跋天赐之子。

【司马光曰】

李崇的奏章，正是销祸于未萌，制胜于无形。魏肃宗既不能用，到了乱生之日，毫无愧谢之言，反而说是李崇之罪。如此不明之君，岂能与他讨论国家大计！《诗经》说："听言则对，诵言如醉，匪用其良，覆俾我悖。（听到一些好听的话就应答，听到谏诤之言就装醉，不用金玉良言，反而使我颠沛流离。）"指的就是这种人了。

3 五月二十三日，加授李崇为使持节、开府仪同三司、北讨大都督，命抚军将军崔暹，镇军将军、广阳王元深都受李崇节度。

元深，是元嘉之子。

4 六月，南梁皇帝萧衍任命豫州刺史裴邃为督征讨诸军事，以讨伐北魏。

北魏莫折念生自立为天子

5 北魏自从破六韩拔陵起兵造反，夏州、东夏州、豳州、凉州寇盗蜂起。秦州刺史李彦，政刑残虐，下属官员和百姓都很怨愤。本月，城内薛珍等集聚党羽，突入州府大门，生擒李彦，杀了他，推举莫折大提为帅，莫折大提自称秦王。北魏朝廷派雍州刺史元志讨伐。

当初，南秦州豪强杨松柏兄弟，数次为寇盗，刺史、博陵人崔游引诱他们投降，任用为主簿，又巧言悦色，让他们去游说氐人，既而摆设宴会，将他们全部逮捕斩首，于是所部无不猜疑恐惧。崔游听闻李彦已死，自知不安，想要逃去，没有走成。城民张长命、韩祖香、孙掩等攻击崔游，杀了他，以州城响应莫折大提。

莫折大提派他的党羽卜胡袭击高平，攻克，杀死镇将赫连略、行台高元荣。莫折大提不久后去世，儿子莫折念生自称天子，设置百官，改年号为天建。

6 六月十八日，北魏大赦。

7 秋，七月六日，北魏任命吏部尚书元修义兼尚书仆射，为西道行台，率领诸将讨伐莫折念生。

8 崔暹违抗李崇节度，与破六韩拔陵战于白道，大败，单骑逃回。破六韩拔陵并力攻打李崇，李崇力战，不能抵御，引兵撤退回云中，与贼军相持。

广阳王元深上言："先朝定都平城，以北边为重，所以特别慎重地选拔亲贤，授给他们军旗，担任镇将，再给他们配以高门子弟，拼死保卫边疆，对这些人，不仅不影响他们升官晋爵的途径，反而给他们的家庭免除差役赋税，所以当时的人物，都向往到边疆服务。太和年中，仆射李冲用事，凉州人（李冲的同乡）全部免除差役；而皇帝的乡亲们，却仍然驻防边塞，除非是身犯重罪，发配边疆，否则谁也不愿意与他们为伍。镇民在本镇的工作，无非是虞候（掌管山泽）、白直（没有薪水），一生的升迁，不过军主。但是，他们的同族留在京师的，却能当上上品高官，居留于边镇的，则被排除出文官系统，所以很多人逃离家乡。为了防范他们逃亡，朝廷更加严格管理边兵制度，不许镇人浮游在外，于是少年不得从师，长者不得游宦，只能去做土匪！说起来都令人流涕！自从定都洛阳，边疆官职越发受到轻视，只有底层没有出路的庸才，才出任为镇将，这些人到任之后，学习他们的前任，专事贪赃枉法，聚敛钱财。又有全国各地奸猾小吏，因为犯罪被发配边疆，为他们筹划指挥，一切政事，全靠贿赂施行，边人无不咬牙切齿。等到阿那瑰背恩抢掠，朝廷发兵追击，十五万之众度过沙漠，没几天就撤退了。边人见到这样的军队，心中更加轻视朝廷。尚书令李崇要求改镇为州，正是先知先觉之策，而朝廷不许。高阙戍主不能驾驭下属，以致失和，被破六韩拔陵杀死，于是相率为乱，攻城略地，所过夷灭，王师屡次败北，贼党日益兴盛。这次举兵，指望将他们一举荡平；而崔暹全军覆没，一只车轮也没回来，我与李崇只能顺着去时的道路撤退，回到云中，将士军心解体，没有斗志。今日所虑，不只是西北，将来恐怕其他边镇也是如此，天下之事，很难预料！"奏书递上去，没有回复。

元诩下诏，征召崔暹回京，关押在廷尉。崔暹以女妓、田园贿赂元义，最终被判无罪。

【华杉讲透】

衰至便骄，骄至便衰

元深的奏章，把边疆战乱的前因后果都讲清楚了，后来的事态也在按他说的发展。朝廷不能解决问题发生的根源，而是继续制造更大的问题。这是一种当权者的傲慢，觉得天下人都应该对自己逆来顺受，让你干啥就干啥。正如贾思伯的那句话："衰至便骄。"将要衰亡的时候人就会变得骄傲起来。再加一句，骄至便衰，你骄傲了，也就要衰亡了。

9 七月二十九日，莫折念生派他的都督杨伯年等攻打仇鸠、河池两个军事据点，东益州刺史魏子建派将军伊祥等迎击，将杨伯年军击破，斩首一千余级。东益州本是氐王杨绍先的独立王国，将佐们认为州城居民劲勇，秦州和南秦州造反的人，都是他们氐族同类，建议先收缴他们的武器。魏子建说："城民都身经百战，抚慰他们，足以为我所用，把他们逼急了，反而成为祸患。"于是召集全部城民，抚慰晓谕他们，既而渐渐把他们的父兄子弟分别派往各郡军事据点驻防，让他们内外相顾，最终没有一个人叛变。

魏子建，是魏兰根的族兄。

10 北魏凉州幢帅于菩提等暴动，逮捕刺史宋颖，据州造反。

11 八月十二日，南梁徐州刺史成景俊攻陷北魏童城。

12 北魏员外散骑侍郎李苗上书说："如果粮少兵精，利于速战；粮多卒众，则宜持久。如今陇贼猖狂，但并无长期积蓄的实力，虽然占据两城，也没有施行德义的人心基础。他们的情势是，必须不断发动快速攻击，才有人响应归降他们；如果迟缓，则人情离心沮丧，坐待崩溃。所以，叛军的优势在速战速决，以求侥幸获胜；王师的优势在高壁深垒，自有万全之策。但是，天下和平已久，人民不熟悉军事，抢夺利益时不能相互等待，逃难时又不能互相照顾，将领没有法令，士兵缺乏训练，不思长久之计，又各有轻敌之心。如果陇东失守，元志军败散，则叛军势力增强，三辅危弱，国家的右臂就被截断了。应该下令前方大将，坚壁清野，不要出战，再另派偏将，率精兵数千人出麦积崖以袭击叛军背后，则汧阳及陇山地区，群妖自然溃散。"

北魏任命李苗为统军，与别将淳于诞同时从梁州、益州出兵。二人还未抵达，莫折念生派他的弟弟、高阳王莫折天生率军东下，直指陇山地区。八月十六日，都督元志与莫折天生战于陇口，元志兵败，抛弃部众，向东逃往岐州自保。

13 东西部敕勒都背叛北魏，归附破六韩拔陵，北魏主元诩才想起李崇及广阳王元深的话。八月十八日，下诏说："各州镇属于军方户籍，除了因犯罪而被充军的以外，全部恢复为平民。"改镇为州，以怀朔镇为朔州，原朔州改为云州。派兼黄门侍郎郦道元为大使，抚慰六镇。当时六镇已经全部叛变，郦道元没有成行。

之前，鲜卑人迁居洛阳的，多为选部所压抑，不能做官。等到六镇叛变，元乂才起用鲜卑寒门子弟传递诏书，以抚慰他们。廷尉评（廷尉属官）、代人山伟上奏北魏皇帝，称颂元乂有美德，元乂擢升山伟为尚书二千石郎。

秀荣酋长尔朱荣平定叛乱

14 秀容人乞伏莫于聚众攻打郡城，杀死太守。

八月十九日，南秀容牧羊人万于乞真造反，杀死太仆卿陆延，秀容酋长尔朱荣讨平叛军。尔朱荣，是尔朱羽健的玄孙。他的祖父尔朱代勤，曾经出去打猎，部民射虎，误中他的大腿，尔朱代勤把箭拔出，并不问是谁射的，所部无不感悦。官至肆州刺史，赐爵梁郡公，活到九十余岁。他的儿子尔朱新兴继位。尔朱新兴在位时，牲畜大量繁殖，牛羊驼马，以毛色分类，弥漫川谷，不可胜数。北魏每次出师，尔朱新兴就献上马匹及粮草物资以助军，北魏高祖元宏嘉许他。尔朱新兴年老，请求传爵给儿子尔朱荣，北魏朝廷批准。尔朱荣神机明决，御众严整。当时四方兵起，尔朱荣暗藏大志，散其畜牧资财，招合骁勇，结纳豪杰，于是侯景、司马子如、贾显度以及五原人段荣、太安人窦泰都前往依附他。

贾显度，是贾显智的哥哥。

【华杉讲透】

有德义，才能争夺天下

尔朱荣登场。前面李苗说叛军"非有素蓄，本无德义"，就是没有长期积累的实力，也没有施行德义的人心基础。这尔朱荣，就是既有"素蓄"，又有"德义"了。三代积累的势力，特别是爷爷被误伤而不问罪的故事，就是"德义"。有"德义"，就有人心。而尔朱荣的"德义"，和前面的高欢一样，就是散财。财散人聚，能散尽家财，就能争夺天下。

15 八月二十日，莫折念生派都督窦双攻打北魏盘头郡，北魏东益州刺史魏子建派将军窦念祖将窦双军击破。

16 九月一日，南梁徐州刺史成景俊攻拔北魏睢陵。

九月十一日，南梁北兖州刺史赵景悦包围北魏荆山。南梁豫州刺史裴邃率骑兵三千人袭击北魏寿阳，九月十五日夜，斩关而入，攻克外城。北魏扬州刺史长孙稚迎击，一日九战，南梁增援部队将领蔡秀成迷路，未能抵达，裴邃引兵撤退。别将攻击北魏淮阳，北魏派遣行台郦道元，都督、河间王元琛救援寿阳，安乐王元鉴救援淮阳。

元鉴，是元诠之子。

17 北魏西道行台元修义得了风疾，不能治军。九月二十五日，北魏任命尚书左仆射、齐王萧宝寅为西道行台大都督，率诸将讨伐莫折念生。

被幢帅于菩提暴动推翻的北魏凉州刺史宋颖，秘密求救于吐谷浑王伏连筹，伏连筹亲自将兵救援凉州，于菩提弃城逃走，被追击斩首。城民赵天安等再次推举宋颖为刺史。

18 北魏河间王元琛军抵达西硖石，解除涡阳城包围，收复荆山戍卫据点。南梁青州、冀州二州刺史王神念与元琛交战，被元琛击败。

冬，十月一日，南梁豫州刺史裴邃、郢州刺史元树攻打北魏建陵城，攻克；十月四日，再攻拔曲木，扫虏将军彭宝孙攻拔琅邪。

19 北魏营州城民刘安定、就德兴逮捕刺史李仲遵，据城造反。城民王恶儿斩刘安定，投降；就德兴向东逃走，自称燕王。

20 变民首领、高平王胡琛派他的部将宿勤明达入寇豳州、夏州、北华州三州，北魏派都督、北海王元颢率诸将讨伐。元颢，是元详之子。

21 十月七日，南梁扫虏将军彭宝孙攻拔北魏檀丘。

十月十四日，裴邃攻拔狄城；十月十九日，又攻拔甓城，进兵屯驻黎浆。

十月二十五日，北魏东海太守韦敬欣献出司吾城投降。南梁定远将军曹世宗攻拔曲阳；十月二十七日，攻拔秦墟，北魏守将多弃城逃走。

22 北魏朝廷派黄门侍郎卢同持节到营州慰劳，就德兴投降，之后又造反。北魏主元诩下诏，任命卢同为幽州刺史兼尚书行台，卢同屡次被就德兴击败，返回。

源子雍劝降胡人桑生成功

23 北魏朔方胡人造反，围攻夏州刺史源子雍，城中粮食吃尽，煮马皮而食，众人也无二心。源子雍想要亲自出城求粮，留他的儿子源延伯镇守统万，将佐们都说："如今四方离叛，粮尽援绝，不若父子俩一起离开。"源子雍哭泣说："我家世代蒙受国恩，就当死守此城；但无食可守，所以想要往东州，为诸君募集数月粮食，如果幸而得到，必定可以保全。"于是率领老弱残兵，前往东夏州运粮，源延伯与将佐哭泣送行。源子雍走了几天，胡帅曹阿各拔截击，源子雍被俘。源子雍秘密派人送信回城，命城中努力固守。满城忧惧，源延伯晓谕大家说："我的父亲吉凶不可知，我也是焦头烂额。但是奉命守城，责任重大，不敢以私害公。请各位了解我的心意！"于是众人感怀其义，无不奋发激励。源子雍虽然被俘，胡人仍把他当长官尊敬，源子雍为他们陈述祸福，劝曹阿各拔投降。正巧曹阿各拔去世，他的弟弟曹桑生竟率其部众跟随源子雍投降。源子雍晋见行台、北海王元颢，详细陈述诸贼可以消灭的形势，元颢拨给源子雍军队，令他为先锋。当时东夏州全境皆反，到处结寨屯聚，源子雍辗转战斗向前，九十天之中，经过数十次会战，最终平定东夏州，征收粟米运往统万，夏州及东夏州由此得以保全。

源子雍，是源怀之子。

24 北魏广阳王元深上言："如今六镇尽叛，高车二部也与叛军同谋，以此疲兵击之，必无胜理。不如选练精兵，把守恒州诸要塞，以为后图。"于是与李崇引兵回到平城。李崇对诸将说："云中是白道要冲，贼军之咽喉重地，如果此地不能保全，则并州、肆州危急。当留一人镇守，谁可以胜任？"众人推举费穆，李崇于是上奏朝廷，举荐费穆为朔州刺史。

25 贺拔度拔父子及武川人宇文肱纠合乡里豪杰，共同袭击卫可孤，杀了他；贺拔度拔不久在与铁勒的战斗中阵亡。宇文肱，是宇文逸豆归的玄孙。

李崇任用国子博士祖莹为长史；广阳王元深奏祖莹谎报杀敌首级，盗没军资，祖莹被免职，永不录用，李崇也因此被免官削爵，征召还京。元深于是统揽军政大权。

26 莫折天生进攻北魏岐州，十一月二日，攻陷，俘虏都督元志及刺史裴芬之，押送给莫折念生，斩首。莫折念生又派卜胡等入寇泾州，击败光禄大夫薛峦于平凉东。

薛峦，是薛安都的孙子。

27 十一月十日，南梁扫虏将军彭宝孙攻拔北魏东莞。

十一月十六日，南梁豫州刺史裴邃攻打寿阳之安城，十一月二十日，马头、安城都向南梁军投降。

28 高平变民军攻杀莫折念生所派大将卜胡，共同迎接本城变民首领、高平王胡琛。

29 北魏任命黄门侍郎杨昱兼侍中，持节监北海王元颢军，以救幽州，幽州包围解除。蜀贼张映龙、姜神达攻打雍州，雍州刺史元修义请求增援，一日一夜，连发九封告急文书。都督李叔仁迟疑，不出兵救援，杨昱说："长安是关中基本，如果长安不守，大军自然瓦散，我们留在此地，又有何益？"于是与李叔仁进击，斩姜神达，余党散走。

30 十二月二日，北魏荆山郡投降南梁。

31 十二月十六日，北魏任命京兆王元继为太师、大将军，都督西道诸军，讨伐莫折念生。

32 十二月二十九日，南梁武勇将军李国兴攻打北魏平靖关。十二月二十五日,信威长史杨乾攻打北魏武阳关;二十六日,攻岘关,都攻克。李国兴进兵包围郢州,北魏郢州刺史裴询与蛮夷酋长、西郢州刺史田朴特,互相支援拒战。围城近百日,北魏援军抵达,李国兴撤退。

裴询,是裴骏的孙子。

33 北魏汾州诸胡人造反;朝廷任命章武王元融为大都督,将兵前去讨伐。

34 北魏魏子建招谕南秦诸氐人,逐渐降附,于是收复六个郡、十二个戍防据点,斩贼帅韩祖香。北魏任命魏子建为兼尚书,行台、刺史原职如故,梁州、巴州、益州、东益州、秦州、南秦州都受他节度。

35 莫折念生遣兵攻打凉州,城民赵天安囚禁刺史,响应莫折念生。

36 本年,南梁侍中、太子詹事周舍犯事,被免职,散骑常侍、钱唐人朱异接替他,朝廷机密,军旅谋议,方镇大员任命,朝仪诏敕,都由他负责。朱异喜好文章的义理,多才多艺,精力旺盛,所以皇帝萧衍任用他。

普通六年(公元525年)

1 春,正月一日,南梁雍州刺史、晋安王萧纲派安北长史柳浑击破北魏南乡郡;司马董当门击破北魏晋城,正月五日,又击破马圈、彫阳二城。

2 正月六日,南梁皇帝萧衍在南郊祭天,大赦。

元法僧自立为帝，改年号为天启

3 北魏徐州刺史元法僧，一向依附元义，见元义骄傲恣肆，担心将来闯下大祸，祸及自己，于是谋反。北魏派中书舍人张文伯到彭城，元法僧对他说："我想要与你一起去危就安，你能跟从我吗？"张文伯说："我宁愿死去以见孝文皇帝（元宏）陵墓上的松柏，也不丢弃忠义而从叛逆！"元法僧杀了他。

正月十五日，元法僧又杀了行台高谅，称帝，改年号为天启，立诸子为王。北魏发兵攻击，元法僧于是派他的儿子元景仲到南梁投降。

安东长史元显和，是元丽之子，举兵与元法僧交战，被元法僧生擒。元法僧拉着他的手，命他一起坐下，元显和不肯，说："我与你都出自皇家，一朝以地外叛，不怕你的丑行记入史书吗！"元法僧仍想抚慰晓谕他，元显和说："我宁死为忠鬼，不能生为叛臣！"于是元法僧把他杀了。

南梁皇帝萧衍派散骑常侍朱异作为使者去见元法僧，任命宣城太守元略为大都督，与将军、义兴人陈庆之、胡龙牙、成景俊等将兵接应。

4 莫折天生驻军于黑水，兵势甚盛。北魏任命岐州刺史崔延伯为征西将军、西道都督，率军五万讨伐。崔延伯与行台萧宝寅驻军于马嵬。崔延伯一向骁勇，萧宝寅催促他出战，崔延伯说："明天早上为您测试一下贼军的勇怯。"于是选精兵数千西渡黑水，列阵向莫折天生大营前进。萧宝寅驻军于黑水东岸，遥为后援。崔延伯直抵莫折天生营下，耀武扬威，然后慢慢引兵撤退。莫折天生见崔延伯人少，大开营门，争相追击，兵力多于崔延伯十倍，将崔延伯部压逼到河边，萧宝寅望之失色。崔延伯亲自殿后，不与敌军交战，让部众先渡河，部伍严整，莫折天生兵不敢进击。一会儿工夫，渡河完毕，崔延伯才慢慢渡过，莫折天生的部众也撤回。萧宝寅喜道："崔君之勇，关、张不如。"崔延伯说："此贼不是老奴的对手，明公只需安坐，观看老奴击破他们。"

正月十八日，崔延伯勒兵出击，萧宝寅举军继其后。莫折天生全军迎战，崔延伯身先士卒，攻破敌军前锋，将士尽锐竞进，大破莫折天生，俘虏斩首十余万人，一路追奔至小陇，岐州、雍州及陇东全部平定。将士们稽留抢掠，莫折天生于是阻塞陇道，由此诸军不能前进。萧宝寅攻破宛川，俘虏百姓为奴婢，以美女十人赏给岐州刺史魏兰根，魏兰根推辞说："此县夹在强寇之中，不能自立，所以附从，以免于死亡。官军来了，应该怜悯抚慰他们，为何助贼为虐，强迫他们从事贱役呢！"于是全部为她们找到父兄，放她们回家。

5 正月二十四日，南梁豫州刺史裴邃攻拔北魏新蔡郡，皇帝萧衍下诏，命侍中、领军将军、西昌侯萧渊藻率军为前锋，南兖州刺史、豫章王萧综与诸将继进。正月二十八日，裴邃攻拔郑城，汝水、颍水一带，百姓都响应南梁军。

北魏河间王元琛等一向忌惮裴邃威名，驻军于城父，几个月都不敢前进，北魏朝廷派廷尉少卿崔孝芬持节、携带斋库刀（相当于尚方宝剑）前来督战。

崔孝芬，是崔挺之子。

元琛到了寿阳，想要出兵决战。长孙稚认为大雨连绵已久，不可出击；元琛不听，引兵五万出城攻击裴邃。裴邃布下四个阵地，派直阁将军李祖怜先挑战而后假装撤退；长孙稚、元琛全军追击，裴邃四阵竞发，北魏军大败，被斩首一万余级。元琛退走入城，长孙稚勒兵殿后，于是闭门自固，不敢复出。

北魏安乐王元鉴将兵讨伐元法僧，攻击元略于彭城南。元略大败，与数十名骑兵逃走入城。元鉴不设防备，元法僧出击，大破元鉴军，元鉴单骑奔归。

南梁将军王希聘攻拔北魏南阳平郡，抓获太守薛昙尚。薛昙尚，是薛虎子之子。

正月二十九日，南梁任命元法僧为司空，封始安郡公。

北魏任命安丰王元延明为东道行台，临淮王元彧为都督，率兵攻打彭城。

6 北魏任命京兆王元继为太尉。

二月二十日，南梁北兖州刺史赵景悦攻拔北魏龙亢。

元乂辞去领军之职

7 当初，北魏刘腾（幽禁胡太后的政变主谋）去世之后，太后及北魏主元诩左右的防卫逐渐松懈。元乂也放松警惕，经常出游于外，流连不返，他的左右亲信进谏，元乂不听。胡太后暗中了解这种情况。去年秋天，胡太后对皇帝元诩及群臣说："如今隔绝我母子，不许往来，还要我做什么！我要出家，修道于嵩山闲居寺。"然后作势要剪下自己的头发。皇帝及群臣叩头泣涕，殷勤苦请，太后声色更加凄厉。皇帝于是住宿在嘉福殿，一连数日，与太后密谋废黜元乂。但是皇帝故意隐藏自己的态度，暗中把太后有忿恚，想要往来显阳殿的话，都告诉元乂；又对元乂流涕，说太后要出家，自己为之感到忧怖，一天之内有三四次之多。元乂完全不怀疑，劝皇帝顺从太后所欲。于是太后数次到显阳殿，二宫之间再无禁碍。元乂举荐元法僧为徐州刺史，而元法僧叛变，太后多次提起此事，元乂深为愧疚后悔。丞相、高阳王元雍，虽然地位在元乂之上，却深为畏惧忌惮元乂。正巧太后与皇帝在洛水游览，元雍邀请二宫到他家里。夜晚，皇帝与太后进到元雍内室，随从者都不得进入，于是一起定下铲除元乂之计。之后，太后对元乂说："元郎如果忠于朝廷，并无反心，何不辞去领军将军职务，仍保留其他官职辅政！"元乂很害怕，脱下帽子，请求辞去领军将军职务。于是朝廷任命元乂为骠骑大将军、开府仪同三司、尚书令、侍中、领左右。

8 二月二十三日，北魏大赦。

9 二月二十七日，莫折念生派都督杨鲊等攻打仇池郡，北魏行台魏子建击破叛军。

10 三月五日，南梁皇帝萧衍抵达白下城，步行视察六军军营。

三月二十一日，命豫章王萧综暂时驻防彭城，总督众军，并摄理徐州府事。三月二十五日，任命元法僧之子元景隆为衡州刺史，元景仲为广州刺史。萧衍召元法僧及元略回建康，元法僧驱赶彭城吏民一万余人南渡。元法僧到了建康，萧衍对他宠待甚厚；元略厌恶他的为人，与他说话，脸上从未露出笑容。

11 北魏朝廷下诏，命京兆王元继班师。（元继之前率军讨伐莫折念生，现在把他从战场上召回，这是准备对他的儿子元义下手的信号。）

12 南梁北凉州刺史锡休儒等自魏兴入侵北魏梁州，攻打直城。北魏梁州刺史傅竖眼派他的儿子傅敬绍迎击，锡休儒等败还。

13 柔然王阿那瑰为北魏讨伐破六韩拔陵，北魏派牒云具仁携带各种礼物前往劳军。阿那瑰勒众十万，自武川西向沃野，屡次击破破六韩拔陵。夏，四月，北魏主元诩再派中书舍人冯俊慰劳赏赐阿那瑰。阿那瑰部落越发强盛，自称敕连头兵豆伐可汗。

胡太后临朝称制，赐死元义

14 北魏元义虽然被解除兵权，但仍然总管内外朝政，完全意识不到自己将要被废黜。胡太后也犹豫未决，侍中穆绍劝太后快速除去他。穆绍，是穆亮之子。潘嫔有宠于北魏主元诩，宦官张景嵩对她说："元义想要害你。"潘嫔哭诉于元诩说："元义不仅要杀妾，还将不利于陛下。"元诩相信了，趁着元义出宫在外住宿之际，解除元义侍中职务。第二天，元义将入宫，门卫不让他进。

四月十七日，胡太后再次临朝摄政，下诏追削刘腾官爵，将元义除名为平民。

清河国郎中令韩子熙上书为清河王元怿讼冤，乞请诛杀元乂等，说："当年赵高掌握秦国权柄，令关东鼎沸；如今元乂专权于魏国，使四方云扰。叛逆之端开启于宋维，而终于铸成大祸的，是刘腾，应该砍下他们的人头，摧毁他们的家宅，敲碎他们的骸骨，屠灭他们的全族，以明其罪。"太后命发掘刘腾之墓，抛散其骨，籍没家产，杀死他的全部养子。

北魏任命韩子熙为中书舍人。韩子熙，是韩麒麟的孙子。

当初，宋维的父亲宋弁常说："宋维性格疏略凶险，必败吾家！"李崇、郭祚、游肇也说："宋维凶疏，终将倾覆宋氏。如果只是自己被杀，已是万幸！"宋维阿附元乂，破格擢升至洛州刺史，至此被除名，不久就被赐死。

元乂被解除领军将军职务之后，太后认为元乂的党羽势力还很强，不能仓促下手，于是任命侯刚替代元乂为领军，以安其心。不久，再外放侯刚为冀州刺史，加授仪同三司。侯刚还未到任，又被废黜为征虏将军，在家逝世。

太后想要杀贾粲，因为元乂党羽众多，恐怕惊动内外，于是外放贾粲为济州刺史，不久派人追上杀死，没收其全部家产。唯独因为元乂是自己妹夫，还未忍心下手诛杀。

之前，给事黄门侍郎元顺因为刚直，忤逆元乂，外放为齐州刺史；太后将他征还，任命为侍中。某天他侍坐于太后，元乂的妻子在太后身侧，元顺指着她说："陛下为何因为妹妹的缘故，而不正元乂之罪，使天下不得伸其冤愤！"太后哑口无言。元顺，是元澄之子。

某天，太后从容对侍臣说："刘腾、元乂当年曾向我索取免死铁券，希望得以不死，幸亏我没有给。"韩子熙说："事关生杀，跟铁券有什么关系！况且陛下之前不给，今天为什么又不杀呢！"太后怅然。

不久，有人告元乂及弟弟元瓜密谋引诱六镇降户在定州造反，又招引鲁阳诸蛮侵扰伊阙，元乂为内应。查获元乂手书，太后仍然不忍心杀他。群臣固执不已，北魏主元诩也催促，太后才听从，将元乂及弟弟元瓜赐死于家，仍追赠元乂为骠骑大将军、仪同三司、尚书令。江阳王元继废黜于家，病逝。前幽州刺史卢同被控为元乂党羽，除名。

【华杉讲透】

权力之下，亲情完全靠不住

元乂和太后有亲情，太后也确实对他有爱护，这种亲情和爱护，让他放松了警惕，交出了权杖。而这权杖一到了太后手里，她就重新临朝执政，剪除了元乂党羽。她仍然想要保护元乂这个妹夫，但是其他人不允许，她也就听从大家的意见了。在人吃人的宫廷，亲情完全靠不住。太后不知道，她现在不忍心杀妹夫，接下来为了权力，她会杀掉自己的亲生儿子。我们不能理解这样的事情，可能只是因为我们没有尝到过权力的滋味。那是"魔戒"。

胡太后每天打扮得花枝招展，经常出宫游幸，元顺当面进谏说："按《礼》，妇人丈夫死了，自称为未亡人，头上不戴珠玉，衣服不用刺绣。陛下母临天下，年近不惑之年，修饰过甚，何以为后世表率！"太后羞惭还宫，召见元顺，责备他说："千里迢迢把你征召回朝，难道就为了让你当众羞辱我吗？"元顺说："陛下不畏天下之笑，而耻于臣之一言吗？"

元顺与穆绍一同值班，元顺喝醉了，走进穆绍卧室，穆绍拥被而起，正色责备元顺说："我身为侍中二十年，与你的父亲几度同事，就算你现在受重用，岂能如此唐突！"于是辞职回家，太后下诏安慰，很久才回到原职。

当初，郑羲哥哥的孙子郑俨为司徒胡国珍的行参军，秘密成为胡太后的情夫，外人都不知道。萧宝夤西讨，任命郑俨为开府属官。胡太后再摄政，郑俨请求做使者还朝，太后留下他，拜为谏议大夫、中书舍人，兼领尝食典御（负责御膳的烹制及进奉，在皇帝和太后进食前要先尝），昼夜住在禁中；每次休假回家，太后都派宦官跟随，郑俨见到妻子，只能说两句家事而已。

中书舍人、乐安人徐纥，略有文学修养，之前因谄事赵修，被连坐流放枹罕。后来回来，任中书舍人，又谄事清河王元怿。元怿死，他被外放为雁门太守。回到洛阳，谄事元义。元义败，太后因为徐纥是元怿所亲厚的人，又召他为中书舍人，徐纥又谄事郑俨。郑俨因为徐纥有智谋，依靠他为谋主。徐纥因为郑俨有内宠，倾身承接，共相表里，势倾内外，号为"徐郑"。郑俨一路升迁到中书令、车骑将军。徐纥升迁到给事黄门侍郎，仍兼领舍人，总摄中书、门下之事，军国诏令都由他经手。徐纥有机辩强力，终日治事，略无休息，不以为劳。有时有紧急诏令，徐纥就令数吏执笔，自己来回踱步，或干脆躺下，口述文稿，文吏们分别书写，一时之间，全部完成，不失事理。但是，他没有治理国家的大政方针，专好一些小技巧，见人装出恭谨的模样，远近之人，都趋近依附他。

给事黄门侍郎袁翻、李神轨都兼领中书舍人，为太后所信任，当时有人说李神轨也是太后情夫，众人无法证实。李神轨向散骑常侍卢义僖请求联姻，卢义僖不许。黄门侍郎王诵对卢义僖说："从前的人，不会为了一个女儿，而牺牲所有儿子，你难道要这样吗？"卢义僖说："我之所以不从，正是为此。如果从了，恐怕祸事不仅很大，而且来得很快！"王诵于是紧握卢义僖的手说："我闻有命，不敢以告人（引用《诗经》，我听说上天有命，不敢泄露）。"卢义僖的女儿后来嫁给其他家族。临婚前夕，太后派宦官宣敕，下令停止，内外惶怖，卢义僖怡然自若。

李神轨，是李崇之子；卢义僖，是卢度世的孙子。

北魏崔延伯战死，朝廷内外恐慌

15 北魏变民首领、高平王胡琛占据高平，派他的大将万俟丑奴、宿勤明达等入寇北魏泾州，北魏将军卢祖迁、伊瓮生讨伐，不能战胜。萧宝寅、崔延伯既击破莫折天生，引兵与卢祖迁等会师于安定，甲卒十二万,铁马八千,军威甚盛。万俟丑奴驻军于安定西北七里,不时以轻骑挑战,但是不等大兵接触,就反身退走。崔延伯仗恃其勇,又刚刚立了战功,于是自告奋勇为先锋出击。他命人特别制造大盾牌,内装架柱,让壮士套在身上前进,组成一个移动城堡,称为"排城",把辎重放在排城中,战士在外,从安定北沿着平原北上。将战,贼军有数百骑兵诈持文书,说是要投降的名册,并乞求缓师。萧宝寅、崔延伯还没来得及阅视,宿勤明达引兵从东北方杀到,谎称要投降的贼兵则从西方冲下来,腹背夹击。崔延伯上马奋击,一路逼近到贼军大营。贼军都是轻骑,而崔延伯军夹杂步兵,战久疲乏,贼军乘间得以突入排城;崔延伯于是大败,死伤近二万人,萧宝寅收众退保安定。

崔延伯自耻其败,于是修缮甲兵,招募骁勇,再次从安定西进,离贼军七里结营。四月十八日,他不告诉萧宝寅,独自出击袭贼,大破贼军,一会儿工夫,踏平几个营区。贼军见魏军士兵抢掠散乱,又回军反击,北魏兵大败,崔延伯被流矢射中阵亡,士卒死者一万余人。当时大寇未平,又失骁将,朝野为之忧恐。于是贼势愈盛,而从外地回京的臣子,当太后问他们情况,他们都说贼弱,以求悦媚,由是将帅请求增兵的,往往不给。

16 五月,南梁夷陵烈侯裴邃去世。裴邃深沉有思略,为政宽明,将吏们对他又爱又怕。

五月八日,南梁任命中护军夏侯亶督寿阳诸军事,前往前线,接替裴邃。

17 南梁益州刺史、临汝侯萧渊猷派他的部将樊文炽、萧世澄等,将兵包围北魏益州长史和安于小剑,北魏益州刺史邴虬派统军、河南人胡小虎及崔珍宝将兵救援。樊文炽袭破其军营,生擒二人,命胡小虎到城下游说和安,令他早降。胡小虎远远对和安说:"我因为营栅有失防备,为贼所擒,观察他们的兵力,实在是不值一提。你努力坚守,魏子建、傅竖眼援兵已至。"话还未说完,南梁军士便用刀砍杀了他。

北魏西南道军司淳于诞引兵救援小剑，樊文炽置栅栏于龙须山上，以防守归路。五月二十四日，淳于诞秘密招募壮士，夜里登山烧毁栅栏，南梁军望见归路断绝，都震惊恐惧。淳于诞乘势出击，樊文炽大败，仅逃得一命。萧世澄等将吏十一人被俘，伤亡数以万计。魏子建以萧世澄交换胡小虎的尸体，使其得以安葬。

18 北魏魏昌武康伯李崇去世。

萧综自认为东昏侯之子，投奔北魏

19 当初，南梁皇帝萧衍接收了南齐东昏侯萧宝卷的宠姬吴淑媛，七个月之后生下豫章王萧综，宫中人多怀疑萧综是萧宝卷的儿子。后来吴淑媛不再受宠，心怀怨望，秘密对萧综说："你是七个月就生下的儿子，怎么能与其他皇子相比！不过，你是太子的二弟，幸而能保全富贵，不要泄露这个秘密！"与萧综相抱而泣。

萧综于是开始怀疑自己的身世，白天谈笑如常，晚上则独处静室，关门闭户，披头散发，睡在草席上，秘密在另一个房间祭祀齐氏七庙，又微服到曲阿祭拜齐太宗萧鸾陵墓。萧综听闻民间传说，把血滴在枯骨上，如果立即渗入，就是父子血缘关系，于是秘密挖开东昏侯坟墓，并杀死自己的一个儿子来做试验，果然渗入。由此常怀异志，等待时机。萧综有勇力，能徒手制服奔马；又轻财好士，只留下身上穿的旧衣服，其他都分散施舍给他人，所以总是搞得自己很贫乏。屡次上书陈述军国战略，请求到边疆任职，皇帝没有批准。萧综又在室内地面铺上沙石，终日光脚行走，足下生茧，能日行三百里。亲王、侯爵、嫔妃、公主及外人，个个都知道他的心志，但是皇帝性情严酷，大家都不敢跟他说。萧综又派出使者去找萧宝寅，称他为叔父。萧综担任南兖州刺史，不见宾客，处理诉讼都隔一道帘子听取，出门在车前挂一道帷帐遮挡，不愿别人看到他的面目。

后来，萧综驻防彭城，北魏安丰王元延明、临淮王元彧将兵二万进逼彭城，胜负久未决。皇帝萧衍害怕萧综战败牺牲，下诏命他引军撤回。萧综担心南归之后没有机会再到北边，于是秘密派人向元彧请求投降。北魏人都不信，元彧招募人到萧综军中验其虚实，没人敢去。殿中侍御史、济阴人鹿忿为元彧监军，自告奋勇请行，说："如果萧综有诚心，就与他盟约；如果他是欺诈，牺牲我一个又有什么可惜！"

当时两敌相对，内外严固，鹿忿单骑间出，直奔彭城，被萧综军抓获，问他来干什么，鹿忿说："临淮王（元彧）派我来，要做一个交易。"当时元略已经南归，萧综听闻，对成景俊等说："我时常怀疑元略要叛变回北方，所以想验其虚实，故意派左右假称是元略使者，到北魏军中，让他们派人来。如令其人果然来到，可以派人诈称是元略，就说生病在房间里，把来人带到门外，叫人传话，表示歉意。"萧综又派心腹、安定人梁话去迎接鹿忿，秘密告诉他实情。

鹿忿于黄昏时分入城，先引见胡龙牙，胡龙牙说："中山王（元略）很想和您相见，所以派人去请您。"又说："安丰王（元延明）、临淮王（元彧），将少兵弱，想要收复此城，做得到吗？"鹿忿说："彭城，是魏国东方重镇，势在必得，能不能成功，在乎天意，不是人所能预测的。"胡龙牙说："是这个话。"又引见成景俊，成景俊与他相坐，说："您不是刺客吧！"鹿忿说："这次是奉命出使，还要回去复命。做刺客的事，以后再找机会。"成景俊为他摆设饮食，然后引领他到一个房间，让一个人假扮是元略的侍从，从内室出来，替元略致意说："我之前有事南下，这次派人请你来，是想听到一些家乡的事，不料晚上发病，不能相见。"鹿忿说："接到您的旨意，冒险前来，却不能见面，心中不安。"于是告辞退出。

诸将竞相问他北魏战士战马有多少，鹿忿夸耀说有劲兵数十万。诸将相互说："这是吹牛皮罢了！"鹿忿说："到时候就能验证，吹什么牛皮！"于是遣送鹿忿回去。成景俊送他到戏马台，北望城堑，对他说："险固如此，岂是魏军所能攻取！"鹿忿说："攻守在人，谈什么险固！"鹿忿回程途中，再次与梁话确定盟约。

六月七日，萧综与梁话及淮阴人苗文宠乘夜秘密出城，步行投奔元彧军营。到了第二天早上，萧综斋内诸阁门还紧闭不开，众人不知所以，这时，听见城外北魏军呼喊说："你们的豫章王昨夜已来，在我军中，你们还待在那里干什么！"城中找不到萧综，军队于是大溃。北魏人进入彭城，乘胜追击南梁兵，一路收复多座城池，直到宿豫而还。南梁将佐士卒死亡十分之七八，唯独陈庆之率所部安全撤回。

皇帝萧衍听闻，惊骇，有司上奏削除萧综王爵及封地，剔除皇族属籍，把他的儿子萧直改姓为悖氏。不到十天，萧衍又下诏恢复他的皇室身份，封萧直为永新侯。

西丰侯萧正德从北魏逃回（之前的事见公元522年记载），丝毫没有悔意，多聚亡命之徒，夜里劫道抢掠杀人，以轻车将军身份跟从萧综北伐，弃军逃还。皇帝累积他前后罪恶，免官削爵，流放临海；还未抵达，又派使者追上去赦免他。

萧综到了洛阳，晋见北魏主元诩，回到宾馆，为南齐东昏侯举哀，服丧三年。太后以下都到灵堂吊丧，赏赐礼遇十分丰厚，拜为司空，封高平郡公、丹杨王，更名为萧赞。任命苗文宠、梁话皆为光禄大夫；封鹿悉为定陶县子，任员外散骑常侍。

萧综的长史、济阳人江革，司马、范阳人祖暅之都为北魏俘虏，安丰王元延明听闻他们的才名，厚遇他们。江革自称有足疾，不下拜。元延明命祖暅之作《欹器漏刻铭》，江革唾骂祖暅之说："你蒙受国家厚恩，却为敌虏立铭，辜负朝廷！"元延明听闻，令江革作《大小寺碑》《祭彭祖文》，江革拒绝。元延明将要杖打他，江革厉色说："江革行年六十，今日得死为幸，誓不为人执笔！"元延明知道不能让他屈服，于是停止；每天给他粗粮三升，仅让他饿不死而已。

南梁皇帝萧衍密召督寿阳诸军事夏侯亶撤回，让他在合肥休整部队，等淮河大坝筑成后再前进。

20 六月十日，北魏大赦，改年号为孝昌。

21 破六韩拔陵包围北魏广阳王元深于五原，军主贺拔胜招募二百人开东门出战，斩首一百余级，贼军稍退。元深把军队开赴朔州（去年已改成云州），贺拔胜常常殿后。云州刺史费穆，招抚离散军民，四面拒敌。当时北境州镇全部陷落，只有云中一城独存。时间久了，道路阻绝，援军不至，粮食武器都用尽了，费穆弃城向南到秀容投奔尔朱荣；既而又到宫门前请罪，太后下诏原谅了他。

长流参军（掌捕捉盗贼及审理处罚的官员）于谨对广阳王元深说："如今寇盗蜂起，不易专用武力取胜。谨请让我奉大王之威命，向他们晓谕祸福，或许可以稍微离间他们。"元深批准。于谨兼通诸国语言，于是单骑到叛胡军营，见其酋长，开示恩信，于是西部铁勒酋长乜列河等率三万余户南下到元深大营投降。元深打算引兵到折敷岭迎接，于谨说："破六韩拔陵兵势甚盛，听闻乜列河等来降，必定引兵截击，如果他先占据了险要地形，我军不易取胜。不如以乜列河为诱饵，布置伏兵以待之，必可击破。"元深听从，破六韩拔陵果然引兵截击乜列河，俘虏了他的部众；北魏伏兵发动，破六韩拔陵大败，于是救出乜列河部众，还师。

柔然头兵可汗大败破六韩拔陵，斩其将孔雀等。破六韩拔陵回避柔然，南迁渡过黄河。北魏将军李叔仁因为受到拔陵威胁，求援于广阳王元深，元深率众前往增援。贼军前后归降的有二十万人，元深上疏给行台元纂，说："请求在恒州北另外设立郡县，安置降户，随宜赈济，以消除他们的反叛之心。"北魏朝廷不听，下诏命黄门侍郎杨昱负责，将投降过来的人分别送到冀州、定州、瀛州三州，由当地供应粮食。元深对元纂说："这些人必定和乞活一样，再次叛乱。"

22 秋，七月十九日，南梁大赦。

23 八月，北魏柔玄镇民杜洛周聚众在上谷造反，改年号为真王，攻陷郡县，高欢、蔡俊、尉景及段荣、安定人彭乐都跟从他。杜洛周包围北魏燕州刺史、博陵人崔秉。

九月十四日，北魏任命幽州刺史常景兼尚书为行台，与幽州都督元谭共同讨伐叛军。

常景，是常爽的孙子。

从卢龙塞到军都关，全部派兵把守险要，元谭屯驻居庸关。

24 冬，十月，吐谷浑遣兵攻打赵天安，赵天安投降，凉州再次回到北魏版图（去年，赵天安以凉州响应莫折天生）。

北魏平西将军高徽奉命出使哒哒，回程，到了枹罕。正巧河州刺史元祚去世，前刺史梁钊之子梁景进引莫折念生领兵包围州城。长史元永等推举高徽代理执掌州事，勒兵固守；梁景进也自称行使州刺史权力。高徽请兵于吐谷浑，吐谷浑救援，梁景进败走。

高徽，是高湖的孙子。

25 北魏西北战事日益扩大，而南方荆州、东荆州、西郢州蛮夷全部造反，截断三鸦路，击杀都督，一路寇掠，北至襄城。汝水有冉氏、向氏、田氏等大家族，人口繁盛，其余宗族势力，大的有一万家，小的一千家，各自称王称侯，屯据险要，道路不通。

十二月十二日，北魏主元诩下诏说："朕将亲御六师，扫荡逋秽，如今先讨荆蛮，让南疆恢复秩序。"当时群蛮引南梁将领曹义宗等包围北魏荆州，北魏都督崔暹将兵数万人救援，到了鲁阳，不敢前进。北魏再以临淮王元彧为征南大将军，将兵讨伐鲁阳蛮，司空长史辛雄为行台左丞，向东挺进叶城。另派征虏将军裴衍，恒农太守、京兆王元罴将兵一万，从武关出师，打通三鸦路，以救荆州。

裴衍等援军还没到，元彧军已经屯驻在汝上，被蛮夷攻击的各州郡争相前来求救，元彧认为他的任务是讨伐鲁阳蛮，不想分兵去救。辛雄说："如今裴衍未至，而大王士众已集，豫州蛮夷猖獗，挠乱近畿，大王手握军权在外，见到应该做的就去做，说什么本来的任务呢！"元彧担心万一战败，负不起这个责任，要求辛雄下达正式命令。辛雄认为，群蛮如果听闻北魏主将御驾亲征，心中必定震动，可乘势击破，于是以行台左丞身份，正式命令元彧军，火速出击。群蛮听闻，果然散走。

北魏主元诩想要御驾亲征讨贼，中书令袁翻谏止。辛雄自军中上疏说："凡人之所以能临阵忘身，触白刃而不惧，一是求荣名，二是贪重赏，三是畏惧刑罚，四是躲避祸难。如果没有这四条，就算是圣王出世，也不能驱使他的大臣；慈父重生，也不能激励他的儿子。圣明的君主深知这个道理，所以赏必行，罚必信，使亲、疏、贵、贱、勇、怯、贤、愚之人，只要一听到战鼓之声，见到旌旗之列，无不奋激，竞相奔赴敌场，岂是他们活腻了想要快点死吗？是利害悬于眼前，欲罢不能而已。自从秦、陇叛变，蛮夷扰乱纲常，已经数年，而扞御三方之师，败多胜少，寻找其真因，都是因为赏罚不明。陛下虽然降下明诏，说赏罚都要及时，但是将士们的战功，长期得不到奖赏，而逃亡的士兵，晏然在家，于是节烈之士得不到鼓励，庸劣之人无所忌惮；进军击贼冒死争先，而赏赐一直欠着不发，后退逃跑呢，却能保全自己，又不被治罪，这就是为什么我军会望敌奔沮，谁也不肯尽力的缘故。陛下如果能号令必信，赏罚必行，则军威必张，盗贼必息。"奏疏递上去，没有回复。

南梁将领曹义宗等攻取北魏顺阳、马圈，与裴衍等战于淅阳，曹义宗等败退。裴衍等重新收复顺阳，再进兵包围马圈。北魏洛州刺史董绍认为马圈城池坚固，裴衍等粮少，上书说他必败。不久，曹义宗攻击裴衍等，击破，再次收复顺阳。北魏任命王罴为荆州刺史。

【华杉讲透】

激励员工，要长期激励和短期激励相结合

辛雄上书，要皇帝"赏不逾时"，出自兵法《司马法》："赏不逾时，欲民速得为善之利也。罚不迁列，欲民速睹为不善之害也。"这是讲赏罚要及时，做好事的利益，让他马上得到；做坏事的惩罚，让大家马上看到。如果不能及时处理，效果就要大打折扣。"罚不迁列"，就是集合队伍，在解散之前，就完成赏罚。

激励员工，分长期激励和短期激励，一般来说要长短结合，对于高层，需要长期激励；对于基层，偏向短期激励。对于战场上的士兵，分分钟都会死亡，必须短期激励，及时激励。要赏罚，就要把每一个人的表现都观察记录得很清楚，很公平，这是个管理问题，北魏朝廷没有这份心，也没有这个能力，只能这么拖延下去。

26 南梁邵陵王萧纶摄理南徐州事，在州中喜怒无常，肆行非法。横行市里，问一个卖鳝鱼的小贩："刺史怎么样？"回答说："急躁暴虐。"萧纶怒，令他生吞鳝鱼而死。百姓惶骇，道路上遇见都不敢说话，只是递眼色示意。萧纶曾经在路上遇到一辆丧车，夺下孝子丧服，穿自己身上，匍匐号叫。签帅惧怕被南梁皇帝萧衍怪罪，秘密奏闻。皇帝开始严责，萧纶不能改，于是下诏把他免职。萧纶狂悖傲慢更加严重，找一个身材短瘦、长得像萧衍的老翁来，给他穿上皇帝衮冕，置之高座，向他朝拜，自称无罪；然后就在座位上把老翁衣服剥下，把他拖到庭中殴打。又做一副新棺材，把司马崔会意装进去，抬上丧车，唱着挽歌，给他送葬，命老妪乘车悲号。崔会意受不了，轻骑奔还京都，向皇帝报告。皇帝担心萧纶逃跑，派禁兵去逮捕他，准备在狱中赐死，太子萧统流涕固谏，萧纶才得以免死。十二月十八日，免萧纶官，削除爵位和封土。

27 北魏山胡刘蠡升造反，自称天子，设置百官。

28 当初，敕勒酋长斛律金在怀朔镇将杨钧帐下为军主，行兵多用匈奴兵法，远远望见扬起的尘土，就知道来了多少士兵，趴在地上嗅闻，就知道敌军距离远近。等到破六韩拔陵发动叛乱，斛律金带着部众投奔他，破六韩拔陵封斛律金为王。很快斛律金知道破六韩拔陵终究成不了事，于是到云州投降。带领部众，逐渐向南移动，抵达黄瓜堆，被另一变民首领杜洛周所击破，斛律金脱身归附尔朱荣，尔朱荣任命他为别将。

卷第一百五十一　梁纪七

（公元526年—527年，共2年）

高祖武皇帝七

普通七年（公元526年）

1 春，正月一日，南梁大赦。

2 正月十二日，北魏任命汝南王元悦兼领太尉。

3 北魏安州石离、穴城、斛盐三个戍防据点的士兵造反，响应杜洛周，叛兵聚集起来共有二万人。杜洛周从松岘南下与之会合。行台常景派别将崔仲哲屯军都关拦击，崔仲哲战死，元谭军夜里溃败，北魏以别将李琚替代元谭为都督。

崔仲哲，是崔秉之子。

4 当初，北魏广阳王元深与城阳王元徽的妃子私通。元徽为尚书令，为胡太后所信任；正巧恒州人请求派元深来做刺史，元徽说元深心不可测。等到杜洛周造反,在恒州的五原降户(之前元深预言他们要像乞活一样造反)密谋奉元深为盟主,元深恐惧,上书请求回洛阳。北魏朝廷任命左卫将军杨津替代元深为北道大都督,并下诏任命元深为吏部尚书。

元徽,是拓跋长寿的孙子。

五原降户鲜于修礼等率北镇流民在定州左城造反,改年号为鲁兴,引兵向州城,州兵抵御不利。杨津抵达灵丘,听闻定州危迫,引兵救援,入据州城。鲜于修礼杀到,杨津想要出击,长史许被不听,杨津挥剑要杀他,许被逃走得免。杨津开门出战,斩首数百人,贼退,人心稍安。朝廷下诏,任命杨津为定州刺史兼北道行台。

北魏任命扬州刺史长孙稚为大都督北讨诸军事,与河间王元琛共同讨伐鲜于修礼。

5 二月五日,南梁停止北伐军事行动,众军解除戒严。

6 北魏西部敕勒酋长斛律洛阳在桑干西造反,与费也头牧子相连结。三月十五日,游击将军尔朱荣在深井击破斛律洛阳,又在河西击败费也头牧子。

7 夏,四月十七日,南梁临川靖惠王萧宏去世。

8 北魏大赦。

9 四月二十五日,北魏任命侍中、车骑大将军、城阳王元徽为仪同三司。元徽与给事黄门侍郎徐纥一起在胡太后面前诋毁侍中元顺,把他外放为护军将军、太常卿。元顺在西游园向太后辞行,徐纥侍奉在侧,元顺指着他对太后说:"这就是魏国的宰嚭(陷害伍子胥,导致吴国灭亡),魏国不亡,此人不死!"徐纥耸着肩膀走开,元顺大声呵斥说:"你一点刀笔小才,最多伏案写写文件,岂能污辱门下省,败坏国家纲纪!"然后振衣而起。太后默然。

10 北魏朔州城民鲜于阿胡等据城造反。

11 杜洛周自上谷南下，抢掠蓟城，北魏常景派统军梁仲礼击破他。丁未（四月无此日），都督李琚与杜洛周战于蓟城之北，战死。常景率众对抗，杜洛周引兵撤回上谷。

12 长孙稚抵达邺城，收到朝廷诏书，解除其大都督职务，任命河间王元琛替代他。长孙稚上书说："臣之前与元琛同在淮南，元琛战败，而臣军队保全，于是有了私仇，如今难以受他节度。"朝廷不听。军队前进到呼沱河，长孙稚不愿出战，元琛不听。鲜于修礼截击长孙稚于五鹿，元琛不去救援，长孙稚军大败，长孙稚、元琛都被免除所有官爵，除去名籍。

13 五月九日，北魏主元诩下诏，准备亲征北讨，内外戒严。但最后没有出发。

14 南梁衡州刺史元略，自从到江南之后，早晚哭泣，好像家里有丧事一样。等到北魏元义死，胡太后想要召他回来，知道元略是因刁双保护才得以逃命，征召刁双为光禄大夫，释放江革、祖暅二人南返（二人被俘事见公元525年记载），以交换元略。南梁皇帝萧衍以周到的礼仪送走元略，馈赠他丰厚的礼物。元略刚刚渡过淮河，北魏就拜他为侍中，赐爵义阳王；任命司马始宾为给事中，栗法光为本县县令，刁昌为东平太守，刁双为西兖州刺史。凡是元略当年逃亡所经过的地方，接待他吃过一餐饭，或者住过一晚的，都有赏赐。

15 北魏任命丞相、高阳王元雍为大司马。又任命广阳王元深为大都督，讨伐鲜于修礼；章武王元融为左都督，裴衍为右都督，受元深节度。

元深把儿子带在身边，城阳王元徽对太后说："广阳王携其爱子，握兵在外，将有异志。"太后于是密令元融、裴衍暗中戒备。元融、裴衍把太后密令给元深看，元深惧怕，事情无论大小，都不敢自己决断。太后派人问他缘故，元深回答说："元徽对臣恨之入骨，而臣疏远在外，元徽构陷我，无所不为。自从元徽执政以来，臣所上表请求的事，多不被批准。元徽不只是害我而已，跟从我的将士，有勋劳的都被他排挤压制，不能跟其他军队相比，还被深深地嫉恨；偶尔有犯罪的将士，就用严苛的法律定罪，以至于斩首死刑，所以跟从我的人，无不悚惧。说我好的人，元徽就视之如仇敌；说我坏的人，就待之如亲戚。元徽在朝中掌事，朝夕欲置臣于死地，臣何以自安！陛下如果能派元徽到外州做官，臣没有内顾之忧，才可以安心讨贼，展其忠力。"太后不听。

元徽与中书舍人郑俨等相互阿附结党，表面上温柔恭谨，内心实际上猜忌刻薄，赏罚随心，北魏政治由此更加混乱。

16 五月十日，北魏燕州刺史崔秉率众弃城逃奔定州。

17 五月二十七日，北魏任命安西将军宗正珍孙为都督，讨伐汾州造反的胡人。

18 六月，北魏绛蜀郡陈双炽聚众造反，自号始建王。北魏任命代理镇西将军长孙稚为讨蜀都督。别将、河东人薛修义轻骑直达陈双炽营垒下，晓之以利害，陈双炽即刻投降。朝廷下诏，任命薛修义为龙门镇将。

19 六月九日，北魏改封义阳王元略为东平王，不久，又擢升他为大将军、尚书令，深受胡太后信任，地位与城阳王元徽相当，但是徐纥、郑俨掌权用事，元略也不敢违背。

20 杜洛周派都督王曹纥真等领兵抢掠蓟南。秋，七月九日，行台常景派都督于荣等击之于栗园，大破叛军，斩曹纥真及将卒三千余人。杜洛周率众向南移动到范阳，常景与于荣等再次将他击破。

21 北魏仆射元纂以行台身份镇守恒州。鲜于阿胡率朔州流民入寇恒州，七月十一日，平城陷落，元纂逃奔冀州。

22 南梁皇帝萧衍听闻淮河大坝蓄水已满，寿阳城几乎淹没，再次派郢州刺史元树等从北道进攻黎浆，豫州刺史夏侯亶等从南道攻打寿阳。

23 八月二十七日，贼帅元洪业斩鲜于修礼，向北魏请降；贼党葛荣又杀了元洪业，自立为叛军首领。

24 北魏安北将军，都督恒州、朔州讨虏诸军事尔朱荣经过肆州，肆州刺史尉庆宾猜忌畏惧，据城不出。尔朱荣怒，举兵袭击肆州，生擒尉庆宾，返回秀容。尔朱荣任命他的堂叔尔朱羽生为肆州刺史，北魏朝廷不能制止。

当初，贺拔允及其弟贺拔胜、贺拔岳跟从元纂在恒州，平城陷落，贺拔允兄弟失散，贺拔岳投奔尔朱荣，贺拔胜逃奔肆州。尔朱荣攻克肆州，得到贺拔胜，大喜说："得到你们兄弟，平定天下，不足为虑！"任命贺拔胜为别将，军中大事多与他商议。

25 九月十三日，南梁鄱阳忠烈王萧恢去世。

26 北魏变民首领葛荣兼并了鲜于修礼的部众之后，向北挺进瀛州。北魏广阳忠武王元深从交津引兵在后追踪。

九月十五日，葛荣抵达白牛逻，轻骑偷袭章武的庄武王元融，斩元融。葛荣自称天子，定国号为齐，改年号为广安。元深听闻元融兵败，停军不进。侍中元晏向太后说："广阳王盘桓不进，坐观成败，有非分之想。又有于谨,智略过人,做他的军师,在此风云动荡之际,恐怕都不是陛下之纯臣啊!"太后深以为然,下诏张榜尚书省门,悬出赏格,招募能抓到于谨的人。于谨听闻,对元深说:"如今太后当权,信用谗佞奸臣,如果她不明白殿下的忠心,恐怕大祸随时降临。请让我独自前往宫阙,到有司投案。"于是直接走到悬赏捉拿他的榜下,自称于谨;有司汇报上去。太后接见,大怒。于谨详细陈述和证明元深的忠心,并且说明停军不进的原因,太后解除怀疑,释放于谨。

元深引军撤回,前往定州,定州刺史杨津也怀疑元深有异志;元深听闻,停留在州南佛寺。过了两天,元深召都督毛谥等数人,订立盟约,期望危难之际能相互救援。毛谥更加怀疑,秘密地告诉杨津,说元深密谋不轨。杨津派毛谥讨伐元深,元深出走,毛谥一路呼喊鼓噪,追逐元深。元深与左右走小道来到博陵界内,与葛荣游骑兵相遇,便被抓去见葛荣。贼军士兵看见元深,颇有喜欢他的,葛荣新立为王,非常厌恶元深,于是杀了他。

城阳王元徽诬陷元深降贼,逮捕他的妻子儿女。元深府佐宋遊道为之诉理,元深的妻子儿女才得以释放。

宋遊道,是宋繇的玄孙。

27 甲申(九月无此日),北魏行台常景击破杜洛周,斩其手下武川王贺拔文兴等,俘虏四百人。

28 变民首领、"燕王"就德兴攻陷北魏平州,杀死刺史王买奴。

29 天水变民首领吕伯度,本来是莫折念生的党羽,后来据守显亲以抵挡莫折念生;战败之后,逃归胡琛,胡琛任命他为大都督、秦王,拨付给他战士和战马,让他攻击莫折念生。吕伯度屡次击破莫折念生军队,再次占领显亲,于是又背叛胡琛,从东边引来北魏军。莫折念生窘迫,乞降于萧宝寅,萧宝寅派行台左丞崔士和占领秦州。北魏任命吕伯度为泾州刺史,封平秦郡公。

大都督元修义停军陇口，长久都不前进。莫折念生再次造反，抓住崔士和送给胡琛，在半道上杀了崔士和。过了一段时间，吕伯度被胡琛的大将万俟丑奴所杀，贼势更加兴盛，萧宝寅不能制服。胡琛与莫折念生互相串通，对最早起兵的变民首领破六韩拔陵态度越来越怠慢，破六韩拔陵派他的臣子费律抵达高平，引诱胡琛，将他斩首。万俟丑奴兼并了胡琛的全部部众。

30 冬，十一月十一日，南梁大赦。

31 南梁丁贵嫔（太子生母）去世，太子哀恸，滴水不进。皇帝萧衍派人对他说："哀伤不能损害身体，况且我还在呢！"于是太子吃了几碗粥。太子体格一向肥壮，腰围五尺，至此减少了超过一半。

32 南梁豫州刺史夏侯亶等率军入侵魏境，连战连胜。十一月十六日，北魏扬州刺史李宪献出寿阳城投降，南梁宣猛将军陈庆之入据寿阳，一共有五十二座城池投降，获男女七万五千口。

十一月二十二日，南梁将李宪遣返回北魏，再以寿阳为豫州，改合肥为南豫州，任命夏侯亶为豫州、南豫州二州刺史。寿阳久罹兵革，民众流散，夏侯亶轻徭薄赋，鼓励农耕，减少徭役，不久，人口重新充实起来。

33 杜洛周包围范阳，戊戌（十一月无此日），百姓逮捕北魏幽州刺史王延年、行台常景送给杜洛周，开门迎接他入城。

34 北魏齐州平原百姓刘树等造反，攻陷郡县，频频击败州军。刺史元欣任命平原人房士达为将，将变民军讨平。

35 南梁将领曹义宗占领穰城，以逼新野，北魏派都督魏承祖及尚书左丞、南道行台辛纂救援。曹义宗作战不利，不敢前进。辛纂，是辛雄的堂兄。

北魏境内盗贼增多，征战不断，财政枯竭

36 北魏盗贼日滋，征讨不息，国用耗竭，预征六年租税，还是不足，于是撤销给百官的酒肉，而且，凡是到市场的人，都抽税一钱，店铺旅舍都有税，百姓嗟怨。吏部郎中辛雄上疏，说："夷夏之民相聚为乱，难道是对朝廷有什么深仇大恨吗？正是因为郡守、县令不得其人，百姓不堪其命，应该在此时早加慰抚。但郡县官职，历来受到轻视，贵族和俊才，都不肯去做。应该改革时弊，分郡县为三等，选补之法，要兼顾门第和才能；如果不能兼顾，先考虑才能，再看门第，不得再拘泥于排队先后。三年考核，对称职者，补任京师名官；如果没有当过郡守、县令，不得入宫为内职。如此，则人人自勉，冤案可以昭雪，强暴自然消失。"太后不听。

大通元年（公元527年）

1 春，正月一日，南梁任命尚书左仆射徐勉为仆射。

2 正月七日，南梁皇帝萧衍在南郊祭天。

3 正月十日，北魏任命司空皇甫度为司徒，仪同三司，萧宝寅为司空。

北魏殷州被叛军攻破，刺史崔楷被杀

4 北魏分割定州、相州二州的四个郡设置殷州，任命北道行台、博陵人崔楷为刺史。崔楷上表说："如今新成立一个州，却连一把兵器、一斗粮都没有，请拨付武器和粮食。"胡太后下诏，命有司计算应发的数

量,最后竟一点也没给。

有人劝崔楷把家属留在京师,单骑赴任,崔楷说:"我听说食人之禄者忧人之忧,我如果独自前往,将士们谁肯安心呢!"于是举家赴任。自号"齐帝"的变民首领葛荣逼近州城,有人劝崔楷把家中弱小送走,崔楷把幼子及一个女儿在夜里送出;之后很快又后悔了,说:"人家会说我决心不够,有亏于对国家的忠诚,而保全对子女的爱。"于是下令把儿女追回来。贼兵抵达,强弱悬殊,又没有守城的工具;崔楷抚勉将士,全力拒战,莫不奋勇争先,都说:"崔公尚且不惜全家百口性命,我们岂能爱惜己身!"连战不息,死者相枕,最终也没有一个叛变的。正月十七日,城池陷落,崔楷执节不屈,葛荣杀了他,于是进兵包围冀州。

【胡三省注】

地方大员的责任,保境安民,是上等;击退敌人,保全城池,这是次一等。崔楷死于城郭,没有完成使命。崔楷为国牺牲,他的志气和节操,有可怜之处。而在上位的人,实在是有罪!

【华杉讲透】

崔楷之死,罪在朝廷。国家配不上他的英雄,就是这种情况。

5 北魏萧宝寅出兵多年,将士疲弊。自号"秦帝"的变民首领莫折念生攻击萧宝寅,萧宝寅大败于泾州,收集散兵一万余人,屯驻在逍遥园,东秦州刺史潘义渊献出汧城降贼。莫折念生进逼岐州,城中百姓抓住刺史魏兰根响应他。豳州刺史毕祖晖战死,行台辛深弃城逃走,北海王元颢军也战败。贼帅胡引祖占领北华州,变民首领叱干麒麟占据幽州以响应莫折天生,关中大乱。

北魏雍州刺史杨椿招募士兵,得七千余人,率领他们抵抗守备。太后下诏,加授杨椿侍中兼尚书右仆射,为行台,节度关西诸将。北地功曹毛鸿宾引导贼军抢掠渭北,雍州录事参军杨侃将兵三千袭击。毛鸿宾惧怕,请求讨贼补过,于是擒送宿勤乌过仁。宿勤乌过仁是宿勤明达哥哥的儿子。

莫折天生乘胜入进犯雍州，萧宝寅部将羊侃藏匿在壕沟中射击，莫折天生应弦而毙，其部众于是崩溃。羊侃，是羊祉之子。

6 北魏右民郎（尚书省官职）、阳平人路思令上疏，认为："师出有功，在于将帅，如果将帅选拔得人，则统一天下之事唾手可得；如果人选不恰当，则京畿地区都会成为战场。近年以来，将帅多为宠贵子孙，酒杯不离口，心志放逸，气势轻浮，平时扬起眉毛，撸起袖子，摆出一副能攻善战的样子；等到上了战场，大敌当前，则忧虑恐怖，雄图锐气，全都不见踪影。于是，下令羸弱残兵在前抵挡敌人，强壮之士居后以保卫自己。再加上武器装备不精良，进退没有指挥，用这种军队去抵挡占据险要地形的变民，去攻打身经百战的叛军，怎么可能不败！所以，士兵们自己知道必败，刚一集合就抢先逃跑；将帅们畏惧敌人，拖延而不前进。国家认为是给他们的官爵太低了，于是屡次加以宠信任命；又怀疑是不是赏赐太轻呢，又每天散发金帛。国库空竭，民财殚尽，于是使贼徒更加猖狂，而民生越发凋弊，原因都在这里。施德可以感动义夫，施恩可以劝勉死士。现在如果能罢黜奸邪，任用贤能，赏罚善恶，简练士卒，修缮器械，先派一位辩士，向叛军晓以祸福，如果不听，再以顺讨逆。如此，则何异于用利斧砍伐菌菇，鼓洪炉而烧燎毛发呢！"

太后不听。

7 正月二十四日，北魏任命皇甫度为太尉。

8 正月二十五日，北魏主元诩认为四方未平，下诏内外戒严，自己将要御驾亲征，出京讨贼，但最后又没有出发。

【华杉讲透】

元诩在去年五月张罗过一回，内外戒严，号称要御驾亲征，结果没有出发。今年又来一回，把御驾亲征搞成"狼来了"，元诩也算是千古第一人。国家由他们母子二人统治，想要不亡也难了！

9 南梁谯州刺史湛僧智包围北魏东豫州，将军彭群、王辩包围琅邪，北魏朝廷下令青州、南青州二州救援琅邪。

南梁司州刺史夏侯夔率壮武将军裴之礼等从义阳道出兵，攻打北魏平静、穆陵、阴山三关，全部攻克。

夏侯夔，是夏侯亶的弟弟；裴之礼，是裴邃之子。

10 北魏东清河郡山贼群起，朝廷下诏，任命齐州长史房景伯为东清河太守。郡民刘简虎曾经对房景伯无礼，举家逃亡。房景伯坚持搜捕，抓获，任命他的儿子为西曹掾，令他晓谕山贼。山贼认为房景伯不念旧恶，都相率出降。

房景伯的母亲崔氏，通晓儒经，有见识。贝丘一位妇女控告自己的儿子不孝，房景伯告诉母亲，母亲说："我听说闻名不如见面，山民不知礼义，何必深责！"于是召见那位妇女，与她对座共食，让她的儿子侍立于堂下，观看房景伯怎么给母亲端茶盛饭。不到十天，那儿子悔过，请求回家。崔氏说："这只是他脸上挂不住，心中未必，不要理他。"这样过了二十几天，那儿子叩头流血，母亲也涕泣乞还，然后允许他们回去，之后，那儿子以孝顺闻名乡里。

房景伯，是房法寿的族侄。

【华杉讲透】

不念旧恶，是大德

房景伯不念旧恶，是大德，有胸怀。刘简虎认为自己得罪过房景伯，担心被报复，而房景伯根本没把得罪他的事放在心上，还要让刘简虎的儿子来做官效力。因为房景伯的世界，比刘简虎的世界要大得多，这就是格局不一样。

房景伯的母亲崔氏对那不孝子的教育，是率先垂范的思想，也是巴甫洛夫的刺激反射原理——人的一切行为都是刺激反射行为，刺激信号能量越强，则反射越大。

你让他来观看房景伯怎么做一个孝子，他虽然羞愧，但是觉得你是在演戏给他看，一定要有超过二十天的时间，让他知道他看到的每一个细节都是真的，知道他不在场时也是这样，他才心服口服，决心悔过。

我听过一位酒店老板讲过一个故事：有一天，他回酒店，门童看见老板的车来了，跑过来开车门，而没有搭理前面一位顾客的车。他下车来，说："你应该给顾客开车门啊，管我干什么呢？"门童点头称是。他知道，这个点头称是没有意义，门童下次还是会管他，不管顾客。于是，他说："我来做门童，给你示范怎么服务顾客。"

门童以为他拉一个车门就会离开了，没想到他过了十几分钟还在做门童拉车门。大堂经理就知道了，赶紧跑出来，说："老板，是我的错！您上去吧，让我们来！"他说："没关系，我是开酒店的，这不是我应该做的吗？"于是接着做门童。

过了一个小时，总经理跑下来了："老板！是我没管好！您上去吧！让我们来。"

"没关系，你是总经理，你去做你的事。我反正闲着也是闲着，我在这儿待一会儿，也是接触顾客。"

这位老板在门口做了多长时间的门童呢？两个星期！两个星期之后，酒店上下肃然，人人自奋，管理面貌焕然一新。

这就是率先垂范，修身、齐家、治国、平天下的原理。同时，也是刺激反射原理，刺激信号能量必须足够强！

11 二月，秦州寇贼占领北魏潼关。

12 二月二十七日，北魏东郡百姓赵显德造反，杀死太守裴烟，自号都督。

13 南梁将军成景俊攻打北魏彭城，北魏任命前荆州刺史崔孝芬为徐州行台，抵御成景俊。

之前，崔孝芬被控是元义党羽，与卢同等一起被除名。等到这次将要赴任徐州，入宫辞别太后，太后对崔孝芬说："我与你是姻亲（崔孝芬的女儿是皇帝元诩的嫔妃），你为什么把头伸进元义车中，说：'应该把这老太婆赶走！'"崔孝芬说："臣蒙国厚恩，实在是没有说过这个话。假如我说过，谁能听到呢！能听到这话的人，他与元义的亲密程度，必定远远超过我！"太后怨恨化解，怅然有愧色。

成景俊想要堵塞泗水来倒灌彭城，崔孝芬与都督李叔仁等攻击，成景俊遁还。

【华杉讲透】

只做历史判断，不做现实判断

人实在是太容易被离间了，随便编造一句某某某说了你什么坏话，你大概率都会相信。胡太后就这么相信了别人诬陷崔孝芬的话。

我们要有一个原则，就是不管我听到什么，甚至亲眼看到什么，我都不信。只相信自己的是非善恶的大原则，只做历史判断，不做现实判断。

为什么呢？我先讲一个孔子的故事：

《吕氏春秋》记载，孔子和弟子们被困于陈、蔡之间，七天没有见过米饭了。颜回去搞了一些米回来，煮饭给老师吃。孔子睡午觉醒来，正好看见颜回从锅里先抓一把饭放嘴里自己先吃了。孔子心都凉透了，"哎呀我的妈呀！苍天啊！大地啊！连颜回都偷食啊！我真是不能再相信这个世界了！"

过了一会儿，颜回盛饭进来献给老师，孔子心里有疙瘩，故意试探说："我刚才睡午觉，梦见祖先了，这些'洁净的食品'，正好用来祭祀祖先吧！"

颜回说："哎呀！不行！这饭已经不干净了！刚才有灰尘掉进锅里，我用手把灰尘抓出来，又不舍得扔掉，自己连灰带饭吃掉了。"

孔子大为震动，说："所信者目也，而目犹不可信；所恃者心也，而心犹不足恃。弟子记之，知人固不易矣。"我们都相信自己亲眼所见，而亲眼所见的，也不能信！那么自己内心做一个衡量判断吧，而判断也不可靠！同学们记下这件事，知人不易啊！

所以，看人看事，你不要做"福尔摩斯"。很多朋友读《福尔摩斯探案集》把脑子读坏掉了，看到人家一点什么，都能分析出一大堆结论来，离题万里，还自以为聪明。

无论是亲耳听到，还是亲眼看到，都不要信，一是你可能听错了，看错了，理解错了；二是他可能就是故意制造出来引导你的；三是他怎么样都不重要，因为他可以被你改变。

那么，我们应该相信什么呢？相信自己，坚守自己的原则，所谓"求仁得仁"，按照自己的价值观做事，不要去管别人怎么样。

别人怎么样，是受我们影响塑造的。《论语》说："举直错诸枉，能使枉者直。"直，是直的木板；枉，是弯的木板。错，是交错，放在上面。举直错诸枉，堆木板的时候，你把直的木板放在弯的木板上面，能使枉者直，那弯的也给压直了。你是领导者，你是怎么样的人，下面的人自然会变成怎么样的人。领导是好人，能把下面的人全变成好人，坏人也不敢做坏事；领导是坏人，或者是一个纵容坏人的人，下面的好人也会变坏。

要理解这些道理，并且做到，你首先得是一个强大的人，足以保护自己，也能宽容别人；然后呢，你得是一个把价值观看得比利益还重要的人，是真有价值观的人，愿意为践行价值观而承担损失，孔子说："求仁得仁，又何怨？"什么叫"求仁得仁"？从公司经营角度来说，经营为价值观服务，就是求仁得仁；价值观为经营服务，就是没有价值观。求仁，就是追求自己的价值观，得仁，就是我已经践行了自己的价值观，已得其所，止于至善，不论得到什么结果也无怨无悔。

这些话，跟胡太后说一定是对牛弹琴，因为她就是一个患得患失又无所顾忌的小人，在她的世界里，只有利欲，没有仁德。读者读到这些话，能懂的自然秒懂，豁然开朗。不懂的就跳过，继续往下读，只要你心正，读多了，经历多了，自然就懂了。

14 三月一日，北魏主元诩下诏，将要御驾亲征，西讨叛贼，中外戒严。正巧秦州贼寇向西逃跑，北魏军收复潼关。三月五日，元诩又下诏改变行程，转向北征，其实都未成行（第三回了）。

15 变民首领、自称"齐帝"的葛荣包围信都已久，北魏任命金紫光禄大夫源子雍为北讨大都督前往救援。

萧衍在同泰寺舍身，三日后回宫

16 当初，南梁皇帝萧衍建造同泰寺，又开凿大通门，和同泰寺遥遥相对，取其反语相协。萧衍早晚到寺庙，都从大通门出入。

【胡三省注】
同泰反为大，大通反为同。

【华杉讲透】
反语，魏晋南北朝时的一种隐语，以两个字先正切，再倒切，成为另外两个字。反语是按读音来的，今天的普通话跟那时的读音不一样，我们搞不清楚。

三月八日，萧衍在同泰寺舍身。三月十一日，萧衍还宫，大赦，改年号为大通。

【华杉讲透】

萧衍舍身的闹剧开始了。舍身,是佛教徒为了报恩,不惜牺牲自己的肉体。萧衍要舍身事佛,一心为全国人民祈福,不当皇帝了,大臣们哀求了三天,才把他请回来。下次再舍身,就要按风俗用钱把他赎回来了,所以他还要搞几回。

17 北魏齐州广川百姓刘钧聚众造反,自称大行台;清河百姓房项自称大都督,屯据昌国城。

18 夏,四月,北魏将领元斌之讨伐东郡变民军,斩首领赵显德。

19 四月十七日,柔然头兵可汗遣使入贡于北魏,并请求率军讨伐群贼。北魏人担心他反复无常,下诏说现在是盛暑天气,以后再说。

杨椿建议朝廷派人监督萧宝寅,朝廷拒绝

20 北魏萧宝寅兵败后,被有司处以死刑,北魏主下诏,免他为庶人。雍州刺史杨椿有病,请求辞职,朝廷又重新任命萧宝寅为都督雍州、泾州等四州诸军事,征西将军,雍州刺史,开府仪同三司,西讨大都督,自潼关以西都受他节度。

杨椿回到乡里,他的儿子杨昱将要去洛阳,杨椿对他说:"当今雍州刺史,确实没有比萧宝寅更合适的,但是他的高级助理官员,朝廷应该派心腹重人担任,怎么能让萧宝寅自己选用!这是朝廷百虑之一失。况且萧宝寅根本不以刺史为荣,但我观察他得到一州,喜悦特甚,至于他的赏罚及所作所为,都不依常法,恐怕他有异心。你这次去京师,应当把我的意思禀告太后和皇上,并告诉宰辅,另行选派长史、司马、防城都督,要想关中安定,就需要这三个人而已。如果朝廷不派人,必定成为国家深忧。"杨昱当面向北魏主元诩及太后汇报,都不听。

【华杉讲透】

没有内控监督，好人也会变坏

萧宝寅身怀国恨家仇，他的志向，就是复仇、复国，杨椿看出来了，太后和皇帝没看出来。这样的人可以重用，但是不能没有内控。没有内控监督，好人也会变坏，萧宝寅就会往坏的方向发展了。

21 五月四日，南梁徐州刺史成景俊攻打北魏临潼、竹邑，攻拔。东宫直阁将军兰钦攻打北魏萧城、厥固，攻拔，兰钦斩北魏将领曹龙牙。

22 六月，北魏都督李叔仁讨伐广川变民首领刘钧，讨平。

23 秋，七月，北魏陈郡百姓刘获、郑辩在西华造反，改年号为天授，与南梁谯州刺史湛僧智通谋，北魏任命代理东豫州刺史、谯国人曹世表为东南道行台，讨伐叛军；任命源子恭接替曹世表为东豫州刺史。诸将认为叛军人多，官军弱小，并且都是刚打过败仗的残兵，不敢出战，想要保城自固。曹世表正有背上肿胀的病，让人用肩舆把自己抬出来，召见统军是云宝，对他说："湛僧智之所以敢深入为寇，是因为刘获、郑辩都是州里有声望的人，为他做内应。之前收到情报，说刘获要带兵去迎接湛僧智，离此八十里；如果现在我军出其不意，一战可破，击破刘获，湛僧智自己就退走了。"于是精选战士战马，交给是云宝，是云宝傍晚出城，天明时抵达，攻击刘获，大破之，穷追猛打，将余党全部歼灭。湛僧智接到消息，逃了回去。郑辩与源子恭是亲密旧友，逃亡藏匿在源子恭处，曹世表集合将吏，当面斥责源子恭，逮捕郑辩，斩首。

24 北魏相州刺史、乐安王元鉴与北道都督裴衍一起救援信都。元鉴对北魏混乱十分高兴，暗中有二心，于是占据邺城叛变，投降葛荣。

【华杉讲透】

元鉴不可理喻，他本是北魏亲王，如果要夺天下称帝也就罢了，好端端的叛变投降葛荣，如果葛荣成功，他最多不也是封王吗？不可理喻的人、不可理喻的事很多，经常都会碰到，你不知道他是怎么想的，只能怀疑他们是不是神经搭错线了。

25 七月二十八日，北魏大赦。

当初，北魏侍御史、辽东人高道穆奉命前往相州，前刺史李世哲奢纵不法，高道穆弹劾他。李世哲的弟弟李神轨掌权用事，高道穆的哥哥高谦之的家奴控告高谦之逼迫良家子女为奴，李神轨逮捕高谦之，关押在廷尉监狱。遇到大赦令，将要释放，李神轨启奏太后，先将高谦之赐死，朝士都为之哀悯。

26 南梁将领彭群、王辩包围琅邪，从夏天一直到秋天，北魏青州刺史、彭城王元劭派司马鹿愈，南青州刺史胡平派长史刘仁之将兵攻击彭群、王辩，击破，彭群战死。元劭，是元勰之子。

27 八月，北魏派都督源子雍、李神轨、裴衍攻打邺城。源子雍走到汤阴，安乐王元鉴派弟弟元斌之夜袭源子雍兵营，不能攻克；源子雍乘胜进兵包围邺城，八月十七日，攻拔，斩元鉴，将首级送到洛阳，改姓拓跋氏。北魏朝廷于是派源子雍、裴衍讨伐葛荣。

28 九月，秦州城民杜粲屠杀莫折念生全家，没有留下一个活口，杜粲自己执掌了州牧。南秦州城民辛琛也自己执掌了州牧，遣使向萧宝寅请降。北魏朝廷擢升萧宝寅为尚书令，恢复他原来的爵位和封地。

29 南梁谯州刺史湛僧智包围北魏东豫州刺史元庆和于广陵，北魏将军元显伯救援，南梁司州刺史夏侯夔自武阳引兵增援湛僧智。

冬，十月，夏侯夔抵达城下，元庆和献城投降。夏侯夔要把城池让给湛僧智，湛僧智说："元庆和是要投降您，不是投降我，我如果去，一定违背他的心意。况且我所率领的就是临时招募的乌合之众，不能用法令来约束；您治军一向严厉，必定没有侵暴百姓之事，受降纳附，您去合适。"夏侯夔于是登上城墙，拔下北魏旗帜，竖立南梁大旗；元庆和带兵出城，吏民安心，接收男女四万余人。

【司马光曰】

湛僧智可以说是君子了！能忘记自己累月攻战之劳，把胜利果实交给一位新来的将领，知己之短，而不掩人之长，功成不取，一切以有利于国事为标准，忠诚无私，可以说是君子了！

30 北魏增援元庆和的援军元显伯连夜逃遁，诸军追击，斩首俘虏数以万计。南梁皇帝萧衍下诏，任命湛僧智兼领东豫州刺史，镇守广陵。夏侯夔引军屯驻安阳，派别将屠杀楚城，由此义阳向北与北魏连通的道路完全断绝。

梁朝曹仲宗、陈庆之攻下北魏涡阳

31 南梁领军曹仲宗、东宫直阁将军陈庆之进攻北魏涡阳，皇帝萧衍下诏，命寻阳太守韦放将兵前往会师。北魏散骑常侍费穆带兵突然出现，韦放的营垒还未建成，麾下只有二百余人，韦放脱下盔甲并下马，坐在胡床上指挥，将士们都殊死作战，无不以一当百，北魏兵于是撤退。

韦放，是韦睿之子。

北魏又派将军元昭等率领部众五万人救援涡阳，前军到了驼涧，离涡阳四十里。陈庆之想要迎击，韦放认为北魏前锋必定都是轻装精锐，最好是不要出击，以逸待劳，等他们来。陈庆之说："魏兵远来疲倦，离我又远，必定没有戒备，趁他们还未集结，必须先挫其锐气。各位如果有疑虑，我单独去。"于是率麾下二百骑兵进击，击破北魏军，北魏人惊骇。陈庆之于是回来，与诸将连营而进，背靠涡阳城，与北魏军对峙。从春天一直到冬天，前后数十百战，将士疲弊。听说北魏人要在南梁军身后修筑城垒，曹仲宗等担心腹背受敌，商议引军撤回。陈庆之拿着皇帝授予的符节，站在军门前说："我们一起来到这里，已经一年，花费极多。如今诸位都没有斗志，一心想要退缩，这是来立功名的吗？还是来抢掠的？我听说，置之死地而后生，就是要等敌人完成对我们的前后围堵之后，再与他们作战。如果你们还想班师，我陈庆之另有皇帝密令，谁要是违犯，就按密令行事！"曹仲宗等于是作罢。

北魏人一连筑起十三座城垒，想要以此控制南梁军。陈庆之衔枚夜出，攻陷其中四座，涡阳城主王纬乞降。韦放在投降过来的人当中挑选三十余人，分别去向北魏诸营报信，陈庆之再把其他俘虏驱赶在前，军队紧跟其后，鼓噪前进，北魏九座城垒全部崩溃，南梁军追击，俘虏斩首几尽，尸体堵塞了涡水，所降城中有男女三万余人。

32 萧宝寅在泾州溃败时，有人劝他回洛阳听候朝廷处分，有人说不如留在关中立功效力。行台都令史、河间人冯景说："拥兵不还，此罪将大。"萧宝寅不听，认为自己出师多年，糜费不可胜计，一旦覆败，内心感到不安。北魏朝廷也对他起了疑心。

中尉郦道元，一向以严猛闻名。司州牧、汝南王元悦的嬖人丘念，弄权骄纵。郦道元逮捕丘念，关进监狱。元悦向胡太后求情，胡太后下令赦免，郦道元杀了丘念，并以此弹劾元悦。

当时萧宝寅反状已露，元悦于是上奏以郦道元为关右大使。萧宝寅听闻，认为郦道元是来逮捕自己的，非常惧怕，长安轻薄子弟再次劝他举兵。萧宝寅问河东人柳楷意见，柳楷说："大王是齐明帝（萧鸾）的儿子，天下归心，今日之举，实在是符合人民的愿望。况且民谣说：'鸾生十子九子死，一子不死关中乱。'乱就是治，大王当治关中，这有什么疑问！"

郦道元走到阴盘驿，萧宝寅派部将郭子恢将他攻杀，收葬他的尸体,上表说郦道元是被白贼(指留在关中的鲜卑变民)所害。又上表为自己辩护,说杨椿父子陷害自己。

萧宝寅意欲谋反,游说苏湛,苏湛拒绝支持

萧宝寅的行台郎中、武功人苏湛,卧病在家,萧宝寅令苏湛的表弟、开府属、天水人姜俭前去对苏湛说:"元略受萧衍指使,要除掉我(元略回国后,受胡太后宠爱,所以萧宝寅这么说)。郦道元来关中,事不可测。我不能坐受死亡,如今必须为自身考虑,不能再做魏臣了。死生荣辱,与你共同担当。"苏湛听闻,举声大哭。姜俭制止他,说:"何至于此!"苏湛说:"我全家百口,如今将要被屠灭,为何不哭!"哭了数十声,慢慢对姜俭说:"为我报告齐王,大王本是一只穷途末路的小鸟,前来投奔,全靠朝廷给大王增添羽翼,荣宠至此。如今国家有难,不能竭忠报德,反而乘人之危,轻信路人毫无见识的谣言,想要以赢败之兵,守关问鼎。如今魏德虽衰,天命未改,况且大王并无恩义施之于人民,我只看见了失败,看不见有成功的可能,苏湛不能让百口之家,因为大王而被灭族。"

萧宝寅再次派人去对他说:"我是为了救自己性命,不得不如此,之所以没有先告诉你,是怕你阻挡我的计划。"苏湛说:"凡谋大事,必须得到天下奇才,与之共事,如今您只是与长安那些投机分子商量,这有成功的可能吗?苏湛恐怕荆棘将生于您的书斋卧阁,希望您能允许我回归乡里,大概能得以病死家中,才能到九泉之下去见我的先人。"萧宝寅一向敬重苏湛,而且知道他终究不会为自己所用,于是允许他回武功。

萧宝寅自立为齐帝，改年号为隆绪

十月二十五日，萧宝寅自称齐帝，改年号为隆绪，在自己辖区内大赦，任命百官。

都督长史毛遐，是毛鸿宾的哥哥，与毛鸿宾率氐、羌起兵于马祇栅，拒绝接受萧宝寅命令。萧宝寅派大将军卢祖迁攻击，结果卢祖迁为毛遐所杀。萧宝寅正在南郊祭天，举行即位礼，还未完成，接到战败消息，脸色大变，也来不及整顿部伍，狼狈而归。萧宝寅任命姜俭为尚书左丞，委以心腹。文安人周惠达为萧宝寅使节，在洛阳，有司想要逮捕他，周惠达逃归长安。萧宝寅任命周惠达为光禄勋。

丹杨王萧赞听闻萧宝寅反叛，害怕地逃走，直奔白鹿山，走到河桥被人抓获，北魏主元诩知道他没有参与萧宝寅的阴谋，下令释放，加以安慰。行台郎封伟伯等与关中豪杰密谋举兵诛杀萧宝寅，事情泄露后被处死。

北魏任命尚书仆射长孙稚为行台，以讨伐萧宝寅。

正平百姓薛凤贤造反，宗人薛修义也聚众于河东，派兵占据盐池，围攻蒲坂，东西连结以响应萧宝寅。朝廷下诏，命都督宗正珍孙讨伐。

【华杉讲透】

人不能为自己考虑太多

人不能为自己考虑太多，苏湛的话，道理都说尽了。萧宝寅不听，正是为自己考虑太多，反而不能看清最简单的现实。

33 十一月八日，南梁任命护军萧渊藻为北讨都督，镇守涡阳。十一月九日，在涡阳设置西徐州。

34 变民首领葛荣包围北魏信都，从春天一直围到冬天，冀州刺史元孚激励将士，昼夜拒守，粮食储备都已枯竭，而又无外援，十一月三十日，城池陷落。葛荣逮捕元孚，逐出居民，冻死者十分之六七。元孚的哥哥元祐为防城都督，葛荣召集将士，商议元氏兄弟的生死。元孚兄弟各自把罪责揽到自己身上，争相为对方而死，都督潘绍等数百人，都叩头请求处死自己，以换取元孚一命。葛荣说："这都是魏国的忠臣义士。"于是将一起被抓的五百人全部赦免。

北魏任命源子雍为冀州刺史，将兵讨伐葛荣；裴衍上表请同行，太后下诏批准。源子雍进言说："如果裴衍去，臣请求留下；如果臣去，请裴衍留下；如果逼使我们同行，败在旦夕。"太后不许。十二月二十日，二人走到阳平东北漳水河畔，葛荣率领十万人攻击，源子雍、裴衍都战败阵亡。

相州吏民听闻冀州已经陷落，源子雍等战败，人人不能自保。相州刺史、恒农人李神，志气自若，抚勉将士，老弱大小，齐心协力，葛荣出动全部精锐攻击，终究不能攻克。

35 北魏秦州百姓骆超击杀了杜粲，请降于北魏。

卷第一百五十二 梁纪八

（公元528年，共1年）

高祖武皇帝八

大通二年（公元528年）

1 春，正月五日，北魏任命北海王元颢为骠骑大将军、开府仪同三司、相州刺史。

2 北魏北道行台杨津驻守定州城，居于两大变民集团鲜于修礼和杜洛周之间，不断受到围攻。杨津积蓄薪柴粮草，修治器械，随机拒击，贼军不能攻克。杨津又秘密派人拿着免死铁券去游说贼党，贼党中有响应杨津的，亲笔写信给杨津说："贼所以围城，正是为了要杀鲜卑人。城中鲜卑人应该全部杀光，不然必为后患。"杨津把鲜卑人全部收容到内城中，保护起来，不杀他们，众人无不感怀他的仁德。

后来葛荣替代之前被杀的鲜于修礼统率部众，派人去游说杨津，许诺让他做司徒；杨津斩其来使，固守三年。杜洛周一直包围州城，北魏不能增兵去救。杨津派他的儿子杨遁突围而出，找柔然头兵可汗求救。

杨遁日夜哭泣请求，头兵可汗于是派他的堂祖父吐豆发率精锐骑兵一万人南下救援。前锋抵达广昌，贼军阻塞隘口，柔然军撤退。

正月七日，杨津的长史李裔引贼军入城，逮捕杨津，贼军想要烹杀他，后来又把他放了。瀛州刺史元宁献出城池，投降杜洛周。

北魏潘嫔生女，胡太后诈称其为皇子

3 正月七日，北魏潘嫔生下一个女儿，胡太后诈称是皇子。正月八日，大赦，改年号为武泰。

4 萧宝寅包围冯翊，未能攻下。北魏行台长孙稚的军队抵达恒农，行台左丞杨侃对长孙稚说："当年魏武帝曹操与韩遂、马超在潼关对峙，韩遂、马超之才，不是曹操的对手，然而胜负长久不决，是因为韩、马占据了险要地形。如今贼军守御已固，就算是曹操复生，也无法施展他的智勇。不如向北先攻取蒲阪，然后渡黄河向西，插入其腹心地带，把我们的军队挺进到死战之地，则华州之围不战自解，潼关之守必定向内撤回。枝叶既已剪除，长安可以坐取了。如果我的计策可取，愿为明公前锋。"

长孙稚说："你的计策好倒是好，但是如今薛修义包围河东，薛凤贤占据安邑，宗正珍孙驻守虞坂，不能前进，如何前往？"

杨侃说："宗正珍孙只有普通士兵的才干，因缘际会才当上了将领，他只能听人指挥，哪里能指挥别人！河东郡府在蒲阪，西临黄河，郡境多在郡城以东。薛修义驱率士民从西边包围郡城，叛军父母妻子都留在旧村，一旦听闻官军到来，都担心自己家人安危，必定望风自溃。"

长孙稚于是派他的儿子长孙子彦与杨侃率骑兵从恒农北渡黄河，占据石锥壁，杨侃声言："如今我军暂且停驻在这里，等待步兵，并且观望民情向背。凡是送来投降名册的人，各自回村，等到朝廷军一连燃起三次烽火，各村也当举烽火响应；没有点起烽火响应的，就是贼党，官军

将进击屠灭,缴获的财物作为军队赏赐。"

于是村民相互转告,内心不想投降的人,也假装点起烽火,一宿之间,火光遍布数百里。围城的贼军不知其故,各自散回;薛修义也逃还,与薛凤贤一起向官军请降。

正月十八日,长孙稚攻克潼关,进入河东。

适逢朝廷下诏,要废除盐池税,长孙稚上表,认为:"盐池是天产之货,近在京畿,我们唯一应该做的,就是把它当宝贝来把守,合理分配。如今四方多难,府藏枯竭,冀州、定州混乱,经常说捐税收不上来,看国家的府库,有出无入。估计盐税一年的收入,以绢布来折算,不下三十万匹,这就好比把冀州、定州二州移置到京畿。现在如果废除盐税,就是第二次犯错(指公元506年废除盐业专卖是第一次错误)。臣之前违背圣旨,没有先讨伐关中之贼(萧宝寅),而是直接解除河东包围,并不是以长安为缓而以蒲阪为急,而是我觉得一旦丢失了盐池,三军就缺乏粮食。天助大魏,我的计划得以完成。当年汉高祖刘邦升平之年,什么也不缺,尚且创置盐官而加以典护,这并非是要与民争利,而是为防止人民相互争利而乱了风俗。何况如今国用不足,提前征收六年的田赋,绸缎也预征到明年,这都是夺人私财,是不得已的事。臣已会同盐池监将、尉,率领他们所部官吏,依照正常手续,继续收税,等待朝廷接下来的指令。"

侯终德反叛,萧宝寅投奔万俟丑奴

萧宝寅派他的部将侯终德攻击毛遐。正巧郭子恢等又屡次被北魏军所击败,侯终德见萧宝寅势力受挫,还军倒戈袭击萧宝寅;到了白门,萧宝寅才察觉。正月十九日,萧宝寅与侯终德战,败,带着他的妻子南阳公主及小儿子率麾下骑兵一百余人从后门出城,逃走投奔万俟丑奴。万俟丑奴任命萧宝寅为太傅。

二月,北魏任命长孙稚为车骑大将军、开府仪同三司、雍州刺史、尚书仆射、西道行台。

群盗李洪在巩县以西、伊阙口以东，攻打烧杀，又向南联结诸蛮。北魏都督李神轨、武卫将军费穆讨伐。费穆击败李洪于伊阙口南，平定盗贼。

5 葛荣攻击杜洛周，杀死他，兼并了他的部众。

6 北魏胡太后第二次临朝以来，嬖幸用事，政事放纵松弛，恩德和威严都不能建立，盗贼蜂起，朝廷控制的地区一天比一天小。魏肃宗元诩年龄渐长（本年十九岁），太后知道自己行为不检点，担心左右向皇帝报告，凡是皇帝宠爱信任的，太后就找碴儿把他清除出去，以蒙蔽皇帝，不让他知道外面的事。通直散骑常侍、昌黎人谷士恢有宠于皇帝，皇帝让他统领左右禁卫军；太后屡次暗示他，要外放他出去做州刺史，谷士恢正得到皇帝宠信，不愿出外，于是太后罗织罪名并杀了他。又有一位蜜多道人，能说鲜卑语，皇帝常把他召在身边，太后派人在城南将他杀死，又假装悬赏捉贼。于是母子之间嫌隙日深。

当时，车骑将军，仪同三司，并州、肆州、汾州、广州、恒州、云州六州讨虏大都督尔朱荣兵势强盛，朝廷也忌惮他。高欢、段荣、尉景、蔡俊之前在杜洛周党中，想要杀死杜洛周，没有成功，逃奔葛荣，又亡归尔朱荣。刘贵在尔朱荣处，屡次推荐高欢，尔朱荣见高欢形容憔悴，并不认为他有什么出奇之处。高欢跟从尔朱荣到马厩，马厩里有一匹悍马，尔朱荣命高欢给马剪鬃毛，高欢不用缰绳捆绑，那马直接就乖乖地让他把鬃毛剪理了，既没有踢，也没有咬。高欢起身，对尔朱荣说："驾驭恶人，也是如此而已。"尔朱荣对这句话印象深刻，让高欢坐在身旁，屏退左右，问他对时事的看法。高欢说："听说您的马布满十二个山谷，依照毛色不同，分别成群，养这么多马，用来做什么呢？"尔朱荣说："只管说出你的看法！"高欢说："如今天子软弱，太后淫乱，嬖孽擅命，朝政不行。以明公之雄武，乘时奋发，讨郑俨、徐纥之罪以清帝侧，霸业可举鞭而成，这就是我的看法。"尔朱荣大悦，跟他从中午谈到半夜才放他出去。从此每次都让高欢参与军事会议。

并州刺史元天穆，是拓跋孤的五世孙，与尔朱荣友善，尔朱荣把他当兄长一样侍奉。尔朱荣时常与元天穆及帐下都督贺拔岳密谋，想要举兵入洛阳，内诛嬖幸，外清群盗，二人都劝尔朱荣发动。

尔朱荣上书，说："山东群盗方炽，冀州、定州覆没，官军屡败，请允许我率精骑三千东援相州。"太后起了疑心，回答说："莫折念生已被斩首，萧宝寅就擒，万俟丑奴请降，关陇地区已经扫平。费穆大破群蛮，绛蜀也渐渐平定。另外，北海王元颢率众二万出镇相州，不需要你出兵。"尔朱荣又上书，认为："贼势虽衰，官军屡败，人情危怯，恐怕实在难起作用。如果不另外思考方略，恐怕不是万全之道。臣愚以为蠕蠕（柔然）可汗阿那瓌蒙受国家厚恩，不应该忘记报恩，应该下令他发兵东下飞狐口，从背后攻击叛军，北海王的军队，则严加警备，从正面抵挡叛军。臣的兵虽少，也当为国尽力。自井陉以北，滏口以西，分别据守险要，攻击叛军腰部。葛荣虽然吞并了杜洛周的队伍，但是威恩未著，人心不齐，可以分裂他们。"于是勒兵，召集义勇，向北据守马邑，向东封锁井陉。

徐纥向太后献计，给尔朱荣左右授以免死铁券以离间他的心腹，尔朱荣听闻，深为痛恨。

北魏孝明帝意欲胁迫胡太后，被太后毒杀

北魏皇帝元诩也厌恶郑俨、徐纥等，但是在太后控制下无法除掉他们。于是下密诏给尔朱荣，命他举兵向京师，想以此胁迫太后。尔朱荣以高欢为前锋，走到上党，皇帝又改变主意，下私诏制止他。郑俨、徐纥担心大祸临头，与太后密谋鸩杀皇帝。

正月二十五日，皇帝暴殂。

胡太后立皇女为帝，又立元钊为帝

二月二十六日，太后立皇女为帝，大赦。既而又下诏称："潘妃子生的其实是女儿，故临洮王元宝晖的世子元钊，是高祖（元宏）后裔，应该继承大宝。文武百官一律晋升二级，宿卫加三级。"

二月二十七日，元钊即位，时年三岁。太后想要久专国政，因为元钊年幼好控制，所以立他为帝。

尔朱荣听闻，大怒，对元天穆说："主上晏驾，只有十九岁，天下人还称他为幼君；何况如今让一个还不会说话的小孩子君临天下，想要国治民安，可能吗！我想率铁骑到先帝山陵举哀，剪除奸佞，更立长君，如何？"元天穆说："这正是伊尹、霍光重现于今日！"于是上表抗议，称："大行皇帝抛下天下百姓而去，海内都说是鸩毒致祸。岂有天子病危，既不召医生，也没有贵戚大臣在侧，能不让远近之人感到奇怪惊愕吗？又以皇女为储君，随意大赦。上欺天地，下惑朝野。接着又在孩提之中选择君王，实际上是使奸竖专朝，祸乱纲纪，何异于掩目捕雀，塞耳盗钟！如今群盗沸腾，邻敌窥视，却想以一个不会说话的小儿镇安天下，不是太难了吗！请允许臣奔赴宫阙，参与大议，询问侍臣皇帝崩逝的原因，访查禁卫不知道的真相，把郑俨、徐纥之徒交付审判，以昭雪先皇被害之耻，平息远近之怨，然后另择宗亲，以承宝祚。"

尔朱荣的堂弟尔朱世隆，当时为直阁将军，太后派他到晋阳抚慰晓谕尔朱荣。尔朱荣要他留下，尔朱世隆说："朝廷已经怀疑你，所以派我来，如果我留下，反而让朝廷能够预先准备，这不是好办法。"尔朱荣于是让他回去。

7 三月二十六日，葛荣攻陷北魏沧州，抓获刺史薛庆之，居民死者十之八九。

8 三月二十八日，北魏葬孝明皇帝于定陵，庙号肃宗。

尔朱荣发兵立元子攸为帝

9 尔朱荣与元天穆商议,认为彭城武宣王(元勰)有忠勋,他的儿子、长乐王元子攸,一向有名望,想要立他为帝。尔朱荣又派侄子尔朱天光及亲信奚毅、奴仆王相一起去洛阳,与尔朱世隆密议。尔朱天光见到元子攸,详细汇报了尔朱荣的心意,元子攸答应了。尔朱天光等回到晋阳,尔朱荣还在犹疑,于是用铜为显祖诸子孙各铸像,唯有元子攸的像铸成(鲜卑风俗,用铸像来观测天意)。尔朱荣于是起兵从晋阳出发,尔朱世隆逃出,与尔朱荣相会于上党。胡太后听闻,非常惧怕,召集全部王公入宫商议,宗室大臣皆痛恨太后所为,谁也不肯说话。唯独徐纥说:"尔朱荣一个小小胡人,竟敢称兵向宫阙,文武宿卫足以制服他。只需把守险要,以逸待劳,他孤军深入千里,士马疲弊,必定把他击破。"太后信以为然,任命黄门侍郎李神轨为大都督,率众迎战,别将郑季明、郑先护将兵把守河桥,武卫将军费穆屯驻小平津。

郑先护,是郑俨的堂祖父兄弟。

尔朱荣到了河内,再派王相秘密到洛阳,迎接长乐王元子攸。

夏,四月九日,元子攸与哥哥彭城王元劭、弟弟霸城公元子正秘密从高渚渡过黄河。四月十日,元子攸与尔朱荣在河阳会面,将士们都高呼万岁。

四月十一日,再次渡过黄河,元子攸即帝位,封元劭为无上王,元子正为始平王;任命尔朱荣为侍中、都督中外诸军事、大将军、尚书令、领军将军、领左右,封太原王。

尔朱荣逮捕胡太后及元钊,将其沉入黄河

郑先护一向与元子攸友善,听说他即位,与郑季明开城迎接。李神轨到了河桥,听闻北中失守,即刻遁还;费穆抛弃部众,先投降尔朱荣。徐纥矫诏夜开殿门,取骅骝厩御马十匹,东奔兖州,郑俨也逃回乡

里。太后尽召肃宗后宫，令她们全部出家，太后自己也落发为尼。尔朱荣召百官迎车驾，四月十二日，百官奉玺绶，备法驾，迎元子攸于河桥。

四月十三日，尔朱荣派骑兵逮捕太后及幼主，送到河阴。太后对尔朱荣反复求情，尔朱荣拂衣而起，将太后及幼主沉入黄河。

【华杉讲透】

解决问题的举措，会制造出更大的问题

人们都想解决问题，却不知道，你解决问题的举措，会制造出更大的问题。胡太后要解决问题，就把元诩身边的人都杀光。皇帝要解决问题，就召尔朱荣带兵进京，他不知道这是召来一个董卓吗？他当然知道，所以中途又后悔了。但是胡太后更狠，一不做二不休，把皇帝——自己的亲生儿子——都杀了。她不知道这是割断了自己手中权力的合法性吗？她当然知道，但是有郑俨、徐纥两个人鼓动，她就动手了。看胡太后和元诩所为，都是顾头不顾尾，慌不择路，而当人慌不择路的时候，就很容易被身边人控制，给她指条道，她就上了。

天下大事，往往始于欲壑难填，然后是欲罢不能，之后生出内忧外患，无法应对就慌不择路，接着只能一不做二不休，最后就万事皆休了。

胡太后此时应该杀的是郑俨、徐纥，杀了这两人，母子和解，还政于皇帝。但是她既没有这个见识，也没有这个胸怀，只能扛着权力魔杖，往死路狂奔。

天下宝器，不是儿戏，但就是有人视之如儿戏。胡太后立一个小女孩为帝，昭告天下之后，又再下一诏，说不好意思，之前的皇子其实是女孩，我另外换一个！这样的事她都干得出来，难怪王公们都无语了。胡太后就这么作死了。她是该死，可怜的是那三岁小皇帝，他还不会说话，但是成了政治符号，也不得不死。

河阴之变

费穆秘密对尔朱荣说:"您的军队不到一万人,如今长驱而入洛阳,没有遇到抵挡,无战胜之威,大家心里并不畏服。京师人口这么多,百官人才鼎盛,知道您的虚实,有轻侮之心。如果不大行诛罚,更树亲党,恐怕等您北归之日,还没度过太行山,朝廷就有变化了。"尔朱荣心中同意,对亲信慕容绍宗说:"洛中人士繁盛,骄侈成俗,不加以剪除,终究难以制服驾驭。我想趁百官出迎,将他们全部诛杀,如何?"慕容绍宗说:"太后荒淫失道,嬖幸弄权,淆乱四海,所以明公兴义兵以清朝廷。如今无故而屠杀百官,不分忠奸,恐怕大失天下之望,不是长远之策。"尔朱荣不听,于是请皇帝元子攸沿着黄河西行,到了淘渚,引领百官到行宫西北,声称要祭天。百官集合之后,尔朱荣令胡人骑兵将他们团团包围,斥责说天下丧乱,肃宗暴崩,都是因为朝臣贪虐,不能匡扶社稷。然后纵兵屠杀,从丞相、高阳王元雍,司空元钦,仪同三司、义阳王元略以下,死者二千余人。

前黄门郎王遵业兄弟正在为父亲守丧,他们的母亲是元子攸的姨妈,一起出迎,全部被杀死。王遵业是王慧龙的孙子,英俊爽朗,博学多才,时人惋惜他的才华,而讥讽他急于做官,本来居丧在家,却出来送了性命。

有朝士一百余人后到,尔朱荣又以蛮夷骑兵包围他们,下令说:"有能写禅让文告的人免死。"侍御史赵元则出来应募,于是尔朱荣命他书写。尔朱荣又对他的军士们声言:"元氏既灭,尔朱氏兴。"士兵们都高呼万岁。尔朱荣又派数十人拔刀向行宫,皇帝元子攸与无上王元劭、始平王元子正一起出到帐外。尔朱荣先派并州人郭罗刹、西部高车人叱列杀鬼在皇帝身边侍候,诈称防卫,把皇帝抱入帐中,其他人即刻杀了元劭及元子正,又派数十人把皇帝带到河桥,安置在帐幕之下。

皇帝元子攸忧愤无计,派人向尔朱荣表态说:"帝王迭兴,盛衰无常。如今四方瓦解,将军奋袂而起,所向无前,此乃天意,不是人力。我本来投奔您,志在保全生命而已,岂敢妄希天位!将军逼我,以至于此。如果天命有归，将军应及时正尊号，即帝位，如果您推辞而不居，要保存魏国社稷，那就另请亲贤而辅佐他。"

当时都督高欢劝尔朱荣称帝，左右多赞同，尔朱荣犹疑不决。贺拔岳进言说："将军首举义兵，志在扫除奸逆，如今大勋未立，就有了篡位的想法，这恐怕只能加速祸患的到来，我看不见有什么福分。"

尔朱荣于是铸自己的金像，铸了四次都不成。功曹参军、燕郡人刘灵助善于卜筮，尔朱荣相信他，刘灵助说天时人事都不可以称帝。尔朱荣说："如果我没有吉相，就拥立元天穆。"刘灵助说："元天穆也没有吉相，只有长乐王（元子攸）有天命。"尔朱荣也精神恍惚，不能自持，过了很久才方醒悟过来，深刻地愧悔说："我过去犯了那么大的错误，唯当一死以谢朝廷。"贺拔岳请杀高欢以谢天下，左右都说："高欢虽然愚昧粗疏，说话不经过考虑，但如今四方多事，需要武将，请原谅他，以观后效。"尔朱荣于是停止。夜晚四更，再把皇帝元子攸接回来，尔朱荣望着皇帝马头，叩头请死。

尔朱荣的蛮夷骑兵，杀了太多朝士，不敢入洛阳城，于是建议向北迁都。尔朱荣犹疑很久，武卫将军汎礼坚决谏止。

尔朱荣意欲迁都，元谌阻止

四月十四日，尔朱荣奉皇帝元子攸入城。皇帝登临太极殿，下诏大赦，改年号为建义。凡是追随尔朱荣南下的将士，一律擢升五级，在京师的文官升二级，武官升三级，百姓免除租役三年。当时百官荡尽，幸存的人都逃窜或藏匿，不敢出来，唯有散骑常侍山伟一人到宫阙之下，叩拜大赦之恩。洛中士民忧愁恐惧，有人说尔朱荣要纵兵大掠，有人说要迁都晋阳。于是富人抛弃住宅，穷人背着小孩，全部逃窜，留下的人不足十之一二，宫中值班卫士空虚，官府衙门空空荡荡，无人处理公务。尔朱荣于是上书，称："大兵交际，难以完全控制，诸王朝贵，横死者太多，臣如今就是粉身碎骨，也不足以赎罪，乞请追赠亡者，略尽我个人的职责。请追尊无上王为无上皇帝，其余死于河阴者，诸王追赠为三司，三品官员追赠为尚书令、仆射，五品追赠为刺史，七品以下及平民追赠为郡守、镇将；死者没有后裔的，则允许养子继承，请即刻授予封爵。另外，再派使者在城中巡回慰问。"皇帝下诏听从。于是朝廷官员这才渐渐露面，人心稍微安定。

皇帝下诏封无上王之子元韶为彭城王。

尔朱荣还没有放弃迁都的打算，皇帝也不敢违背。都官尚书元谌争之，认为不可，尔朱荣怒道："关你什么事，这么固执！况且河阴之役，你应该知道。"元谌说："天下之事，当与天下人讨论，何必用河阴惨案来恐吓元谌！元谌是国之宗室，一直在皇帝左右，如果活着对国家没有益处，死了又有什么损失！今天就是碎首流肠，也无所畏惧！"尔朱荣大怒，要把元谌治罪，尔朱世隆坚决劝谏，于是停止。在场看见的人无不震悚，元谌颜色自若。过了数日，皇帝与尔朱荣登高，尔朱荣见宫阙壮丽，列树成行，于是叹道："臣之前愚暗，竟然有北迁之意，今天看到皇宫如此壮丽雄伟，仔细想想元尚书的话，认为他说的一点不错。"于是罢迁都之议。元谌，是元谧的哥哥。

四月十六日，北魏任命江阳王元继为太师，北海王元颢为太傅；光禄大夫李延寔为太保，赐爵濮阳王；并州刺史元天穆为太尉，赐爵上党王；前侍中杨椿为司徒；车骑大将军穆绍为司空，领尚书令，晋爵顿丘王；雍州刺史长孙稚为骠骑大将军、开府仪同三司，赐爵冯翊王；殿中尚书元谌为尚书右仆射，赐爵魏郡王；加金紫光禄大夫、广陵王元恭仪同三司；其余起家暴贵者，不可胜数。李延寔，是李冲之子，因为他是皇帝的舅舅，所以得以破格擢升。

徐纥的弟弟徐献伯为北海太守，弟弟徐季产为青州长史，徐纥派人通报消息，两人都带着家属逃走，与徐纥一起逃奔泰山。郑俨与堂兄、荥阳太守郑仲明谋据郡起兵，被部下所杀。

四月二十日，朝廷下诏，内外解除戒严。

【华杉讲透】

有脑子的人，思考问题和行动决策一以贯之

看一个人有没有头脑，就要看他思考问题和行动决策是不是一以贯之。一以贯之，就是他的观点、立场、追求、做法都始终不变。所谓求仁得仁，不管形势有利还是不利，不管结果如何都不改变，因为任何事情对他来说都没有他一以贯之的"道"更重要，放弃了自己的道，一切都没有意义。

一以贯之的反面，就是随波逐流。尔朱荣就是这样，虽然滔天巨浪是他掀起的，但是他的行为都是随波逐流。他屠杀两千权贵，初心是为了杀人立威，建立恐怖统治。但在杀了之后，又害怕仇家报复，以至于不敢进城，要迁都躲避。那么他当初为什么要杀呢？这杀人立威的威到哪里去了？他的观点和立场随时都在改变，一会儿要篡权称帝，一会儿又叩头请罪，而且每次都是真心的，还真不是装。他在历史上也被归入奸雄行列，不过他真是一个幼稚的奸雄。论打仗，他是英雄；论权奸，他还真不够格称这个"奸"字。

尔朱荣这样的人，没记性，自己之前怎么想的，自己都不记得，只是根据每天碰巧遇上的事情，就随时做出改变自己和国家命运的决策。

在这一段中，元谌的话震烁古今，值得抄录原文："天下事当与天下人论之，奈何以河阴之酷而恐元谌！谌，国之宗室，生既无益，死复何损，正使今日碎首流肠，亦无所惧！"这一番话，就是十万雄兵，力压尔朱荣。元谌是一以贯之的人。

10 北魏郢州刺史元显达向南梁请降，皇帝萧衍下诏，命南梁郢州刺史元树迎接，夏侯夔也从楚城前往会合，于是留下镇守。南梁改北魏郢州为北司州，以夏侯夔为刺史，同时兼管司州。夏侯夔进攻毛城，进逼新蔡；豫州刺史夏侯亶包围南顿，攻打陈项；北魏行台源子恭抵抗。

11 四月二十三日，北魏封尔朱荣的儿子尔朱义罗为梁郡王。

12 柔然头兵可汗数次入贡于北魏，北魏下诏，头兵可汗可以赞拜不名，上书不称臣。

北魏元悦、元彧、元颢因河阴之变，投奔梁朝

13 北魏汝南王元悦及东道行台、临淮王元彧听闻河阴之乱，都来投奔南梁。之前，从北魏投降过来的人都在自己的官职前加上一个"伪"字，唯独元彧上表启奏时自称"魏临淮王"。皇帝萧衍也体谅他的儒雅风度，不责备他。

北魏北海王元颢将要去相州上任，走到汲郡，听闻葛荣南侵及尔朱荣纵暴，暗地里为自己的安全打算，盘桓不进；命他的舅舅、殷州刺史范遵代理掌管相州事务，接替前刺史李神镇守邺城。行台甄密知道元颢有异志，联合其他人废黜范遵，重新推举李神摄理州事，派兵迎接元颢，且观察他的变化。元颢听闻，率左右投奔南梁。

甄密，是甄琛的堂弟。

北魏北青州刺史元世俊、南荆州刺史李志都举州投降南梁。

14 五月一日，北魏加授尔朱荣为北道大行台。任命尚书右仆射元罗为东道大使，光禄勋元欣为副，巡察各地，罢黜或擢升各地官员，都可先执行然后奏报。

元欣，是元羽之子。

15 尔朱荣入见北魏主元子攸于明光殿，重新为河桥之事谢罪，发誓说没有二心。北魏主亲自起身，阻止他叩拜，也再次向他立誓，说自己没有疑心。尔朱荣大喜，要求拿酒来，喝得大醉；北魏主想要杀他，左右苦苦进谏，于是停止，就用尔朱荣的坐床，把他抬到中常侍省。尔朱

荣半夜才酒醒，于是通晓不眠，从此再也不在宫中住宿了。

尔朱荣的女儿之前是肃宗元诩的嫔妃，尔朱荣希望皇帝元子攸立他女儿为皇后，皇帝犹疑未决，给事黄门侍郎祖莹说："当年晋文公在秦，怀嬴侍寝（怀嬴是秦穆公的女儿，之前是晋怀公的妻子，公元前638年，怀嬴逃回秦国。公元前637年，晋文公重耳到了秦国，秦穆公又命怀嬴嫁给重耳）；就有这样一些事，看起来违反儒经，实际上合乎大义，陛下还有什么可怀疑的呢！"皇帝于是听从，尔朱荣非常喜悦。

尔朱荣举止轻佻，喜欢驰射，每次入宫朝见，什么事不干，就喜欢骑马为戏；在西林园设宴射箭，总是请皇后出来观看，并召王公、嫔妃、公主们共坐一堂。每次看见皇帝射中，尔朱荣就跳起来起舞喊叫，其他将相卿士全都跟着舞蹈，嫔妃公主也不免附和着举起衣袖。到了酒酣耳热之际，必定正坐着高唱胡房歌曲；日暮罢归，与左右手牵手踏地唱《回波乐》而出。尔朱荣性情非常严暴，喜怒无常，刀槊弓矢，不离于手，看谁不顺眼，即行击射，左右随时都有死亡之忧。有一次看见两个和尚同骑一马，尔朱荣即刻下令他们相互搏斗，两人筋疲力尽，打不动了，尔朱荣就命旁人抓住两人的头相互撞击，直到把二人都撞死才停止。

五月五日，尔朱荣回晋阳，皇帝在邙阴为他饯行。尔朱荣令元天穆入洛阳，加授元天穆为侍中、录尚书事、京畿大都督兼领军将军，任命行台郎中、桑干人朱瑞为黄门侍郎兼中书舍人，朝廷要官，全部用他的心腹担任。

【华杉讲透】

不要高估自己对别人的贡献和恩德

尔朱荣轻佻，爱玩，但为什么要跑去皇宫，让皇帝带着嫔妃、公主们陪你玩，一起讨你开心呢？这是对皇帝极大的折磨和侮辱，他却以为大家一起玩很高兴，意识不到皇帝对他恨之入骨。

尔朱荣此时并无叛心，既无叛心，就要执守臣礼，摆正自己的位置，只是尔朱荣不读书，不懂事，脑子里没这些概念。这件事中还显示出一个人性的弱点，就是大大高估了自己对别人的贡献和恩德，尔朱荣显然认为皇帝的位置都是他给的，没有他就没有皇帝，皇帝侍候他是应该的，心服口服的。他心里其实明白皇帝只是他的政治工具，皇帝也明白，所以没有任何道理要感激他，这一条，他却选择性忽视了。此外，尔朱荣曾经想杀死皇帝，取而代之，后来他因迷信放弃了，与皇帝和解了，那是他以为和解了，认为过去的事就过去了，不知道过去的事永远不会过去，相反，过去会在未来等着你。

天下不可私授，皇帝不记私恩。当了皇帝，就是真命天子，权力来自天授，本来就不存在谁给了我皇帝的位置！你给的，也是因为天命在我，你不得不给的，我感激你什么呢？

尔朱荣不明白这个道理。

16 五月十日，北魏主元子攸下诏："自孝昌年间以来，凡是有冤情无处申诉的，全部集合到华林东门，我当亲自处理。"当时在动乱之后，仓库虚竭，又下诏："捐献粟米八千石者赐爵为散侯，平民捐献五百石者赐给当官资格，和尚任命为本州统及郡县维那（佛教管理官）。"

尔朱荣南下洛阳时，派他的都督樊子鹄接收唐州，唐州刺史崔元珍、行台郦恽拒守不从。五月十九日，樊子鹄攻拔平阳，斩崔元珍及郦恽。

崔元珍，是崔元挺的堂弟。

17 南梁将军曹义宗包围北魏荆州，筑起堰坝，蓄水灌城，城中房屋都被淹没。当时北魏多难，不能救援，城中粮尽，刺史王罴煮粥，与将士平均分食。每次出战，头不戴盔，身不穿甲，仰天大呼说："荆州城，孝文皇帝所置，天若不佑国家，就让箭射中王罴额头；不然，王罴必当破贼！"历时三年，前后搏战甚众，也没有受过伤。

五月二十七日，北魏任命中军将军费穆为都督南征诸军事，将兵救援。

18 北魏临淮王元彧听闻北魏主元子攸皇位已经确定，乃以母亲年老为由，请求回国，辞情恳至。皇帝萧衍爱惜他的才能，不愿违背他的心意，六月一日，遣送元彧回国。北魏任命元彧为侍中、骠骑大将军，加仪同三司。

19 北魏员外散骑常侍高乾，是高祐的侄子，与弟弟高敖曹、高季式都喜欢行侠仗义，与北魏主元子攸有旧交。尔朱荣南下洛阳时，三人逃奔齐州，听闻河阴之乱，于是集合流民，起兵于黄河、济水之间，接受了葛荣的官爵，频频击破州军。北魏主元子攸派元欣前往晓谕圣旨，高乾等于是投降。北魏任命高乾为给事黄门侍郎兼武卫将军，高敖曹为通直散骑侍郎。尔朱荣认为高乾兄弟之前叛乱，不应再居于接近皇帝的要职，北魏主元子攸于是允许他们解官回归乡里。高敖曹又开始干起抢劫的勾当，尔朱荣诱捕了他，与薛修义一起关押在晋阳。

高敖曹名叫高昂，但平时人们都以字敖曹来称呼他。

20 葛荣军缺粮，派他的仆射任褒率兵向南抢掠，一直到沁水。北魏任命元天穆为大都督东北道诸军事，率宗正珍孙等讨伐。

前幽州平北府主簿、河间人邢杲率河北流民十万余户在青州北海造反，自称汉王，改年号为天统。六月二十二日，北魏任命征东将军李叔仁为车骑大将军、仪同三司，率众讨伐。

六月二十五日，北魏主元子攸下诏说："朕当亲率六军，扫平燕、代。"任命大将军尔朱荣为左军，上党王元天穆为前锋，司徒杨椿为右军，司空穆绍为后军。葛荣撤退，屯驻在相州之北。

21 秋，七月十日，北魏加授尔朱荣为柱国大将军、录尚书事。

22 七月二十七日，北魏光州百姓刘举聚众反于濮阳，自称皇武大将军。

23 本月，万俟丑奴自称天子，设置百官。正巧波斯国进献狮子给北魏，万俟丑奴把它扣留，改年号为神兽。

24 北魏泰山太守羊侃，因为祖父羊规曾任宋高祖刘裕的祭酒从事，常有南归之志。徐纥前往投奔他，乘机劝他起兵，羊侃听从。兖州刺史羊敦，是羊侃的堂兄，知道了这个秘密，固守州城，抵抗羊侃。

八月，羊侃引兵袭击羊敦，不能攻克，于是筑十余座城堡驻守，并遣使到南梁请降。皇帝萧衍下诏，命广晋县侯、泰山人羊鸦仁等将兵接应。北魏任命羊侃为骠骑大将军、泰山公、兖州刺史，羊侃斩其使者，拒不接受。

南梁将军王弁入侵北魏徐州，蕃郡平民续灵珍拥众一万人攻打蕃城以响应王弁。北魏徐州刺史杨昱攻击续灵珍，将他斩首，王弁撤退。

25 八月十九日，北魏大都督宗正珍孙攻击刘举于濮阳，将他消灭。

尔朱荣任命宇文泰为统军

26 葛荣引兵包围邺城，部众号称百万，游兵已过汲郡，所过之处，烧杀抢掠，尔朱荣上疏请求出兵征讨。九月，尔朱荣召侄子、肆州刺史尔朱天光，命他留守晋阳，说："我到不了的地方，只有你在，才能让我放心。"尔朱荣亲自率精骑七千，每人带两匹马，倍道兼行。东出滏口，以侯景为前锋。葛荣为盗日久，横行河北，尔朱荣众寡不敌，议论的人都觉得没有取胜之理。葛荣听闻，喜形于色，对他的部众说："尔朱荣容易对付，你们都准备长绳，等他来了，就把他捆起来。"葛荣自邺城以北，列阵数十里，像簸箕一样张开两翼前进。尔朱荣把军队埋伏在山谷中，作为奇兵，以督将以上军官三人结为一处，每处有数百骑兵，令他们在所在之处扬尘鼓噪，使葛荣不知道有多少兵。尔朱荣又认为人马近身搏战，刀不如棒，下令军士每人携带袖棒一根，置于马侧，又考虑到交战的时候士兵们为了杀人立功，斩首级耽误追击时间，下令不以斩首记功，就以棍棒打击就行。分命壮勇，四处冲击，号令严明，战士奋勇。尔朱荣亲自冲锋陷阵，冲到贼军身后，前后夹击，大破贼军。尔朱荣就在战场上生擒葛荣，余众全部投降。尔朱荣认为投降的贼人太多，如果立即把他们分割编进不同部队，恐怕他们疑惧，也许会再聚集起来，于是下令允许他们自由离开，亲属相随，投奔任何地方都可以。于是群情大喜，即刻四散而去，数十万人，一朝散尽。等他们走出一百里之外，再分别在各条道路上，将他们集合起来，押送各部队，怎么方便就怎么安置，都各得其所。又擢升贼军渠帅，量才授任，新归附的人，都安心了。时人佩服尔朱荣处分的机智和快速。以槛车送葛荣赴洛阳，冀州、定州、沧州、瀛州、殷州五州全部平定。当时上党王元天穆驻军于朝歌之南，穆绍、杨椿还未出发，而葛荣已灭，于是都罢兵。

当初，宇文肱跟从鲜于修礼攻打定州，战死于唐河。他的儿子宇文泰在鲜于修礼军中，鲜于修礼死，又跟从葛荣；葛荣败，尔朱荣爱惜宇文泰之才，任命他为统军。

九月二十一日，北魏大赦，改年号为永安。

九月二十七日，北魏任命尔朱荣为大丞相、都督河北畿外诸军事，尔朱荣的儿子、平昌公尔朱文殊、昌乐公尔朱文畅都晋爵为王，任命杨椿为太保，城阳王元徽为司徒。

冬，十月三日，葛荣被押送到了洛阳，北魏主元子攸登闾阖门引见，然后将其斩首于都市。

27 南梁皇帝萧衍封北魏北海王元颢为魏王，派东宫直阁将军陈庆之将兵送他回北方。

28 北魏任命太原王世子尔朱菩提为骠骑大将军、开府仪同三司。十月十三日，以长乐等七郡各万户，加上之前十万户，作为太原王尔朱荣的封国。十月十四日，又加授尔朱荣为太师。这些都是奖赏他生擒葛荣之功。

29 十月二十八日，北魏江阳武烈王元继去世。

30 北魏派征虏将军韩子熙招降邢杲，邢杲诈降，而后又造反。李叔仁击邢杲于潍水，失利而还。

31 北魏费穆增援荆州，南梁围城军将领曹义宗军败，为北魏所擒，荆州包围解除。

32 元颢攻取并占据了北魏的铚城。

33 北魏行台尚书、左仆射于晖等率军数十万，击羊侃于瑕丘，徐纥担心事情不成，劝说羊侃向南梁求救兵，羊侃相信了他，徐纥于是投奔南梁。

于晖等包围羊侃十几重，羊侃军中箭都射光了，南梁军还没有来。十一月十日夜，羊侃突围而出，且战且行，一天一夜才出了北魏边境，抵达渣口时，部众还有一万余人，马二千匹。

士兵皆彻夜悲歌，羊侃于是向大家道歉说："你们怀念故土，按理不能强迫你们跟随我，是走是留，各位自己决定，我们就在此地道别。"士卒们各自拜辞而去。北魏收复泰山。

于晖，是于劲之子。

34 十一月二十五日，北魏任命上党王元天穆为大将军、开府仪同三司，世袭并州刺史。

35 十二月十七日，北魏朝廷下诏，命于晖还师讨伐邢杲。

36 葛荣余党韩楼再次占据幽州造反，北边陷于兵患。尔朱荣任命抚军将军贺拔胜为大都督，镇守中山；韩楼畏惧贺拔胜威名，不敢南出。

卷第一百五十三 梁纪九

（公元529年，共1年）

高祖武皇帝九

中大通元年（公元529年）

1 春，正月二日，北魏于晖所部都督彭乐率二千余骑兵叛变，投奔幽州变民首领韩楼，于晖引兵撤回。

2 正月九日，南梁皇帝萧衍在南郊祭天，大赦。

3 正月十二日，之前投奔南梁的北魏汝南王元悦请求回国，萧衍批准。

4 正月二十九日，皇帝萧衍祭祀明堂。

5 二月十二日，北魏主元子攸尊生父、彭城武宣王元勰为文穆皇帝，庙号肃祖；母亲李妃为文穆皇后。他打算把牌位迁入太庙，以高祖元宏为伯父,大司马兼录尚书、临淮王元彧上表进谏,认为:"汉高祖立太上皇庙于香街,光武帝祭祀南顿君于舂陵。汉元帝之于光武帝,血缘关系已经疏远到不用穿丧服,但刘秀仍然身奉子道,入继大宗。高祖(元宏)恩德广布天下,道德高超无外,肃祖(元恪)虽然功勋遍及宇宙,但是仍应该面北为臣。再说,二后都将享有这种祭祀和礼遇,这是君臣同席,嫂叔同室,我认为不可。"吏部尚书李神俊也进谏,元子攸不听,元彧又请去"帝"号,只称"皇",也不听。

6 南梁皇帝萧衍下诏,重新确定二百四十号将军,等级分为四十四班。

7 二月二十日,北魏主元子攸下诏任济阴王元晖业兼行台尚书,都督丘大千等镇守梁国。元晖业,是拓跋小新成的曾孙。

8 三月十一日,北魏朝廷下诏,命上党王元天穆讨伐邢杲,任命费穆为前锋大都督。

9 夏,四月二日,元子攸将肃祖及文穆皇后牌位迁于太庙,又追尊彭城王元勰为孝宣皇帝。临淮王元彧进谏说:"这种事古代从来没有,陛下行为不守法,后世怎么看!"元子攸不听。

【华杉讲透】

尊哥哥为帝,始作俑者在此

自古从来没有皇帝追尊自己的哥哥为帝的。不过,在唐高宗之后,很多皇帝都追尊自己的兄弟为皇帝,始作俑者,就是元子攸了。

元勰是被尔朱荣杀死的,如今被追尊为孝宣皇帝,不知道尔朱荣怎么想。元子攸和尔朱荣两人,神经都比较大条,不敏感,看他们之后的冲突吧。

元颢即帝位于睢阳，改年号为孝基

10 北魏元天穆将要攻击邢杲，因为北海王元颢正要入侵，召集文武商议，众人都说："邢杲兵众强盛，应该先打邢杲。"行台尚书薛琡说："邢杲兵众虽多，都是鼠窃狗偷之辈，没有什么远大志向。元颢是帝室近亲，号称义举，其势难测，应该先把他铲除。"元天穆因为诸将大多想要攻打邢杲，北魏朝廷也认为元颢势孤力弱，不足为虑，命元天穆等先平定齐地，再还师攻击元颢，于是引兵东出。元颢与陈庆之乘虚从铚城进拔荥城，于是打到梁国。北魏将领丘大千有部众七万，筑九座城垒抵抗元颢。陈庆之攻击，自早上打到下午，攻拔其中三个城垒，丘大千请降。元颢登坛，点燃火堆，即帝位于睢阳城南，改年号为孝基。

济阴王元晖业率羽林兵二万，驻军于考城，陈庆之攻拔其城，生擒元晖业。

【华杉讲透】

陈庆之的英雄事迹开始了。萧衍命陈庆之护送元颢回国夺位，但是并不认真，给他的兵不多，以至于北魏朝廷都不把他当回事。但是，陈庆之搞出了大事情。

11 四月二十日，北魏上党王元天穆及尔朱兆在济南击破邢杲，邢杲投降，被送到洛阳，斩首。尔朱兆，是尔朱荣的侄子。

陈庆之屡战屡胜，元颢入洛阳宫，改年号为建武

12 五月六日，北魏任命东南道大都督杨昱镇守荥阳，尚书仆射尔朱世隆镇守虎牢，侍中尔朱世承镇守崿岅。五月十四日，北魏内外戒严。

五月十七日，北海王元颢攻克梁国。元颢任命陈庆之为卫将军、徐州刺史，引兵向西。杨昱拥众七万，据守荥阳。陈庆之进攻荥阳，未能

攻拔。元颢派人游说杨昱，让他投降，杨昱不从。元天穆与骠骑将军尔朱吐没儿率领大军，前后继至，南梁士卒都很恐惧。陈庆之解下马鞍，喂马吃草，晓谕将士们说："我至此以来，屠城略地，实在不少；你们杀人父兄、掠人子女，数也数不清了。元天穆之众，都是仇敌。我军兵力才七千，敌人有三十余万，今日之事，唯有以必死之心，才可以得生！敌人骑兵多，不能与他们在野外作战，应当趁他们还没有全部抵达之前，急攻占领城池。诸君不要犹疑，否则就是自取灭亡！"于是擂起战鼓，驱使将士登城。将士们即刻相率蚁附而上。

五月二十二日，攻陷荥阳，抓获杨昱。诸将三百余人跪伏在元颢帐前请求说："陛下渡江三千里，连一个箭头也没有损失，而昨天荥阳城下，我们就被杀伤五百余人，请把杨昱交给我们，让大家报仇雪恨！"元颢说："我在江东听梁主说，当初举兵下都，袁昂为吴郡太守，坚决不降，常称赞他的忠节。杨昱是忠臣，为什么要杀他！除了杨昱，其他人随你们处置。"于是斩杨昱所部统帅三十七人，把他们的心挖出来吃掉。

不久，元天穆等引兵围城，陈庆之率骑兵三千人，出城力战，大破北魏军。元天穆、尔朱吐没儿都逃走。陈庆之进击虎牢，尔朱世隆弃城而走，俘虏北魏东中郎将辛纂。

北魏主元子攸将要逃走，以躲避元颢，不知道该往哪里去，有人劝他去长安，中书舍人高道穆说："关中荒残，怎么能去！元颢士众不多，乘虚深入，是因为我们将帅不得其人，才搞到这步田地。陛下如果能亲率宿卫，高募重赏，背城一战，臣等竭其死力，必定击破元颢孤军。如果担心胜负没有把握，陛下不如渡过黄河，征召大将军元天穆、大丞相尔朱荣，各自引兵来会，互为掎角，进兵征讨，十天半月之间，必见成功。这才是万全之策。"

元子攸接受了第二项建议。

五月二十三日，元子攸北行，夜里到了河内郡北，命高道穆于烛下作诏书数十张，布告远近。于是四方才知道北魏主所在。

五月二十四日，元子攸进入河内。

临淮王元彧、安丰王元延明，率领百官，封存府库，备法驾迎接元颢。五月二十五日，元颢进入洛阳皇宫，改年号为建武，大赦。任命陈庆之为侍中、车骑大将军，增加封邑一万户。

杨椿在洛阳，他的弟弟杨顺是冀州刺史，哥哥的儿子杨侃为北中郎将，跟从北魏主元子攸在河北。元颢猜忌杨椿，但因为他家世显重，恐怕有失人望，没敢杀他。有人劝杨椿出逃，杨椿说："我家内外一百口，往哪里逃！只能坐待天命而已。"

元颢后军都督侯暄据守睢阳，作为后援。北魏行台崔孝芬、大都督刁宣急行军包围侯暄，昼夜急攻。五月二十七日，侯暄突围逃走，被抓获，斩首。

上党王元天穆等率众四万攻拔大梁，分兵派费穆将兵二万攻虎牢，元颢命陈庆之出击。元天穆畏惧元颢，准备北渡黄河，对行台郎中、济阴人温子升说："你是想要去洛阳，还是跟我北渡？"温子升说："主上因为虎牢失守，以至于狼狈如此。元颢新入，人心未安，现在前往攻击，攻无不克。大王平定京邑，奉迎大驾，这是齐桓公、晋文公那样的壮举。如果放弃这个机会，北渡撤退，我实在是为大王感到可惜！"元天穆觉得他说得很对，但是并没有采纳他的建议，于是引兵渡河。

费穆攻打虎牢，将要攻拔，听闻元天穆北渡，自认为没有后援，于是向陈庆之投降。陈庆之进击大梁、梁国，全部拿下。陈庆之以数千之众，从铚县出发，一直打到洛阳，前后攻取三十二城，四十七战，所向皆克。

元颢派黄门郎祖莹写信给北魏主元子攸："朕泣请于梁朝，誓在复仇雪耻，正要问罪于尔朱荣，把你从桎梏中拯救出来。你托命豺狼，委身虎口，我如今所统治的土地和人民，本来都是尔朱荣的，并非为你所有。如今国家兴亡，在你与我。如果天道助顺，则魏国再兴；如果不然，对尔朱荣来说是福，对你来说是祸。你应三思，做出明智选择，则富贵可保。"

元颢既入洛阳，自黄河以南州郡，大多都归附他。齐州刺史、沛郡王元欣召集文武官员，商议该站在哪一边，说："北海王、长乐王，都是帝室近亲（二人同一祖父，都是献文帝拓跋弘的孙子），如今宗庙并未转移，我打算接受北海王赦令，诸君意下如何？"

在座之人，无不大惊失色，都不敢说话。唯独军司崔光韶高声抗议说："元颢受制于梁国，引寇仇之兵，以颠覆宗国，他是魏国的乱臣贼子。从大王的家事来说，让人切齿；而下官等都蒙受朝廷恩典，不敢仰从！"长史崔景茂等都说："军司所言极是。"元欣于是斩元颢来使。

崔光韶，是崔亮的堂弟。

襄州刺史贾思同、广州刺史郑先护、南兖州刺史元遐也都不接受元颢的命令。

贾思同，是贾思伯的弟弟。

元颢任命冀州刺史元孚为东道行台、彭城郡王，元孚把他的委任状封起来，送给北魏主元子攸。平阳王元敬之前起兵于河桥，讨伐元颢，兵败而死。

北魏任命侍中、车骑将军、尚书右仆射尔朱世隆为使持节、行台仆射、大将军、相州刺史，镇守邺城。北魏主元子攸出洛阳时，单骑而去，侍卫、后宫都原封不动。元颢获得了尊位，一切由自己发号施令，四方人民，都在期待他良好的政策。而元颢自以为是上天授命于他，有了骄怠之志。以前的宾客近习，都得到宠待，干扰政事，日夜纵酒，不管军国大事。跟他来的南梁士兵，在大街小巷凌暴洛阳市民，于是朝野失望。

高道穆的哥哥高子儒自洛阳出走，跟从北魏主元子攸，元子攸问他洛阳的情况，高子儒说："元颢败在旦夕，不足为忧。"

尔朱荣听闻元子攸北逃，立即乘坐驿马车到长子晋见，一路调兵遣将。元子攸也即日南归，尔朱荣为前锋。十天时间，兵众大集，资粮器仗，相继而至。

六月二日，北魏大赦。

尔朱荣既南下，并州、肆州不安，于是任命尔朱天光为并州、肆州等九州行台，仍掌管并州事务。尔朱天光到了晋阳，部署整顿，各部军心都安定下来。

【华杉讲透】

聪明人不能避免骄傲，但是绝不能懈怠懒惰

人性天生会夸大自己的作用，而低估他人和时运、环境的影响。成功了都是因为自己了不起，失败了则归纠于大环境不好，运气不好，手下人不好。而成败的真因往往相反，成功是因为运气和别人的支持，失败则全是自己的责任。

元颢的成功，是因为有萧衍支持，陈庆之替他征战，而元子攸防备不足。有神队友，遇上猪对手，加上天大的运气，元颢才得以进入洛阳。他却认为自己是天命所归，马上骄傲起来。而且不仅仅是骄傲，更加上一个"怠"字，是"骄怠"。曾国藩说，败人两字，非傲即惰。怠，就是惰，元颢两个字都占全了。

聪明人，或者取得了成就的人，都容易骄傲，这很难避免。但是不管你多么骄傲，你一定不能骄怠，不能懈怠，不能懒惰，不能安于享乐，一定要勤奋，永远保持勤奋！

要取得成功，并且保持一生不败，需要具备三大性格品质：聪明、勤奋、人品好！聪明是天生的，也可以通过勤奋获得，只是比天生聪明的人晚十年八年，也没关系。但是勤奋必须终身保持，一懈怠，就落后了。而你的人品，就是你的环境。元颢进入洛阳皇宫，他是有机会的，"四方人情想其风政"，全国人民都在"听其言，观其行"，盼望他带来新局面，这就是形成有利环境的关键时刻，结果呢？他纵情声色，让小人得志，而陈庆之的部队，又在洛阳城"陵暴市里"。政治上一旦失败，哪怕陈庆之是千古名将，也扶不起元颢的政权了。

元颢的结局，正应了那句话：靠运气取得的成功，早晚会凭本事败掉。

六月九日，费穆抵达洛阳，元颢接见，责备他劝尔朱荣杀王公，挑起河阴惨案，因此杀了他。

元颢派都督宗正珍孙与河内太守元袭领河内，尔朱荣进攻河内，上党王元天穆引兵与他会合，六月二十二日，攻拔其城，斩宗正珍孙及元袭。

13 闰六月一日，北魏淮阴太守晋鸿献出湖阳，投降南梁。

14 闰六月九日，南梁南康简王萧绩逝世。

尔朱荣夜袭元冠受，追击陈庆之，陈庆之逃回建康

15 北魏北海王元颢既得志，秘密地与临淮王元彧、安丰王元延明策划背叛南梁，因为局势还未平定，需要陈庆之兵力，所以表面团结，内心却另有打算，说话多有猜忌。陈庆之也秘密防备，对元颢说："如今我军远来至此，不服的人还有很多，他们如果知道我方虚实，连兵四合，将何以抵御！应该启奏天子，再请精兵，并下令诸州，有梁朝人陷没在当地的，必须全部送到我们这里来。"元颢准备听从，元延明说："陈庆之兵不出数千，已经难以控制；如果再让他增兵，还肯为我们所用吗？大权一去，一举一动都受制于人，魏国宗庙，就此坠落了。"元颢于是没有听从陈庆之的话。又担心陈庆之给南梁皇帝上密奏，于是上表给萧衍说："如今河北、河南一举平定，只剩下尔朱荣还敢跋扈，臣与陈庆之自能擒讨。州郡新近归服，正须绥靖抚慰，不宜再增加军队，使百姓惶恐不安。"萧衍于是下诏，命增援的诸军都停留在边境上。

洛阳城中南梁兵不满一万，而羌、胡之众十倍，军副马佛念对陈庆之说："将军威行河、洛，声震中原，功高势重，为魏所疑，一旦变生不测，你难道不担心吗？不如乘其无备，杀了元颢，占领洛阳，这是千载难逢的机会。"陈庆之不听。

元颢之前任命陈庆之为徐州刺史，陈庆之一再请求前往就任，元颢心中忌惮，不让他去，说："主上把洛阳之地完全委托给你，忽然听说你舍弃这一寄托，要前往彭城，一定认为你是为了自取富贵，不为国家考

虑，不仅有损于你，恐怕我也要受责备。"陈庆之不敢再说。

尔朱荣与元颢隔着黄河对峙。陈庆之驻防北中城，元颢自己据守南岸；陈庆之三日十一战，杀伤甚众。有夏州义士为元颢把守河中小岛，秘密与尔朱荣通谋，要求摧毁大桥以自效，尔朱荣引兵前往接应。等到大桥被摧毁时，尔朱荣来不及接应，元颢将叛军全部屠杀，尔朱荣怅然失望。又因为安丰王元延明沿着河岸固守，而北军无船可渡，商议说先回到北方，更图后举。

黄门郎杨侃说："大王兵发并州之日，已经知道夏州义士的密谋，然后才前来接应的吗？还是要施展经略以匡复帝室呢？但凡用兵，何尝不是打散了又集合起来，伤好了再战；何况如今还没有什么损失，岂能因为一件事不顺利，就废弃了所有的计划呢？如今四方凝视盼望，就看大王这一举；如果一无所成，就匆忙撤退，民情失望，各怀去就之心，谁胜谁负，就不好说了。不若征发民间木材，多做木筏，加上舟船，沿河布列，数百里的黄河上，都做出要渡河的样子，首尾相距既远，让元颢不知道在哪一段布防，一旦得渡，必立大功。"

高道穆说："如今皇帝乘舆飘荡，主忧臣辱。大王拥百万之众，辅天子而令诸侯，如果分兵造筏，全线分散一起渡河，胜利只在指掌之间，为什么要放弃这个机会，向北撤退，让元颢得以重整军备，征兵天下！这正所谓养虫成蛇，悔之无及！"

尔朱荣说："杨侃已陈此策，当与他一起商议。"刘灵助也对尔朱荣说："不出十日，河南必平。"伏波将军、正平人杨标与他的家族居住在马渚，自称有小船数艘，请求做向导。

闰六月十八日，尔朱荣命车骑将军尔朱兆与大都督贺拔胜捆缚木材为筏，自马渚西硖石夜渡黄河，袭击元颢的儿子、领军将军元冠受，将他生擒。安丰王元延明的部众接到消息，大溃。元颢不知所措，率麾下数百骑向南逃走，陈庆之集结步骑兵数千人，结成阵势，向东撤退，元颢所得诸城，一时之间又投降北魏。尔朱荣亲自追击陈庆之，正巧嵩高河水上涨，陈庆之的军士死散略尽，于是削须发为和尚，从小路穿过汝阴，回到建康，仍以功勋被任命为右卫将军，封永兴县侯。

北魏中军大都督兼领军大将军杨津进入宿殿中，扫洒宫庭，封闭府库，出迎北魏主元子攸于北邙，流涕谢罪，北魏主慰劳他。

闰六月二十日，北魏皇帝入居华林园，大赦。任命尔朱兆为车骑大将军、仪同三司，北方来的军士、随驾流亡的文武官员，以及起义立功的人，都擢升五级，黄河以北通报敌情的官员及黄河以南起义立功的人升二级。

闰六月二十二日，加授大丞相尔朱荣为天柱大将军，增家封邑，加上之前已封的，一共二十万户。

元颢被杀，元彧归顺北魏孝庄帝

北海王元颢从轩辕南下，逃到临颍，跟从的骑兵都走散了，临颍县卒江丰将他抓获并斩首。闰六月二十二日，首级送到洛阳。临淮王元彧再次归附元子攸，安丰王元延明带着妻子儿女，投奔南梁。

陈庆之进入洛阳时，萧赞写一封信送给陈庆之，请求南归。当时他的生母吴淑媛尚在，皇帝萧衍让她把萧赞幼年时的衣服送去给他，还没有送到，陈庆之已经战败。

陈庆之从北魏回来，特别敬重北方人，朱异觉得奇怪就问他，陈庆之说："我开始时以为长江以北，都是戎狄之乡，等到了洛阳，才知道礼仪人物尽在中原，非江东所及，怎能轻视他们呢？"

【华杉讲透】

要决策，就要做自己的旁观者

所有的决策，都有情绪的参与，此外就是受别人影响。尔朱荣因为"夏州义士"的失败，怅然失望，心情沮丧，就有了放弃的心理。所谓"更图后举"，跟小孩子说"下周一开始认真学习"一样，不过是一种拖延症，而杨侃的话，事理清晰，从尔朱荣的初心、本谋，到天下人心、战局形势，分析得一清二楚；再加上高道穆的大义激励，刘灵助的大话煽动，尔朱荣就决定一战。等尔朱荣一击得手，又轮到元颢情绪崩溃了，元颢基本上是不战自溃。

我们要决策，要做自己的旁观者，观察自己的初心、本谋、情绪，观察自己如何受他人影响，才能拨开精神的迷雾，找到正确的道路。

16 闰六月二十四日，北魏任命上党王元天穆为太宰，城阳王元徽为大司马兼太尉。

闰六月二十五日，北魏主元子攸在都亭设宴慰劳尔朱荣、上党王元天穆及从北方来的各勤王军将领，以宫女三百人，锦绣绸缎、杂色布料数万匹，依照等级，分别赏赐给大家，凡是之前受元颢封爵赏赐及免除赋税的，全部追回。

秋，七月二日，北魏主元子攸才开始进入皇宫。

任命高道穆为御史中尉。北魏主元子攸的姐姐寿阳公主外出时，违反戒严令，巡逻士卒呵斥，公主不理，高道穆下令士卒击破她的马车。公主泣诉于元子攸，元子攸说："高中尉是清直之士，他所做的也是公事，岂可以私情责备他呢！"高道穆晋见元子攸，元子攸说："家姊行路相犯，我极为惭愧。"高道穆免冠谢罪，元子攸说："朕有愧于卿，卿何须谢罪！"

当时北魏流通很多细钱（轻于五铢钱），一斗米几乎要值一千钱，高道穆上表，认为："街市上商店铜价，八十一钱得铜一斤，而私造薄钱，一斤可以铸出二百钱。既让大家看到这样的暴利，又以重刑吓阻，被判罪的人虽多，盗铸的人却层出不穷。如今流通的钱币，表面上写着五铢，实际上重量连二铢都没有，放在水上，几乎不往下沉。这都是当初查禁不严，因循累积的缘故，是朝廷的过错，百姓有什么罪！应该改铸大钱，钱上载明年号，记载什么时候开始使用，那么一斤铜只能铸出七十钱，私铸也就没有利润了，人们明明白白看见无利可图，自然就打消了盗铸的念头，更何况还有严刑防范！"

金紫光禄大夫杨侃也上奏乞请允许民间和官府铸造五铢钱，使人民乐于使用，这样弊端自然革除。北魏主元子攸听从，开始铸造永安五铢钱。

17 七月十二日，北魏任命车骑将军杨津为司空。

18 当初，北魏认为梁州、益州二州土地荒远，于是另外设立巴州以统治獠人，一共二十余万户，以巴人酋长严始欣为刺史。又设立隆城镇，以严始欣的族侄严恺为镇将。严始欣贪暴，孝昌初年，獠人造反，包围州城，行台魏子建抚慰晓谕，他们才和平散去。严始欣害怕获罪，秘密向南梁请降。南梁皇帝萧衍遣使给他送去诏书、免死铁券、衣冠等赏赐，被严恺截获，送缴魏子建。魏子建上奏，以隆城镇为南梁州，任用严恺为刺史，将严始欣囚禁在南郑。北魏任命唐永为东益州刺史以替代魏子建，任命梁州刺史傅竖眼为行台。魏子建去职，东益州的氐人、蜀人马上造反，唐永弃城逃走，东益州于是脱离北魏版图。

傅竖眼刚到梁州的时候，州人相互庆贺。既而他长期生病，不能亲理政事。他的儿子傅敬绍，奢淫贪暴，成为一州之患。严始欣重金贿赂傅敬绍，得以回到巴州，于是举兵攻击，消灭了严恺，献出巴州，向南梁投降，皇帝萧衍派将军萧玩等将兵接应。傅敬绍见北魏政治混乱，暗地里有割据南郑之志，派他的妻兄唐昆仑在外面煽动引诱山民，相聚围城，自己准备做内应。城池被围后，他的阴谋也泄露了，城中将士一起逮捕傅敬绍，向傅竖眼报告并杀了他，傅竖眼羞愤交集而死。

19 八月十日，北魏任命太傅李延寔为司徒。

八月二十五日，侍中、太保杨椿退休。

萧衍亲临同泰寺，群臣捐一亿万钱赎皇帝

20 九月十五日，南梁皇帝萧衍到同泰寺，设四部无遮大会（四部，

指僧、尼及善男、信女。无遮大会，无所遮挡、无所妨碍，是佛教举行的一种广结善缘，不分贵贱、僧俗、智愚、善恶，都一律平等对待的大斋会）。皇帝脱下皇袍，身穿僧侣法衣，全身沐浴，吃斋念佛，把皇帝休息的便省改为僧侣房，睡在简单的木床上，使用没有装饰的瓦器，乘坐小车，私人供役。

九月十六日，皇帝升讲堂法座，为四部大众开题讲解《涅槃经》。

九月二十五日，群臣捐出一亿万钱，向三宝（佛宝、法宝、僧宝）祈祷，赎回皇帝菩萨，僧众默许。

九月二十七日，百官全体前往同泰寺东门，奉表请皇帝重返金銮宝殿，三次请求，皇帝才同意。皇帝三次答信，前后都称"顿首"。

【华杉讲透】

皇帝不会向臣民顿首，但萧衍是以僧侣身份回答的，所以称"顿首"。这是他第二次舍身同泰寺，是三场闹剧中的第二场。

北魏侯渊平定幽州

21 北魏尔朱荣派大都督、尖山人侯渊前往蓟县讨伐变民首领韩楼，给的步兵非常少，骑兵只有七百。有人提出这个问题，尔朱荣说："临机应变，是侯渊的长处；如果让他带大部队，他未必能带。如今用这些人去攻击寇贼，必定成功。"

侯渊于是大张声势，多设炉灶及其他补给用品，亲自率数百骑兵深入韩楼境内。离蓟县一百余里，与贼帅陈周马步兵一万余人遭遇，侯渊埋伏，从敌军背后发动突袭，大破叛军，俘虏士卒五千余人。不久，又把他们的马匹、武器都发还给他们，命他们入城，左右进谏说："既然俘获贼众，为什么要给他们武器，放他们回去呢？"侯渊说："我军兵少，不可力战，必须想一条奇计来离间他们，才可以平定。"

侯渊估摸降兵已经回城，于是率骑兵连夜前进，天明时分，抵达城下，开始攻城。韩楼果然怀疑降卒都是侯渊的内应，于是逃走；被侯渊追上抓获，幽州平定。北魏任命侯渊为平州刺史，镇守范阳。

之前，北魏派征东将军刘灵助兼尚书仆射，慰劳幽州流民于濮阳顿丘，然后率流民北还，与侯渊共灭韩楼；北魏让刘灵助仍掌管幽州事务，加车骑将军，又任命他为幽州、平州、营州、安州四州行台。

22 万俟丑奴攻打北魏东秦州，攻拔，杀刺史高子朗。

23 冬，十月一日，南梁皇帝萧衍又举办四部无遮大会，僧侣及世俗平民五万余人参加。会毕，皇帝乘坐黄金装饰的御车还宫，登太极殿，大赦，改年号为中大通。

24 北魏任命前司空萧赞为司徒。

25 十一月二日，就德兴请降于北魏，营州平定（就德兴叛乱事参见公元524年记载）。

26 十一月二十九日，北魏任命城阳王元徽为太保，丹杨王萧赞为太尉，雍州刺史长孙稚为司徒。

27 十二月四日，南梁兖州刺史张景邕、荆州刺史李灵起、雄信将军萧进明叛变，投降北魏。

28 南梁任命陈庆之为北兖州刺史。有妖贼僧强，自称天子，土豪蔡伯龙起兵响应他，部众达到三万，攻陷北徐州；陈庆之讨伐，将他们斩首。

29 北魏任命岐州刺史王罴代理南秦州事务。王罴诱捕州境群盗，将他们全部诛杀。

卷第一百五十四 梁纪十

（公元530年，共1年）

高祖武皇帝十

中大通二年（公元530年）

1 春，正月十三日，北魏益州刺史长孙寿、梁州刺史元俊等遣将攻击南梁巴州刺史严始欣，将他斩首，南梁援军将领萧玩等也战败阵亡，南梁军死亡及失踪一万余人。

2 正月二十五日，北魏东徐州城民吕文欣等杀刺史元大宾，据城造反，北魏派都官尚书、平城人樊子鹄等讨伐他。二月八日，斩吕文欣。

尔朱天光大败万俟丑奴，萧宝寅被押送北魏

3 自称皇帝的万俟丑奴侵扰关中，北魏尔朱荣遣武卫将军贺拔岳讨伐。贺拔岳私底下对他的哥哥贺拔胜说："万俟丑奴，是劲敌。如今攻之

不胜，固然有罪；如果我们胜了，恐怕又带来嫉妒谗言。"贺拔胜说："那怎么办？"贺拔岳说："希望能得到尔朱氏的一个人为帅，我们辅佐他。"贺拔胜把这话告诉尔朱荣，尔朱荣喜悦，以尔朱天光为使持节、都督二雍、二岐诸军事，骠骑大将军，雍州刺史，任命贺拔岳为左大都督，又任命征西将军、代郡人侯莫陈悦为右大都督，并为尔朱天光副将，出兵征讨。

尔朱天光初行，仅配军士一千人，征发洛阳以西沿途百姓和马匹给他。当时赤水蜀贼截断道路，北魏主下诏，侍中杨侃先行前往慰谕，并征收他们的马，蜀人迟疑，不肯接受。北魏军到了潼关，尔朱天光不敢继续前进，贺拔岳说："蜀贼不过是些鼠辈，明公尚且迟疑，以后如果遇到大敌，那怎么作战！"尔朱天光说："今日之事，全部委托给你。"贺拔岳于是进击蜀人于渭北，将他们击破，缴获马二千匹。简选蜀人中壮健之士，编入军队，又征收民马合共一万余匹。因为兵力尚少，滞留未进。尔朱荣怒，派骑兵参军刘贵乘驿车到军中斥责尔朱天光，打了他一百棍，又增兵二千人。

三月，万俟丑奴亲自率领部众，包围岐州，派他的大行台尉迟菩萨、仆射万俟仵从武功南渡渭河，围攻北魏营垒。尔朱天光派贺拔岳率骑兵一千人前往救援。尉迟菩萨等已拔除营栅撤退，贺拔岳故意烧杀抢掠他的吏民，以激怒他。尉迟菩萨率步骑兵二万到了渭北。贺拔岳以轻骑数十人在渭南与尉迟菩萨隔河喊话，称扬国威，尉迟菩萨通过通事传话，贺拔岳怒道："我跟尉迟菩萨说话，你是什么东西！"一箭将他射杀。第二天，贺拔岳又带一百余骑兵隔水与贼喊话，渐渐往东走，到了水浅可涉之处，贺拔岳即刻驰马向东而去。贼兵以为他撤退了，于是抛弃步兵，轻骑南渡渭河追击贺拔岳。贺拔岳在前面一道山岗埋伏等待，等贼兵渡过一半，贺拔岳还兵攻击，贼败走。贺拔岳下令，贼下马者不杀，于是贼兵全部下马，一会儿工夫，俘虏三千人，马也全部缴获，生擒尉迟菩萨。北魏军队仍北渡渭河，招降步兵一万余人，并缴获其全部辎重。万俟丑奴听闻，抛弃岐州，北走安定，在平亭设立大营。尔朱天光方从雍州到岐州，与贺拔岳会合。

夏，四月，尔朱天光抵达汧水、渭水之间，停军牧马，宣言说："天时将热，不可行师，等秋凉之后，再图进止。"俘虏万俟丑奴的斥候，故意释放他回去。万俟丑奴相信了这些话，于是解散兵众，在细川耕种，派他的太尉侯伏侯元进将兵五千，建立兵营，据守险要，其他千人以下的部队，各自筑营驻扎的很多。尔朱天光得知万俟丑奴的兵势已经分散，在一天晚饭时分，密令诸军戒严，相继出发。黎明时分，包围进攻侯伏侯元进大营，攻拔。所得俘虏，即刻全部遣散，其他各营接到消息，全部投降。尔朱天光昼夜径进，抵达安定城下，敌人的泾州刺史侯几长贵献出城池投降。万俟丑奴抛弃平亭逃走，想要去高平，尔朱天光派贺拔岳轻骑追击，四月二十二日，在平凉追上。贼军还未列阵，直阁将军、代郡人侯莫陈崇单骑杀入贼中，于马上生擒万俟丑奴，并趁势高呼，叛军都奔走逃命，没有人敢上来抵挡，后面北魏骑兵越来越多，贼众崩溃，于是大破贼军。尔朱天光进逼高平，城中人抓住萧宝寅，将其送到北魏营中投降。

4 四月二十七日，南梁朝廷任命吐谷浑王佛辅为西秦州、河州二州刺史。

5 四月二十九日，北魏因为关中平定，大赦。万俟丑奴、萧宝寅被押解到洛阳，安置在阊阖门外闹市，让市民围观三日。丹杨王萧赞上表，请求饶萧宝寅一命，吏部尚书李神俊、黄门侍郎高道穆一向与萧宝寅友善，也想搭救他，对北魏主元子攸说："萧宝寅叛逆，事在前朝。"正巧应诏王道习从外面进来，元子攸问他在外面听到什么传闻，王道习回答说："只听说李尚书、高黄门为萧宝寅周旋，并且居于能跟皇帝说得上话的地位，必定能保全他。二人说萧宝寅叛逆之事在前朝，那萧宝寅做万俟丑奴的太傅，难道不是在陛下时期吗？贼臣不剪除，法律还怎么执行！"元子攸于是将萧宝寅赐死于驼牛署（掌管骆驼、骡子、驴、牛的官署），斩万俟丑奴于都市。

6 六月十三日，南梁皇帝萧衍再次封归降的北魏汝南王元悦为魏王。

7 六月十四日，北魏主元子攸下诏，胡太后亲属有爵位或在朝中担任官职的，全部黜免为平民。

8 六月十六日，南梁朝廷任命北魏降将范遵为安北将军、司州牧，跟从魏王元悦北返。

9 万俟丑奴既败，自泾州、豳州以西一直到灵州，贼党全都投降北魏，唯独他所任命的行台万俟道洛率众六千人逃入山中，拒绝投降。当时高平大旱，尔朱天光因为马匹缺乏草料，退屯城东五十里，派都督长孙邪利率二百人任行原州事，镇守州城。万俟道洛秘密与城民通谋，掩袭长孙邪利，将他及所有部众全部杀死。尔朱天光率诸军救援，万俟道洛出战而败，率其部众西入牵屯山，据险自守。尔朱荣因为尔朱天光损失了长孙邪利，又没有抓获万俟道洛，派使者去打了他一百棍。以皇帝诏书的名义黜免尔朱天光为抚军将军、雍州刺史，降爵为侯。

尔朱天光追击万俟道洛于牵屯，万俟道洛败走，进入陇山，归附略阳贼帅王庆云。万俟道洛骁勇绝伦，王庆云得到他，大喜，认为大事可成，于是称帝于水洛城，设置百官，任命万俟道洛为大将军。

秋，七月，尔朱天光率诸军进入陇山地区，抵达水洛城，王庆云、万俟道洛出战，尔朱天光射中万俟道洛手臂，万俟道洛手中的弓掉在地上，转身撤退，尔朱天光乘势攻拔其东城。贼军合兵保卫西城，城中无水，众人渴乏，有投降的人说王庆云、万俟道洛要突围逃走。尔朱天光担心他跑掉了，于是派人招谕王庆云，让他早降，说："如果你自己不能决断，可以和你的人今天夜里一起商议，明早回复我。"王庆云等希望能稍微缓一缓，以便等到晚上突围，于是回复说："请等到明天。"尔朱天光于是派人对他们说："知道你们缺水，我军现在稍微退却，让你们可以取涧水饮用。"贼众喜悦，不再考虑逃走。尔朱天光秘密命军士多做拒马枪，各长七尺，黄昏之后，绕城布列，并在重要路口加厚布置。在拒马阵中埋伏士兵，防备贼军冲突，又下令秘密在城北捆缚长梯。

当夜，王庆云、万俟道洛果然驰马突出，遇到拒马枪，马匹受伤倒地，伏兵起，即时将二人生擒。军士攀缘长梯入城，贼军余众都出城南逃走，遇到拒马枪，无法前进，走投无路，只好乞降。七月三日，尔朱天光没收他们的全部武器，并将他们活埋，死者一万七千人，将他们的家属分配给出征官兵。于是三秦、河州、渭州、瓜州、凉州、鄯州的变民军，全部投降。

尔朱天光顿军略阳。北魏皇帝下诏，恢复尔朱天光官爵，不久又加授侍中、仪同三司。任命贺拔岳为泾州刺史，侯莫陈悦为渭州刺史。秦州城民密谋要杀死刺史骆超，南秦州城民密谋要杀死刺史辛显，骆超、辛显都察觉，逃走投奔尔朱天光，尔朱天光派兵将变民讨平。

步兵校尉宇文泰跟从贺拔岳入关，以战功一路升迁至征西将军，行原州事。当时关陇地区残破凋弊，宇文泰抚慰以恩信，人民都感悦，说："早遇宇文使君，我们岂会作乱！"

10 八月七日，南梁皇帝萧衍在德阳堂为魏王元悦饯行，派兵把他送到边境。

北魏孝庄帝多次谋划杀死尔朱荣，最终成功

11 北魏尔朱荣虽然身居于外藩，但遥制朝政，树置亲党，布列北魏主元子攸左右，监视动静，事无大小，都要汇报给他。元子攸虽然受制于尔朱荣，但是勤劳政事，朝夕不倦，多次亲自审理辞讼，平反冤狱。尔朱荣听闻，不悦。元子攸又与吏部尚书李神俊商议整顿人事的选拔，尔朱荣曾经关照吏部，用某人为曲阳县令，李神俊认为资格太低，不予上奏，另外安排了人选。尔朱荣大怒，即刻派他所补授的人前往曲阳县抢夺县令之职。李神俊惧而辞职，尔朱荣命尚书左仆射尔朱世隆摄理官

员考选事务。尔朱荣启奏，用北方人为河南诸州刺史，皇帝没有批准；太宰元天穆入宫当面理论，皇帝还是不许。元天穆说："天柱大将军（尔朱荣）既有大功，又是国家宰相，就算是他要把天下官员全部替换，恐怕陛下也不得违抗，为什么他只是启奏要用几个州刺史，陛下就不用呢！"皇帝正色说："天柱大将军如果不愿为人臣，朕也要被他取代；如果他还保存臣节，就没有由他来撤换天下百官之理！"尔朱荣听闻，大为痛恨，说："天子是谁立的！如今竟然不采纳我的意见了！"

尔朱皇后性格妒忌，多次向皇帝发泄怨恨不满之意。皇帝派尔朱世隆对她晓以大义，皇后说："天子是我家立的，今天却是这个样子；我父亲本来应该自己当皇帝，今天仍然可以再做决定。"尔朱世隆说："正是他自己不做，如果他自己做皇帝，我今天也封王了。"

皇帝既外逼于尔朱荣，内迫于尔朱皇后，当皇帝也总是怏怏不乐，唯独庆幸的是寇盗未息，希望这些叛军能与尔朱荣相持。等到关、陇平定，告捷之日，皇帝很不高兴，对尚书令、临淮王元彧说："这么说，如今是天下无贼了。"元彧见皇帝脸色不悦，说："臣恐怕贼平之后，才更要陛下忧心啊。"皇帝担心其他人起疑心，于是把话题岔开说："是啊！抚慰战后的老百姓，更不容易。"尔朱荣见四方无事，奏称："参军许周劝臣接受九锡之礼，臣厌恶他的话，已斥责他，将他开除。"尔朱荣此时希望得到特殊礼遇和政治地位，故意说这话来暗示朝廷。皇帝则不愿意给他，因此只是顺着话头称赞他的忠诚。

尔朱荣喜好打猎，无论寒暑，列出包围圈，集体前进，令士卒必须整齐如一，虽遇险阻，不得违避，如果让一头鹿逃出，必定有数人要被处死。有一个士兵看见老虎就退走，尔朱荣对他说："你怕死吗？"即刻将他斩首。从此每次围猎，士卒如登战场。曾经见一头老虎在山谷中，尔朱荣令十余人空手捉虎，不得损伤。死了数人，最终擒得，以此为乐。他的部下非常悲苦。太宰元天穆从容对尔朱荣说："大王勋业已盛，四方无事，唯宜修政养民，打猎要顺应时节，何必盛夏驰逐，感伤和气？"尔朱荣卷起袖子说："胡太后一个女人，立身不正，我打倒她，另行推奉天子，乃是人臣常节。葛荣之徒，本来就是个奴才，乘时作乱，就譬如家里奴仆逃走，我去把他擒获而已。近来我等受国家大恩，未能统一海内，哪说得上什么勋业！如今听说朝士们仍然奢侈放纵，今年秋天我想与兄长戒勒士马，校猎于嵩山，把贪官显贵驱入围场中，让他们去和老虎搏斗。然后出鲁阳，历三荆，制服所有蛮夷，把他们送到北方六镇，回军之际，扫平汾州胡人。明年，简练精骑，分道出兵长江、淮河，萧衍若降，可以封他一个万户侯；如其不降，以数千骑兵径直前往缚取。然后我与兄奉天子，巡四方，那时候才可以称得上是有功勋了。如今不频频打猎，兵士懈怠，以后还怎么用他们！"

城阳王元徽的妃子，是皇帝舅舅的女儿；侍中李彧，是李延寔的儿子，皇帝的姐夫。元徽、元彧想要得到权宠，厌恶尔朱荣祸害自己，每天在皇帝面前说尔朱荣坏话，劝皇帝铲除他。皇帝鉴于河阴之难，恐怕尔朱荣终有一天会翻脸，于是暗中起了清除尔朱荣之意。侍中杨侃、尚书右仆射元罗也参与其谋。

正巧尔朱荣申请入朝，想要去探望尔朱皇后分娩。元徽等劝皇帝趁他入宫，刺杀他。唯独胶东侯李侃晞、济阴王元晖业反对，说："尔朱荣若来，必有防备，恐怕不可图谋他。"又想要杀死他在京城的党羽，发兵抵挡他。皇帝犹疑未定，而洛阳人也心怀忧惧，中书侍郎邢子才之徒已经避祸向东逃出。尔朱荣于是给所有朝士写信，让他们自己决定去留，都不勉强。中书舍人温子升把信交给皇帝，皇帝一直期望他不要来，等看见书信，知道尔朱荣必来，脸色非常不悦。

邢子才名叫邢邵，子才是他的字（避无上王元劭的名讳），是邢峦的族弟。当时很多人都用字而不用名，旧史书就跟着使用，没有更改。

武卫将军奚毅，建义初年以来，一直负责在皇帝和尔朱荣之间往来通命，皇帝对他十分看重，但因为他是尔朱荣的亲信，不敢跟他说实话。奚毅说："如果事变，臣宁为陛下而死，也不能侍奉契胡（契胡，是匈奴人的一支，尔朱荣所属）！"皇帝说："朕保天柱将军无异心，也不忘你的忠诚。"

尔朱世隆怀疑皇帝要发动事变，于是自己写了一封匿名信贴在自家大门上："天子与杨侃、高道穆等设计，要杀天柱将军。"取下来呈送给尔朱荣。尔朱荣自恃其强，不以为意，亲手撕毁其书，唾地说："世隆真是无胆。谁敢起这个心！"尔朱荣的妻子、北乡长公主（尔朱荣妻子不是元氏女儿，是因他的功劳而册封为公主）也劝尔朱荣不要去，尔朱荣不听。

本月，尔朱荣率四五千骑兵从并州出发，时人都说"尔朱荣要造反"，又说"天子必当图谋尔朱荣"。九月，尔朱荣抵达洛阳，皇帝当即就想杀他，因为太宰元天穆在并州，皇帝担心他成为后患，所以隐忍未发，并征召元天穆进京。有人告诉尔朱荣说"皇帝要图谋你"。尔朱荣向皇帝奏报，皇帝说："外人也都说大王您要害我，岂可都信！"于是尔朱荣不再起疑心，每次入宫谒见皇帝，随从不过数十人，又都徒手不带武器。皇帝也打算停止发动，城阳王元徽说："他就算不反，也不能容他！何况谁敢保证他不叛变！"

之前，彗星穿过中台星，从大角星旁扫过；恒州人高荣祖颇知天文，尔朱荣问他，回答说："除旧布新之象也。"尔朱荣甚悦。尔朱荣到了洛阳，行台郎中李显和说："天柱将军到了，哪会不加授九锡，还要将军自己去索取！天子真是不识相。"都督郭罗刹说："今年真可以写禅让文告了，岂止是九锡！"参军褚光说："人们都说并州城上有紫气，何必担心不应在天柱将军身上呢！"尔朱荣的下人都凌侮皇帝左右，无所忌惮，所以这些事皇帝都知道了。

奚毅又晋见皇帝，请求单独说话，皇帝即刻下明光殿与他交谈。知道他的至诚，于是召城阳王元徽及杨侃、李彧，告诉他们奚毅的话。尔朱荣的小女儿嫁给皇帝哥哥的儿子、陈留王元宽，尔朱荣曾经指着他说："我终当得到这个女婿的帮助。"元徽告诉皇帝，说："尔朱荣担心陛下终将是自己的后患，假如有太子，他必定要立一个小娃，如果皇后不生太子，则立陈留王。"皇帝做梦，梦见自己手持刀割下自己十指，心中厌恶，告诉元徽及杨侃。元徽说："蝮蛇螫手，壮士断腕。割指也是类似，都是吉祥之兆。"

九月十五日，元天穆抵达洛阳，皇帝亲自出城迎接。尔朱荣与元天穆一起跟着皇帝进入西林园宴射，尔朱荣上奏说："近来侍官皆不习武，陛下最好率五百骑兵出城狩猎，从审理诉讼带来的辛劳中解脱出来。"之前，奚毅说尔朱荣要趁着打猎的机会，挟持天子迁都，于是皇帝更加怀疑。

九月十八日，皇帝召中书舍人温子升，告诉他要杀尔朱荣的计划，并问他杀董卓的历史故事，温子升详细汇报了事件本末。皇帝说："王允如果即刻赦免凉州人，必定不至于此。"过了良久，对温子升说："朕的情理，卿都知道了。就算是死，这事我也要干！更何况不一定会死！吾宁为高贵乡公（曹髦）而死，不为常道乡公（曹奂）而生！"

皇帝认为，杀了尔朱荣、元天穆，即刻赦免他们的党羽，他们应该都不会反击。应诏王道习说："尔朱世隆、司马子如、朱元龙，都为尔朱荣所委任，而且他们知道朝廷虚实，不应该留下他们。"元徽及杨侃都说："如果尔朱世隆不能保全，尔朱仲远（徐州刺史）、尔朱天光（雍州刺史）岂有归附朝廷之理！"皇帝也以为然。元徽说："尔朱荣腰间常有刀，说不定发狠伤人，临事时希望陛下起身躲避。"于是杨侃等十余人埋伏在明光殿东。

这天，尔朱荣与元天穆一起进宫，坐下来吃饭，还没吃完，起身告辞，杨侃等从东阶上殿，见尔朱荣、元天穆已走到中庭，来不及发动。

九月十九日，是皇帝忌日（父母逝世之日）；九月二十日，是尔朱荣忌日。

九月二十一日，尔朱荣进宫，稍作停留，就到陈留王家饮酒，极醉，于是说生病了，好多天都不进宫。皇帝的密谋大多已泄露，尔朱世隆又告诉尔朱荣，并且劝他要先下手为强。尔朱荣轻视皇帝，认为皇帝干不成什么事，说："急什么！"

参与皇帝密谋的人都很恐惧，皇帝也很担心。城阳王元徽说："以皇后生太子为借口，尔朱荣必定入宫，趁机击毙他。"皇帝说："皇后怀孕才九个月，可以吗？"元徽说："妇人没到日期就生产的多了，他必定不会怀疑。"皇帝听从。

九月二十五日，皇帝伏兵于明光殿东厢房，声言皇子出生，派元徽骑马飞奔到尔朱荣宅第告诉他。尔朱荣正与上党王元天穆赌博，元徽脱下尔朱荣帽子，欢舞盘旋，加上宫中文武官员传声催促，尔朱荣就相信了，与元天穆一起入朝。皇帝听闻尔朱荣到来，不觉失色，中书舍人温子升说："陛下脸色变了。"皇帝连连要酒来喝。皇帝令温子升起草大赦诏书，写成之后，温子升拿着出去，遇见尔朱荣从外面进来，问："这是什么文书？"温子升颜色不变，说："圣旨。"尔朱荣没有取来看，直接进去了。皇帝在东厢下西向而坐，尔朱荣、元天穆在御榻西北南向坐。元徽进来，刚刚下拜，尔朱荣看见光禄少卿鲁安、典御李侃晞等抽刀从东门进来，即刻起身冲向御座。皇帝事先横刀于膝下，于是亲手杀了尔朱荣。鲁安等冲上来一通乱砍，尔朱荣与元天穆同时被杀死。尔朱荣的儿子尔朱菩提及车骑将军尔朱阳睹等三十人跟从尔朱荣入宫，也被伏兵所杀。皇帝拿到尔朱荣手版，上面有数条记事，都是皇帝左右要去留的人名，不是尔朱荣心腹的全在排除之列。皇帝说："这小子如果过了今天，就不可制服了。"于是内外喜噪，声满洛阳城，百官入贺。皇帝登闾阖门，下诏大赦，派武卫将军奚毅、前燕州刺史崔渊将兵镇守北中。当夜，尔朱世隆保护着北乡长公主，率领尔朱荣部曲，焚毁西阳门，出城屯驻河阴。

【华杉讲透】

成功人士的过分骄傲自信是个大问题

尔朱荣之死，死在幼稚、轻敌和不够狠。幼稚和轻敌的背后，是个管理心理学问题——成功人士的过分骄傲自信。他的幼稚，是他始终认为他对皇帝有大恩大德，可以和解；他的轻敌，一是他认为皇帝得依靠他，二是他认为皇帝没本事杀他。他的第三个弱点是不够狠，对皇帝的控制和防范都不够，让皇帝可以在那么长的时间里和那么多人商量杀他，他都不知道，这样的粗枝大叶，在历史上也是罕见的。

不能简单地判断皇帝是个什么样的人，因为他身边还有其他人，这些人中有的是狠角色，他们会鼓舞他，支持他。

也不能以自己对形势的判断为决策依据，因为对方对形势的判断跟你不一样。尔朱荣认为，皇帝不敢动他，从最后的结局来看，皇帝确实不该动他。但是皇帝的判断不一样，形势就变了。

卫将军贺拔胜与尔朱荣的党羽田怡等听闻尔朱荣死，奔赴尔朱荣宅第。当时宫殿大门还未加以严防，田怡等商议即刻攻门，贺拔胜制止他们说："天子既然行大事，必有防备，我们人少，怎能轻率行事！但得出城，再做打算。"田怡于是停止。后来尔朱世隆出走，贺拔胜却并不跟从，皇帝很是嘉许他。黄门侍郎朱瑞虽然是尔朱荣所委任，但是与朝廷官员之间都相处很好，皇帝也对他不错，所以朱瑞跟从尔朱世隆出走，却在中途逃回。

尔朱荣一向厚待金紫光禄大夫司马子如，尔朱荣死，司马子如从宫中奔突而出，到尔朱荣宅第，抛弃自己家室，跟随尔朱荣妻子逃出城。尔朱世隆即刻想要回北方，司马子如说："兵不厌诈，如今天下纷扰，就看谁是强者，当此之际，不可以弱示人。如果匆忙北走，恐怕变生肘腋。不如分兵把守河桥，还军向京师，出其不意，或可成功。假使不得所欲，也能展示实力，让天下畏我之强，不敢叛散。"尔朱世隆听从。九月二十六日，攻打河桥，生擒奚毅等，杀了他们，占领北中城。北魏朝廷大惧，派前华阳太守段育前往抚慰晓谕，尔朱世隆将来使斩首示众。

北魏朝廷任命雍州刺史尔朱天光为侍中、仪同三司，任命司空杨津为都督并州、肆州等九州诸军事、骠骑大将军、并州刺史，兼尚书令、北道大行台，经略黄河、汾水一带。

尔朱荣进入洛阳时，把高敖曹带在身边，囚禁在驼牛署（高敖曹被囚事见公元528年记载）。尔朱荣死，皇帝召见高敖曹，慰劳勉励他。高敖曹的哥哥高乾从东冀州驰赴洛阳，皇帝任命高乾为河北大使，高敖曹为直阁将军，派他们回去招兵买马，为朝廷声援。皇帝亲自送行到河桥，举起酒杯，指着河水说："你们兄弟是冀州豪杰，能令士卒效死疆场，京城如果有变，希望你们可以为朕在黄河上扬起征尘。"高乾垂涕受诏,高敖曹拔剑起舞,誓以必死。

冬,十月一日,尔朱世隆派尔朱拂律归率匈奴骑兵一千人,都身穿白色丧服,来到洛阳城郭下,索取太原王尔朱荣尸体。皇帝登上大夏门眺望,派主书牛法尚对他们说:"太原王立下大功,但是不能善始善终,阴谋叛逆,王法无亲,已明正典刑。罪行只在尔朱荣一人,其他人都不过问。卿等如果投降,官爵如故。"尔朱拂律归说:"臣等跟从太原王入朝,忽然发生如此残酷的冤案,如今不忍空手而归。愿得太原王尸体,生死无恨。"言毕涕泣,哀不自胜,骑兵们都恸哭,声震城邑。皇帝也为之怆然,派侍中朱瑞带着免死铁券赐给尔朱世隆。尔朱世隆对朱瑞说:"太原王功格天地,赤心奉国,长乐王(元子攸)不顾信誓,枉加屠害,今日两行铁字,何足可信!吾为太原王报仇,决不投降!"朱瑞回宫,报告皇帝,皇帝即刻拿出库中财物,放置在城西门外,遣募敢死之士以讨伐尔朱世隆,一天就得到一万人,与尔朱拂律归等战于城外。尔朱拂律归等从小生长在军旅之中,而洛阳人不习战斗,屡战不克。

十月二日,皇帝任命前车骑大将军李叔仁为大都督,率众讨伐尔朱世隆。

十月六日,皇子出生,大赦。任命中书令魏兰根兼任尚书左仆射,为河北行台,定州、相州、殷州三州都受魏兰根节度。

尔朱氏的军队还在城下,皇帝召集群臣博议,都惶恐惧怕,不知所措。通直散骑常侍李苗奋衣而起,说:"如今小贼猖狂如此,朝廷有不测之危,正是忠臣烈士效节之日。臣虽不武,请以一旅之众为陛下摧毁河桥。"城阳王元徽、高道穆都赞同他的计划,皇帝批准。

十月十三日,李苗招募的人从马渚上流乘船夜下,离桥数里,纵火船焚烧河桥,一会儿工夫,火船就到了桥下。尔朱氏兵在南岸的,望见之后,争相过桥向北岸逃走。很快桥就被烧断,很多人溺水淹死。李苗率领一百余人,停泊在江心小岛,等待南援官军,官军却没有来。尔朱氏就地攻击,左右全部阵亡,李苗也投水而死。皇帝哀伤痛惜,追赠李苗为车骑大将军、仪同三司,封河阳侯,谥号为忠烈。尔朱世隆也收兵北逃。

十月十四日，皇帝下诏，命行台源子恭率领步骑兵一万人出西道，杨昱率领招募的八千士兵出东道讨伐尔朱世隆。源子恭仍镇守太行丹谷，筑垒布防。尔朱世隆到了建州，刺史陆希质闭城拒守。尔朱世隆攻陷城池，屠杀全城泄愤，没有留下一个活口，唯独陆希质得以逃走脱身。

皇帝下诏，任命前东荆州刺史元显恭为晋州刺史，兼尚书左仆射、西道行台。

12 北魏东徐州刺史、广牧人斛斯椿一向依附尔朱荣，尔朱荣死，斛斯椿惧。听闻汝南王元悦在边境上，于是率部众抛弃徐州，投奔元悦。元悦任命斛斯椿为侍中、大将军、司空，封灵丘郡公，又封为大行台前驱都督。

尔朱兆攻入北魏皇宫，囚禁孝庄帝

13 汾州刺史尔朱兆听说尔朱荣死，从汾州率骑兵占据晋阳。尔朱世隆走到长子，尔朱兆前来相会，十月三十日，共同推举太原太守、行并州事、长广王元晔即皇帝位，大赦，改年号为建明。元晔，是元英的侄子。任命尔朱兆为大将军，晋爵为王；尔朱世隆为尚书令，赐爵乐平王，加太傅、司州牧。又任命尔朱荣的堂弟尔朱度律为太尉，赐爵常山王；尔朱世隆的哥哥、天柱长史尔朱彦伯为侍中；徐州刺史尔朱仲远为车骑大将军，兼尚书左仆射、三徐州大行台。

尔朱仲远也起兵指向洛阳。

尔朱天光攻克平凉时，宿勤明达请降，既而又叛变，向北逃走。尔朱天光派贺拔岳讨伐，宿勤明达逃奔东夏。贺拔岳听闻尔朱荣死，不再穷追，回到泾州等待尔朱天光。尔朱天光与侯莫陈悦也东下陇山，与贺拔岳谋议引兵向洛阳。北魏皇帝元子攸派朱瑞出使，抚慰晓谕尔朱天光，尔朱天光与贺拔岳商量，想要让皇帝元子攸外逃，然后另立宗室为帝，于是频频启奏说："臣实在没有异心，只是希望能见到陛下天颜，以申诉我家的冤枉。"又让他的下属幕僚启奏说:"尔朱天光暗中早有异图,我们要思索一个万全的办法来防备他。"

范阳太守卢文伟引诱平州刺史侯渊出城打猎,然后关闭城门,不让他进城。侯渊屯驻于郡南,为尔朱荣举哀,勒兵向南,挺进到中山,行台仆射魏兰根截击,被侯渊击败。

北魏皇帝元子攸任命城阳王元徽兼大司马、录尚书事,总统内外。元徽原以为尔朱荣既死,他的家族枝叶自然就散落瓦解了,等到尔朱世隆等举兵四起,党众日盛,元徽忧虑惶怖,不知所措。他又性格多妒忌,不愿意别人居于自己之上。每每独自与皇帝谋议,群臣有献策的,元徽就劝皇帝不要听,并且说:"小贼何虑不平!"又爱惜财货,赏赐一向薄少,或者本来很多中途他又削减,或者已经给出去了又追回来,所以他徒费钱财却没有人感恩。

十一月一日,元子攸任命车骑将军郑先护为大都督,与行台杨昱共同讨伐尔朱仲远。

十一月三日,任命司徒长孙稚为太尉,临淮王元彧为司徒。

十一月四日,雍州刺史、广宗公尔朱天光晋爵为王。长广王元晔也封尔朱天光为陇西王。

尔朱仲远攻打西兖州,十一月五日,攻拔,生擒刺史王衍。王衍,是王肃哥哥的儿子。

十一月十一日,北魏主元子攸任命右卫将军贺拔胜为东征都督。十一月二十日,又任命郑先护兼尚书左仆射为行台,与贺拔胜共同讨伐尔朱仲远。十一月二十六日,下诏撤销魏兰根行台职务,任命定州刺史薛昙尚兼尚书,为北道行台。郑先护怀疑贺拔胜的立场,把他的军队安置在军营外。

十一月二十八日,贺拔胜与尔朱仲远战于滑台东,兵败,投降尔朱仲远。

当初,尔朱荣曾经从容问左右说:"如果哪一天我不在了,谁可主持军队?"左右都说尔朱兆可以。尔朱荣说:"尔朱兆虽然勇于战斗,但他能带的兵,最多就三千骑兵,多了就乱了。能代替我的,唯有高欢而已。"然后又告诫尔朱兆说:"你不是他的对手,最终要被他穿了鼻子(比喻受其所制)。"于是尔朱兆任命高欢为晋州刺史。

等到尔朱兆引兵向洛阳,派使者召高欢,高欢派长史孙腾去见尔朱兆,推辞说:"山蜀还未平定,正在攻讨,不可放弃离去,以致有后忧。平定蜀地之日,当率军到黄河之南,与你隔河成掎角之势。"尔朱兆不悦,说:"回去告诉高晋州,我做了一个大吉之梦,梦见与我的先人登上高丘,丘旁的土地,耕种已经成熟,唯独余一些马蔺草,先人命我把草拔掉,随手而尽。以此看来,此次进兵,无往不克。"孙腾还报,高欢说:"尔朱兆狂愚如此,而敢为悖逆之事,我势必不能长久侍奉尔朱氏了。"

十二月一日,尔朱兆攻打丹谷,都督崔伯凤战死,都督史仵龙开营门请降,源子恭退走。尔朱兆轻兵倍道兼行,从河桥西涉水渡河。之前,北魏主元子攸认为大河深广,尔朱兆一下子渡不了河,而这一天,水浅得都没淹到马肚子。

十二月三日,暴风,黄尘涨天,直至尔朱兆的骑兵叩打宫门,宿卫才察觉,弯弓欲射,箭竟无法射出,于是一哄而散。华山王元鸷,是拓跋斤的玄孙,一向依附尔朱氏。皇帝刚开始听闻尔朱兆南下,想要亲自率诸军讨伐,元鸷对皇帝说:"黄河万仞,尔朱兆怎么渡得了河!"皇帝于是安心下来。等到尔朱兆入宫,元鸷又约束卫兵,不让他们战斗。皇帝步行出云龙门外,遇到城阳王元徽乘马而走,皇帝屡次呼喊他,元徽不顾而去。尔朱兆的骑兵抓获皇帝,将他锁在永宁寺楼上。皇帝非常寒冷,找尔朱兆要头巾,尔朱兆不给。尔朱兆就扎营在尚书省,用天子金鼓,设报时刻漏于中庭,扑杀皇子,污辱嫔妃、公主,纵兵大掠,杀司空、临淮王元彧,尚书左仆射、范阳王元诲,青州刺史李延寔等。

城阳王元徽走到山南,抵达前洛阳令寇祖仁家。寇祖仁一门三刺史,都是元徽所引荐提拔,因为有旧恩,所以前往投奔他。元徽带着黄金百斤,马五十匹,寇祖仁贪图他的财物,表面上虽然容纳,却秘密对子弟说:"好像听说尔朱兆悬赏捉拿城阳王,得之者封千户侯,今天富贵到了!"于是吓唬元徽说官捕将至,令他逃到别的地方去,派人在路上截击,将他杀死,把人头送给尔朱兆;尔朱兆也不加勋赏。尔朱兆梦见元徽对自己说:"我有金二百斤、马一百匹在寇祖仁家,你可以去取。"尔朱兆醒来,认为梦中的事情是真的,即刻逮捕寇祖仁,要他交出金、马。寇祖仁以为有人密告,马上招供,说:"实得金百斤、马五十匹。"尔朱兆怀疑他隐匿,就要他按梦里的数交出来,寇祖仁家原有金三十斤、马三十匹,全部交给尔朱兆,尔朱兆还是不信,发怒,捆绑寇祖仁,把他的头挂在高树上,脚下系一块大石头,活活打死。

尔朱世隆到了洛阳,尔朱兆自以为功劳大,责备尔朱世隆说:"叔父在朝廷这么久,耳目应该很广,为什么让天柱将军受祸?"问话时按剑瞋目,声色俱厉。尔朱世隆逊辞拜谢,才得以出去,由此深恨尔朱兆。

尔朱仲远也从滑台到了洛阳。

十二月,北魏长广王发布大赦令。

尔朱荣死的时候,北魏主下诏,命河西贼帅纥豆陵步蕃袭击尔朱氏根据地秀容。等到尔朱兆进入洛阳,纥豆陵步蕃南下,兵势很盛,所以尔朱兆不敢在京师久留,即刻回晋阳抵御,让尔朱世隆、尔朱度律、尔朱彦伯等留守洛阳。

尔朱兆将孝庄帝迁至晋阳,并将其缢杀

十二月十三日,尔朱兆把北魏主元子攸迁到晋阳,尔朱兆自己在河梁监阅他缴获的财宝物资。高欢听闻元子攸要到晋阳,率骑兵东巡,准备拦截,没来得及。于是写信给尔朱兆,陈说祸福,说不宜谋害天子,否则会遭受恶名;尔朱兆怒,不听。

尔朱天光轻骑进入洛阳,见了尔朱世隆等,即刻回雍州。

当初,元子攸担心北军(驻防丹谷的源子恭)作战不利,计划向南撤退,以征伐蛮夷为借口,任命高道穆为南道大行台,还没来得及出发,尔朱兆就已进入洛阳。高道穆声称有病,想要离开,尔朱世隆杀了他。主事者请求追夺李苗的封爵,尔朱世隆说:"当时大家商议,过一两

天就要纵兵大肆抢掠，焚烧城邑，多亏了李苗，京师得以保全。天下的善行是一样的，不宜追夺他的封爵。"

尔朱荣死的时候，尔朱世隆等向泰宁太守、代人房谟征调兵员。房谟不予理会，前后斩了他三个使者，派弟弟房毓到洛阳。等到尔朱兆得志，他的党羽、建州刺史是兰安定逮捕房谟，把他关押在州狱，郡中蜀人听闻，全部叛变。是兰安定给房谟一匹弱马，让他到军前慰劳。叛军见了房谟，无不遥遥下拜。房谟之前所乘的马，是兰安定给了别的将士。战败，战马被蜀人发现，以为房谟遇害，无不悲泣，善养他的马，不让人骑乘。儿童妇女竞相投以草粟，都说这是房公的马。尔朱世隆听闻，赦免了他的罪，任命他为自己军府的长史。

北道大行台杨津，因为自己兵少，留在邺城招募，想要从滏口进入并州。等到尔朱兆进入洛阳，杨津就解散部众，轻骑回到朝廷。

尔朱世隆与兄弟们密谋，担心长广王元晔的母亲卫氏干预朝政，趁她出行的时候，派骑兵数十人假扮成强盗，就在京城街巷中将她杀死，然后又悬榜千万钱捉拿刺客。

十二月二十三日，尔朱兆在晋阳三级佛寺缢杀元子攸，并杀陈留王元宽。

【华杉讲透】

舍不得给人钱是一种致命的性格

从元子攸杀尔朱荣，到他被尔朱兆杀死，前后只有三个月时间。他当初说"吾宁为高贵乡公（曹髦）而死，不为常道乡公（曹奂）而生！"就算是死，也要杀尔朱荣。这就是愿赌服输的结果。但是，他中间也犯了一些基本的错误，比如认为黄河深广，尔朱兆渡不了河，结果尔朱兆涉水渡河，水都没淹到马肚子。这就违背了《孙子兵法》的基本原则："故用兵之法，无恃其不来，恃吾有以待也。"不能仗恃说敌人不会来，或者来不了，而要依靠我有充分的准备来应对他。另外，又用错了一个元徽，因为他有两大致命性格，一是嫉贤妒能，见不得别人的意见被采纳；二是要钱不要命，舍不得给人钱。这就完了。

高欢增援尔朱兆，尔朱兆与其结拜为兄弟

本月，纥豆陵步蕃大破尔朱兆于秀容，南逼晋阳。尔朱兆惧，派人召高欢来会师。僚属都劝高欢不要应召，高欢说："尔朱兆危急，肯定没有别的意思。"于是出发。高欢的亲信贺拔焉过儿劝他慢慢前进，等尔朱兆被纥豆陵步蕃削弱。高欢走走停停，又推辞说黄河无桥，渡不了河。纥豆陵步蕃兵势日盛，尔朱兆屡战屡败，向高欢告急，高欢才前往会师。

尔朱兆当时回避纥豆陵步蕃，向南撤退，纥豆陵步蕃追到平乐郡，高欢与尔朱兆进兵合击，大破纥豆陵步蕃，在石鼓山将他斩首，其部众退走。尔朱兆感激高欢，与他立誓，结为兄弟，率数十名骑兵到高欢大营，通宵宴饮。

当初，葛荣部众流入并州、肆州的有二十余万，为契胡（尔朱氏所属部落）凌暴，生不如死，前后大小二十六次造反，被诛杀夷灭的人超过一半，仍然谋乱不止。尔朱兆深以为患，问计于高欢，高欢说："他们是六镇反贼的残余，不可尽杀，大王应该用自己的心腹来统领他们，有犯罪的只诛杀首恶，则犯罪的人就少了。"尔朱兆说："好！派谁呢？"当时贺拔允在座，建议让高欢去做统领。高欢一拳打在他嘴上，打碎了他的一颗牙齿，说："天柱将军（尔朱荣）在世时，我们这些奴仆，就像鹰犬一样听从他的命令。今日天下之事，取舍在于大王（尔朱兆），而贺拔允竟敢僭越妄言，请杀了他！"尔朱兆认为高欢至诚，于是把葛荣残部全部交给他。高欢认为尔朱兆酒醉，担心他酒醒后后悔，于是出来，宣言："受大王委托，统领州镇兵，可以到汾水东岸集合，接受号令。"于是在阳曲川竖起大旗，建立大营，整顿编制。军士们一向厌恶尔朱兆，乐意归属高欢，无人不到。

没过多久，高欢又派骑兵参军刘贵去向尔朱兆请示，说："并州、肆州连年霜旱，六镇降户都掘田鼠而食，面无谷色，影响大王辖区形象，请令他们到山东寻找粮食，待温饱之后，再接受新的命令。"尔朱兆听从了他的建议。长史慕容绍宗进谏说："不可。方今四方纷扰，人人心怀异心，高公雄才盖世，如果再让他手握大兵于外，譬如借蛟龙以云雨，将来就不可控制了。"尔朱兆说："我与他有香火重誓，担心什么！"慕容绍宗说："亲兄弟尚且不可信，何论香火！"当时尔朱兆左右全被高欢重金贿赂，都说慕容绍宗与高欢有旧怨。尔朱兆怒，囚禁慕容绍宗，催促高欢赶快出发。

高欢向北乡长公主借马，尔朱兆斩白马，与高欢立誓

高欢从晋阳出滏口，路上遇见从洛阳来的北乡长公主，有马三百匹，高欢强行交换，全部夺取。尔朱兆听闻，释放慕容绍宗，问他意见，慕容绍宗说："高欢还没逃出我们的手心。"尔朱兆于是亲自追高欢，到了襄垣，正巧漳水暴涨，桥坏了，高欢隔水下拜说："之所以借公主的马，不是有其他原因，是用来防备山东盗贼而已。大王听信公主逸言，亲自来追，如今我宁愿渡水而来，接受死刑，只是担心这些部众会马上叛变。"尔朱兆说自己没有这个意思，于是轻骑渡过漳水，与高欢坐在帐幕下交心，把自己的刀解下来递给高欢，伸长脖子让高欢砍。高欢大哭说："自从天柱将军薨逝，贺六浑（高欢乳名）还能仰仗谁！但愿大王能长命千岁万岁，让我能为您效力。如今被旁人所构陷离间，大王何忍复出此言！"尔朱兆投刀于地，又斩白马，与高欢立誓，于是留下住宿夜饮。

尉景埋伏壮士想要逮捕尔朱兆，高欢咬住他手臂制止他，说："如果今天把他杀了，他的党羽必定奔回聚结；我们兵饥马瘦，不能与他们为敌。如果有英雄乘之而起，则为害更甚。不如先放过他，尔朱兆虽然骁勇，却凶悍无谋，不足为虑。"

第二天早上，尔朱兆归营，又召高欢过去，高欢上马要去，孙腾牵住高欢衣襟，高欢于是停止。尔朱兆隔着河水，大肆辱骂，驰还晋阳。尔朱兆的心腹念贤领着降户家属，另外扎营，高欢假意与他亲善，要拿他的佩刀来观赏，乘机杀了他。士众感悦，都愿意跟随高欢。

【胡三省注】

古代英雄豪杰，能推赤心置人腹中，必有威望以服其心，智力足以制其命，然后才能推心置腹，让有疑虑的人安心，但是没有像尔朱兆这样轻率的。

14 齐州城民赵洛周听闻尔朱兆进入洛阳，驱逐刺史、丹杨王萧赞，献出城池，归降尔朱兆。萧赞化装成和尚，逃入长白山，辗转流亡，死在阳平。南梁有人盗取他的棺柩，送回南梁。皇帝萧衍以葬子之礼，将他葬在皇陵旁边。（萧赞投奔北魏事见公元525年记载。）

15 北魏荆州刺史李琰之，是李韶的族弟。南阳太守赵修延，认为李琰之是敬宗元子攸的妻家亲戚，诬告李琰之要叛逃南梁，发兵袭击州城，逮捕李琰之，自己执掌州政。

16 魏王元悦改年号为更兴，听闻尔朱兆已进入洛阳，知道自己成不了事，于是南归。斛斯椿也抛弃元悦，投奔北魏。

17 本年，南梁皇帝萧衍下诏，任命陈庆之为都督南司州、北司州等四州诸军事和南司州、北司州二州刺史。陈庆之引兵包围北魏悬瓠，击破北魏颍州刺史娄起等于溱水，又击破行台孙腾等于楚城。遣返义阳镇兵，停止水陆漕运，江州、湖州诸州都得到休养生息；又开垦田地六千顷，二年之后，仓廪充实。

卷第一百五十五 梁纪十一

（公元531年—532年，共2年）

高祖武皇帝十一

中大通三年（公元531年）

1 春，正月十日，南梁皇帝萧衍在南郊祭天，大赦。

2 北魏尚书右仆射郑先护听闻洛阳失守，士众逃散，于是投奔南梁。正月二十五日，南梁任命郑先护为征北大将军。（郑先护于去年率军讨伐尔朱仲远。）

3 二月一日，南梁皇帝萧衍祭祀明堂。

尔朱世隆兄弟立元恭为帝，改年号为普泰

4 北魏自从元子攸被囚，宫室空置近百日。尔朱世隆镇守洛阳，

商旅流通，盗贼不作。尔朱世隆兄弟密议，认为长广王元晔在皇室中血缘关系疏远，又无人望，想要另立近亲。仪同三司、广陵王元恭，是元羽之子，好学有志度，正光年间任给事黄门侍郎，认为元乂擅权，假装得了哑病，居于龙华佛寺，不与外界交往。永安末年，有人向元子攸报告说元恭是假装哑巴，将有异志。元恭惧怕，逃于上洛山，洛州刺史追捕，将他抓获，长期关押，因为没有证据得以释放。关西大行台郎中薛孝通对尔朱天光说："广陵王是高祖（元宏）的侄子，一向有声望，沉晦不言，已经多年。如果奉他作皇帝，必定符合天心民意。"尔朱天光与尔朱世隆等商议，怀疑他是真哑巴，派尔朱彦伯暗中前往晓谕敦促，并且威胁他，元恭于是说："天何言哉！"尔朱世隆等大喜。

薛孝通，是薛聪之子。

二月二十九日，长广王元晔抵达邙山南，尔朱世隆等为他撰写禅文，派泰山太守、辽西人窦瑗手执马鞭，独自入宫，向长广王元晔启奏说："天人之望，都在广陵王，希望您能行尧、舜之事。"元晔于是签署禅文。广陵王元恭奉表三次谦让，然后即位。大赦，改年号为普泰。

黄门侍郎邢子才撰写大赦诏书，叙述敬宗元子攸枉杀太原王尔朱荣的情况，元恭说："皇帝手剪强臣，并非失德，只是因为上天还没有厌弃动乱，所以让成济之祸再次出现而已（成济杀魏帝曹髦事见公元260年记载）。"然后回头命左右取笔来，亲自写作赦文，直言说："门下省：朕本寡德，只是大家乐意推举，希望与亿兆百姓，同此大庆，大赦细则，一依常例。"皇帝闭口八年，至此才开口说话，朝廷内外欣然，以为遇到了明主，希望天下太平。

【华杉讲透】

君子贵在不随便说话

元恭说："天何言哉！"一语中的，所以尔朱世隆大喜。此话出自《论语》。子曰："予欲无言！"子贡曰："子如不言，则小子何述焉？"子曰："天何言哉？四时行焉，百物生焉，天何言哉？"

我说什么呢？并没有人需要我的意见，我说了没用，我说了又不算，只给自己招祸，我还说什么呢？

君子贵言，不要随便说话，这不是古希腊雅典社会，奉行广场政治，任何人的话都有用。中国讲究"不在其位，不谋其政"，谁说了算谁就说，只在自己说了算的范围内说话，自己说了不算的范围，说了算的人真心来征求意见，我就说；他不问，我就不说，省得给别人添乱，给自己招祸。

二月三十日，元恭下诏说："三皇称'皇'，五帝称'帝'，三代称'王'，这是一代比一代谦虚的缘故。自从秦朝以来，竟称'皇帝'，我现在只称'帝'，也已经是过奖了。"

加授尔朱世隆仪同三司，追赠尔朱荣为相国、晋王，加九锡。

尔朱世隆命百官讨论尔朱荣配享帝庙之事，司直刘季明说："如果配享世宗（元恪），当时尔朱荣并无功劳；如果配享孝明帝（元诩），尔朱荣亲手杀害了他的母亲（胡太后）；如果配享庄帝（元子攸），尔朱荣身为臣子，却没有善始善终。以此论之，无所可配。"尔朱世隆怒道："你应该死！"刘季明说："下官既然奉命主持会议，只是依照礼制而言，如果不合圣心，要杀要剐，一切听天由命！"尔朱世隆也不加罪于他。以尔朱荣配享高祖（元宏）祭庙。又为尔朱荣立庙于首阳山，把周公旧庙改建为尔朱荣庙，认为尔朱荣的功劳可以与周公相比。庙建成不久，为火灾所焚。

尔朱兆因为自己没有参与废立之谋，大怒，想要攻打尔朱世隆。尔朱世隆派尔朱彦伯前往解释，尔朱兆于是停止。

当初，敬宗元子攸派安东将军史仵龙、平北将军阳文义各领兵三千把守太行岭，侍中源子恭镇守河内。等到尔朱兆向南进军，史仵龙、阳文义率众先降，于是源子恭的军队望风崩溃，尔朱兆乘胜直入洛阳。至此，尔朱世隆论史仵龙、阳文义之功，各封千户侯。北魏主元恭说："史仵龙、阳文义，于大王来说有功，于国家则无勋。"竟不许。

尔朱仲远镇守滑台，任命他的下属都督为西兖州刺史，先任用，上任了，才上表请示。皇帝下诏答复说："既已就近上任，何必远远奏闻！"

尔朱天光消灭万俟丑奴时，缴获波斯所献狮子，送到洛阳。节闵帝元恭即位之后，下诏说："囚禁禽兽是违背它的天性。"下令将狮子送归本国。使者认为波斯道远，不可抵达，在半路上把狮子杀了，然后返回。有司弹劾使者违旨，皇帝说："岂可以因为禽兽而降罪于人！"于是赦免了他。

5 北魏镇远将军、清河人崔祖螭等聚集青州七郡变民，围攻东阳，十天之间，有部众十余万。青州刺史、东莱人王贵平率城民固守，派太傅咨议参军崔光伯出城慰劳，他的哥哥崔光韶说："城中居民欺凌属下各郡为时已久，众怒甚盛，不是慰谕所能解除的。家弟前往，必定不能保全。"王贵平强迫他去，既出外，被人射杀。

高欢向东开拔，李元忠向高欢献计

6 幽州、安州、营州、并州四州行台刘灵助，自以为方术可以煽动人民，又推算得知尔朱氏将衰，于是起兵自称燕王、开府仪同三司、大行台，声言要为敬宗复仇，并且妄言图谶，说："刘氏当王。"由是幽州、瀛州、沧州、冀州很多百姓都跟从他。跟从者夜里举火为号，不举火的则各村一起将他们屠杀。刘灵助引兵向南，到博陵郡安国城。

尔朱兆派监军孙白鹞到冀州，托言调发民马，计划等高乾兄弟送马来的时候，逮捕他们。高乾等知道了，与前河内太守封隆之等合谋，秘密部署壮士，袭击占据信都，杀死孙白鹞，逮捕刺史元嶷。高乾等想要推举父亲高翼行州事，高翼说："团结乡里，我不如封隆之。"于是推奉封隆之行州事，为敬宗举哀，将士皆缟素，升坛誓众，移檄州郡，共讨尔朱氏，仍受刘灵助节度。封隆之，是封磨奴的族孙。

殷州刺史尔朱羽生率五千人袭击信都，高敖曹来不及披上盔甲，率十余骑兵驰击。高乾在城中用绳索降下五百人，追救未及，高敖曹已与尔朱羽生的军队交战，尔朱羽生败走。高敖曹的马术及长槊功夫绝世无双，左右无不以一当百，时人把他比作项羽。

高欢屯驻壶关大王山，六十天后才引兵东出，声称要讨伐信都。信都人都惧怕，高乾说："我听说高晋州雄略盖世，其志不会居于人下。况且尔朱无道，弑君虐民，正是英雄立功之会，今日之来，必有深谋，我当轻骑前往迎接，与他密谈，看他的意思，诸君不必惧怕。"于是率十余骑兵与封隆之的儿子封绘秘密到滏口谒见高欢，对他说："尔朱氏残酷叛逆，人神共愤，凡是有良知的人，无不想要奋起反抗。明公威德素著，天下倾心，如果起义兵，则屈强之徒不足为明公之敌。鄞州虽小，户口不减十万，粮食秸秆的征收，足以满足军资。希望明公仔细考虑。"高乾辞气慷慨，高欢大悦，与他同帐就寝。

当初，河南太守、赵郡人李显甫喜好豪侠，集合诸李氏数千户人家，在殷州西山方圆五六十里居住。李显甫死后，儿子李元忠继承。家族一向富有，多放贷求利，李元忠将借据全部焚毁免责，乡人非常尊敬他。当时盗贼蜂起，清河郡有五百人从西方边防戍地回来，经过赵郡，因为道路不通，无法前进，一起投奔李元忠。李元忠派一个奴仆为向导，说："如果遇见盗贼，就说你们是李元忠派来的。"如此，盗贼都避开让道。等到葛荣起事，李元忠率宗党筑垒以自保，坐在大槲树下，前后斩违命者共三百人。贼军前来，被李元忠击退。葛荣说："我从中山到此，接连被赵郡李家击破，何以能成大事！"于是全军攻围，抓获李元忠以随军。葛荣被平定后，朝廷就地拜李元忠为南赵郡太守，此人好酒，无政绩。

等到尔朱兆弑杀敬宗，李元忠弃官回家，密谋举兵讨伐尔朱兆。正巧高欢东出，李元忠乘坐敞篷车，载着古筝和浊酒以奉迎。高欢听闻他是个酒鬼，没有立即见他。李元忠下车独坐，自己撕干肉下酒，对门卫说："本来听说高先生招延俊杰，如今听闻国士到门，不吐哺辍洗（周公正在吃饭，听说有贤才求见，嘴里的饭吐出来，马上就见，一顿饭要吐多次；刘邦正在洗脚，郦食其求见，马上擦干脚接见），他的为人也可以知道了，把名片还给我，不要通报了！"门卫告诉高欢，高欢即刻召见他，引入，酒过三巡，李元忠从车上取筝弹奏，长歌慷慨，唱完，对高欢说："天下形势可见，明公还要侍奉尔朱氏吗？"高欢说："我的富贵都是他给的，怎敢不尽节！"李元忠说："这不是英雄所言！高乾兄弟来过没有？"当时高乾已经见过高欢，高欢骗他说："这些堂叔辈都是粗人，哪里肯来！"李元忠说："虽是粗人，却有见识。"高欢说："赵郡守醉了。"让人扶他出去。李元忠不肯起，孙腾进言说："此君是上天派来的，不可违背。"高欢于是再留下他与之交谈，李元忠慷慨流涕，高欢也悲不自胜。李元忠于是进策说："殷州小，没有粮食武器，不足以成大事。如果去冀州，高乾兄弟必定为明公尽地主之谊，殷州自会追随其后。冀州、殷州既合，沧州、瀛州、幽州、定州自然顺服，唯有相州刺史刘诞是个狡黠的胡人，他可能抵抗，但他不是明公的对手。"高欢急忙握住李元忠的手，表示感谢。

高欢到了山东，约勒士卒，秋毫无犯，每次过麦地，高欢都牵着马步行。远近之人听闻，都说高欢军纪严明，更加归心于他。

高欢求粮于相州刺史刘诞，刘诞不给。正巧有相州运送田赋谷米的车队经过，高欢全部掠取。进兵到信都，封隆之、高乾等开门接他进城。高敖曹当时在外夺取土地，接到消息，认为高乾是个懦弱妇人，送给他一条布裙。高欢派世子高澄以侄儿侄孙见长辈的礼节去见高敖曹，高敖曹才和高澄一起回来。

【华杉讲透】

中国历史的上升通道，和平年代是"举孝廉"（科举制度之前）和"学而优则仕"（科举制度之后）；在乱世将至的时候呢，则是群雄逐鹿，立功名，取富贵，封妻荫子。一看到朝廷危危欲坠，就是"风口"来了，天下英雄就蠢蠢欲动，开始相互试探，寻找"合伙人"，要争天下。高欢、高乾、李元忠这样的人物和故事，代代相传，也不断重复同样的剧本和台词，超级符号是刘备和诸葛亮的"隆中对"，高欢和李元忠这段谈话，也是一个小号的"隆中对"，文化母体，超级符号，话语体系，叙事结构，都一模一样。

还有一个标准剧情是：一个军阀的部队，如果突然开始军纪严明，对百姓秋毫无犯，他就不是要抢钱抢粮抢地盘，而是视天下百姓为自己人，立志要夺天下当皇帝了。

7 北魏封长广王元晔为东海王，任命青州刺史、鲁郡王元肃为太师，淮阳王元欣为太傅，尔朱世隆为太保，长孙稚为太尉，赵郡王元谌为司空，徐州刺史尔朱仲远、雍州刺史尔朱天光并为大将军，并州刺史尔朱兆为天柱大将军；赐高欢爵位为勃海王，征召他入朝。长孙稚坚决推辞太尉职务，于是任命他为骠骑大将军、开府仪同三司。尔朱兆推辞天柱将军之职，说："这是叔父死时的官位，我怎么敢接受！"坚决推辞，不拜，不久加授为都督十州诸军事，世袭并州刺史。高欢推辞不接受征召。尔朱仲远把镇所迁到大梁，又加授为兖州刺史。

尔朱世隆刚担任仆射时，畏惧尔朱荣的威严，深自克制，对工作尽心尽力，应接宾客，有思想开明、办事敏捷之名。等到尔朱荣死后，开始无所忌惮，担任尚书令，就在家里办公，指挥尚书台。政事无论大小，不先请示尔朱世隆，有司都不敢推行。派尚书郎宋游道、邢昕分别坐在他的听事厅东西两边，听取辞讼汇报，以尔朱世隆的名义裁决施行。尔朱世隆公开贪赃枉法，淫乱放纵，随意生杀。又想要收买军心，为军士普遍提升军阶，全都做将军，没有名额限制，于是勋赏之官大为泛滥，人们也不把"将军"当回事了。

此时，尔朱天光独断专行于潼关以西，尔朱兆统治并州、汾州，尔朱仲远擅命徐州、兖州，尔朱世隆则控制朝廷，居中用事，竞相施行贪暴统治。而尔朱仲远尤甚，他辖区内的富室大族，大多被他诬以谋反，没收其妇女、财物，全归自己私人所有，而男子则投入河中淹死，这类事情不可胜数。自荥阳以东，租税全部收入他的军府，不送到洛阳。东南州郡自州牧、郡守以下，直至士人、百姓，都畏惧尔朱仲远如同豺狼。于是四方之人都厌恶尔朱氏，只是忌惮他们的强大，不敢违抗。

8 三月十九日，北魏任命泾州刺史贺拔岳为岐州刺史，渭州刺史侯莫陈悦为秦州刺史，并加仪同三司。

【胡三省注】

泾州、渭州已经残破荒芜，岐、秦二州完好，虽是平调，等于升级。

9 北魏派大都督侯渊，骠骑大将军、代人叱列延庆讨伐刘灵助，到了固城，侯渊畏惧敌军人多，想要引兵向西，据关拒险，以待其变。叱列延庆说："刘灵助是庸人，以妖术惑众。大兵一到，他们都仗着自己有符咒保护，岂肯勠力致死，与我们在战场上争胜负呢？不如出城扎营，诈称要回西方。刘灵助听闻，必定放松警惕，然后我们潜军突袭，可以一战而擒。"侯渊听从，出城停驻在城西，声称要回去。

三月二十六日，侯渊简选精骑一千人，夜里出发，直抵刘灵助营垒。刘灵助战败，被斩首，首级被传送到洛阳。

当初，刘灵助起兵，自己占卜胜负，说："三月之末，我必入定州，尔朱氏不久当灭。"等到装刘灵助首级的盒子进入定州，果然是三月末。

梁朝昭明太子萧统去世

10 夏，四月六日，南梁昭明太子萧统去世。太子自从行加冠成人礼之后，皇帝萧衍就让他参与朝政，百官进事奏章，全都堆到他跟前，太子辨析真假错谬，明察秋毫，但也只是要求改正，并不加以处罚，平断法狱，也大多宽大保全，宽厚和气，包容众人，喜怒不形于色。好读书写文章，引接才俊，赏赐照顾，从不怠慢。出居东宫二十余年，不蓄养歌女舞队。每当霖雨积雪，就派左右周行闾巷，看见贫穷人家，就给予赈济。天性孝顺恭谨，在东宫中，即使是休闲无事的时候，坐下或起立都面向西方，有时晚上接到命令，要他明早入宫，则端坐等到天亮。等到他病倒，担心皇帝忧虑，皇帝下敕书问候病情时，都自己奋力亲笔书写回信。他死后，朝野惊愕惋惜，建康男女，奔走宫门，号泣满路。

【华杉讲透】

中国历史，一人定国。太子，就是国家未来，是全国人民的命运。萧统之德，正是"慎独"，戒慎不睹，恐惧不闻，在独处之时，在别人所看不见也听不到的地方，也保持戒慎恐惧，不要犯错，执守温良恭俭让。太子去世，天下同悲，国运也就转向了。

11 四月十四日，北魏任命高欢为大都督、东道大行台、冀州刺史，又任命安定王尔朱智虎为肆州刺史。

12 北魏尔朱天光前往夏州，派部将讨伐宿勤明达。四月二十四日，生擒宿勤明达，送到洛阳，斩首。

【胡三省注】

尔朱天光既擒万俟丑奴，又擒宿勤明达，平定黄河陇山地区，却不知道是在为宇文泰做嫁衣裳。

13 四月二十七日，北魏任命侍中、骠骑大将军尔朱彦伯为司徒。

14 北魏下诏，有司对南梁不得再称为"伪梁"。

15 五月七日，北魏荆州城民斩赵修延，再推举前刺史李琰之为行州事。

16 北魏尔朱仲远派都督魏僧勔等讨伐崔祖蠖于东阳，将他斩首。

17 当初，昭明太子萧统安葬他的母亲丁贵嫔，派人找一块吉地。有人贿赂宦官俞三副，想求他帮忙把地卖给萧统，说如果得钱三百万，给他一百万回扣。俞三副于是秘密报告皇帝萧衍，说："太子所看中的那块土地，不如这块地对陛下吉利。"皇帝年老多忌，即刻下令将那块地买下。下葬完毕后，有道士说："此地不利于长子，如果用法术压制，或许可以延长太子寿命。"于是制作蜡鹅及诸物埋在墓侧长子位。宫监鲍邈之、魏雅当初都有宠于太子，后来鲍邈之被魏雅疏远，于是密奏皇帝说："魏雅为太子施用巫蛊。"皇帝派人挖掘检查，果然挖出蜡鹅等物，大惊，准备追查到底。徐勉坚决谏止，只诛杀了道士。由此太子终身惭愧羞愤，又不能自明。太子死后，皇帝征召他的长子、南徐州刺史、华容公萧欢到建康，想要立他为皇太孙，但是对之前的事还怀恨在心，犹豫很久，终究没有立他，五月二十一日，将他遣返。

【司马光曰】

君子之于正道，不可片刻偏离，不可走失一步。以昭明太子之仁孝，武帝之慈爱，一染上嫌疑之迹，尚且身以忧死，罪及后嗣，求吉得凶，无法洗清嫌疑，这教训多么深刻，能不戒惧吗！所以对诡诞之士、奇邪之术，君子一定要远离。

【胡三省注】

《资治通鉴》因为皇帝不立皇太孙，叙述事件始末。呜呼！萧衍对于别人之子、豫章王萧综，侄儿临贺王萧正德，虽然他们身犯恶逆大罪，都能容忍。而对自己的亲儿子昭明太子被人进谗言，他却衔恨终身，这是上天要夺掉他的魂魄吗？

【华杉讲透】

皇帝不智，太子也不冤。

皇帝为什么不智呢？皇帝如果不信任太子，那他应该明白，俞三副、鲍邈之绝不比太子更值得信任，他怎么能因为这两个人的话，疏远了自己的亲儿子呢？

我们对待一个人，首先不是看他怎么待我，而是要问我怎么待他。举直错诸枉，能使枉者直，正直的君子放在奸邪的小人上面，能让小人也变得正直起来。因为小人就是想得利。奸邪无利，正直有利，他慢慢也正直了。就像把一块直的木板，放在一块弯的木板上面，那弯的也被直的压直了。

太子是直还是枉？他一直都是直，怎么能凭一件事就否定他了呢？再说，只要你直，他就会变得直，这才是修身齐家治国平天下的正道。

人的第一个毛病，就是老去评判别人是好人还是坏人，而不是关注自己要做一个好人。

人的第二个毛病，是往往因为人家做了一件坏事，更有甚者，是听了别人说他一句坏话，就否定他。这是巨大的弱点，而且非常普遍。

再说太子也不冤。一个读书人，搞迷信活动，就是愚昧，是读书不精。

很多人以为古人迷信，其实完全不是，儒家就完全不迷信，官方也从来不迷信，所有祭天祭地祭祖宗的行为，都是政治活动，不是迷信活动。不合礼制的祭祀，称为淫祀。《礼记·曲礼》谓："非其所祭而祭之，名曰淫祀。淫祀无福。"没有什么福报，你不要祭。

《论语》里孔子说："非其鬼而祭之，谄也。"鬼，就是神，就是自己分内的祭祀，比如天子要祭天地，诸侯要祭山川，大夫要祭五祀，庶人要祭祖先，都是当然之分。

祭祀，是为了崇德报恩，不是为了求福避祸。

崇德报恩而祭，是礼，是本分；求福避祸而祭，就是谄媚。

比如你拜佛，那你必是信佛，按佛的话去做，按佛的价值观去行，那佛便是你的鬼，你的神，你当祭当拜。你若对佛的思想并不了解，也不感兴趣，拜的那尊佛，什么来历，什么故事，什么象征，都不知道，只觉得拜他一拜，他或许会保佑你，那就是谄媚。你都没在他的价值观道路上，他怎么够得着保佑你呢？

太子就是为求福避祸而祭，你是要做天子的人，搞这些歪门邪道，当然是不对的。昭明太子是中国历史上著名的读书人，今天镇江还保留了当时的昭明太子读书台，是旅游胜地。但从埋腊鹅辟邪这件事来看，他连《论语》也没读明白，不能知行合一，也对不起"昭明"这个谥号了。

梁朝立昭明太子同母弟萧纲为皇太子

18 五月二十七日，南梁立太子同母弟、晋安王萧纲为皇太子。朝野多认为不符合正常的顺序，司议侍郎周弘正，曾经为晋安王主簿，上奏记劝萧纲不要接受，说："谦让之道不再存在，已经好多年了。而大王殿下，天纵圣明，四海归心，所以皇上发德音，以大王为储君。大家都希望听到殿下能发扬目夷之仁义，坚守曹臧大贤之节操（目夷是春秋时宋国公子，曹臧是曹国公子，都有让国不争的贤德），能逃避御舆而不乘，抛弃万乘之君位，就如同脱下一双木屐，这样才能改变竞争风俗，弘扬吴太伯的遗风（太伯是周太王的儿子，不愿争位，远走建立吴国）。古代有那样的人，今天听到他们的话，还能践行的，除了殿下，还能有谁！能使无为的教化重现于今日，让王之道不坠于将来，岂不是一大盛举！"晋安王没有听从。

周弘正，是周舍的侄儿。

【华杉讲透】

好人不知道坏人有多坏，坏人不知道好人有多好！

人跟人没法比，好人不知道坏人有多坏，坏人不知道好人有多好！为了争夺君王的权力，很多人是什么坏事都能干得出来，甚至能像胡太后那样，谋杀自己的亲生儿子。但是，也有吴太伯、伯夷、叔齐这样的人，能把王位让给自己的兄弟。他们为什么让呢？原因在于一个"孝"字。虽然按宗法制度该自己继承，但是父亲的心意不在我身上，而是喜欢弟弟，那么我就离开，远走他乡，不要让父亲难做。

兄弟和睦，孝是基础，因为不管兄弟关系好不好，父母都希望你们和睦。有孝心，就兄友弟恭，这就是孝悌。

萧纲接受太子之位，无可厚非，但是他至少应该上书谦让三次，如果皇帝执意坚持，才能接受。为什么呢？因为帝位是天下秩序的核心，而什么是社会秩序呢？就是全社会共同接受的价值。所谓名正言顺，就是符合社会共同价值。破坏共同价值，后果会很严重。《资治通鉴》记载周弘正的奏记，就是在申明这一春秋大义，共同价值。

历史评论，往往是用现代的观念去看古代，我的"讲透资治通鉴"相反，更多的是用古代的观念来看现代。因为我觉得，用现代观念看古代，看不清；用古代观念来看现代，反而看得清。

太子任命侍读、东海人徐摛为太子家令，兼管记（掌管记录），不久又任命为带领直（掌管卫士）。徐摛文体轻佻华丽，东宫的人都学他，时人称之为宫体。皇上听闻，怒，召见徐摛，准备斥责他。等到见面之后，徐摛应对明敏，辞义可观，皇帝释然。接着又问他经史及佛教，徐摛引经据典，纵横比对，应答如流，皇上非常惊叹，对他宠遇日隆。领军朱异不悦，对自己亲近的人说："徐老头出入两宫，渐渐威胁到我，我要早做准备。"于是找机会对皇帝说："徐摛年老，又爱山水泉石，想要得到一个郡来养老。"皇帝以为这是徐摛的心愿，于是召见徐摛，对他说："新安大好山水。"于是外放他为新安太守。

【华杉讲透】

政治上的"接近律"

这是一种政治上的"接近律"。宫廷政治，皇帝的个人意志是决定性的，而谁最接近皇帝，谁就能影响皇帝的意志，差不多就可以分享皇帝的权力。所以皇帝宠爱徐摛，朱异就觉得受到了威胁，要把他排挤出去。皇帝也就稀里糊涂地被他当枪使了。被人利用而不自知，也是做皇帝的常态。

六月十五日，南梁立华容公萧欢为豫章王，立他的弟弟、枝江公萧誉为河东王，曲阿公萧詧为岳阳王（三人都是昭明太子之子）。皇帝因为舆论沸腾（反对庶子萧纲为太子），所以给萧欢兄弟以大郡，以安慰其心。

很久之后，鲍邈之被控贩卖人口，罪不至死，太子萧纲追思昭明太子的冤情，挥泪将他诛杀。

高欢起兵讨伐尔朱氏

19 北魏高欢将起兵讨尔朱氏，镇南大将军斛律金，军主、善无人库狄干与高欢的妻弟娄昭，妻子的姐夫段荣等都劝他起兵。高欢于是伪造了一份文书，说尔朱兆将要把六镇人配给契胡（尔朱氏所属部落）为部曲，众人都很忧惧。又伪造并州兵符，征兵讨伐步落稽，征发一万人，马上出发。孙腾与都督尉景请求推迟五日，如此延期两次，高欢亲自将这支队伍送到城郊，流涕执手告别，众人都悲恸号哭，声震郊野。高欢于是晓谕他们说："我和你们都是背井离乡的流亡客（全是六镇降户），义同一家，想不到朝廷要如此征发！如今一直西向，固然是当死，延误军期，又当死，配给契胡人做部曲，还是死，怎么办？"众人说："那就只有造反！"高欢说："造反是一种紧急对策，但是要推举一人为主，谁可以？"众人共同推举高欢，高欢说："你们一贯剽悍难制。葛荣的教训不是摆在那里吗？虽有百万之众，却没有法度，最终败灭。如今你们要以我为主帅，那就跟以前不一样，不得欺负汉人，不能违犯军令，生死都由我说了算，那就行；否则，我不能为天下人耻笑。"众人都叩头说："死生唯命！"高欢于是杀牛犒赏将士，六月二十二日，起兵于信都，但也没敢公开声言背叛尔朱氏。

正巧李元忠举兵进逼殷州，高欢令高乾率众救援。高乾轻骑入城，见刺史尔朱羽生，与他讨论军事行动计划，尔朱羽生于是与高乾一起出城，高乾将他擒斩，拿着尔朱羽生的首级去谒见高欢。高欢拍着胸膛说："今日造反，已成定局了！"于是任命李元忠为殷州刺史，镇守广阿。高欢向皇帝上表章，数落尔朱氏罪状，尔朱世隆将表章藏匿，不予通报。

杨椿家族被尔朱世隆诬陷谋反，被诛杀

20 北魏杨播及弟弟杨椿、杨津都有声望品德。杨播刚毅，杨椿、杨津谦恭，杨家世代父慈子孝，兄友弟恭，五世同堂，男女百口，没有闲言碎语。杨椿、杨津都位至三公，一门出了七个郡太守，三十二个州刺史。敬宗元子攸诛杀尔朱荣时，杨播的儿子杨侃参与其谋；城阳王元徽、李彧，都是杨家姻亲。尔朱兆入洛阳，杨侃逃归华阴，尔朱天光让杨侃的岳父韦义远召他来，与韦义远盟誓，许诺赦免杨侃。杨侃说："他就算食言，也不过死我一人，还能保全一家百口。"于是出来见尔朱天光，尔朱天光杀了他。当时杨椿已经退休，与儿子杨昱在华阴，杨椿的弟弟、冀州刺史杨顺，司空杨津，杨顺的儿子、东雍州刺史杨辨，正平太守杨仲宣都在洛阳。

秋，七月，尔朱世隆诬奏杨氏谋反，请逮捕治罪，北魏主元恭不许。尔朱世隆苦请，皇帝不得已，命有司调查，并将案情奏报。

七月四日夜，尔朱世隆派兵包围杨津宅第，尔朱天光也遣兵掩击杨椿家于华阴。东西两地（洛阳及华阴）的杨氏家族，无论老幼，全部被杀，籍没家产。尔朱世隆上奏说："杨氏确实造反，拒捕，已全部格杀。"皇帝惋怅良久，不说而已，朝野听闻，无不痛愤。

杨津的儿子杨逸为光州刺史，尔朱仲远派使者前往，就地将他杀死。唯独杨津的儿子杨愔在逮捕行动时恰好外出，逃匿，得以免祸，往见高欢于信都，泣诉家祸，并为他陈述讨伐尔朱氏的策略。高欢非常看重他，即刻任命他为行台郎中。

21 七月七日,南梁皇帝萧衍亲临殿前策拜太子,大赦。

22 七月十八日,北魏司徒尔朱彦伯以旱灾逊位。七月二十日,北魏任命尔朱彦伯为侍中、开府仪同三司。尔朱彦伯在尔朱兄弟中,勉强可以说没有什么过错和罪恶。尔朱世隆一再辞让太保,北魏主元恭特别设置仪同三师的官位(比仪同三司更高),位在上公之下,七月二十二日,请尔朱世隆担任。斛斯椿向尔朱世隆诬告朱瑞谋反,尔朱世隆杀了朱瑞(尔朱荣死,朱瑞跟随尔朱世隆北走,中途逃回。尔朱世隆围攻洛阳,朱瑞又建议招募敢死队抵抗,尔朱世隆对他早已不再信任)。

23 七月二十二日,南梁皇帝萧衍下诏:"凡是皇室宗戚,在五服以内的,女子赐给汤沐邑,男子封乡侯、亭侯,以血缘关系远近为等差。"

24 七月二十四日,南梁任命吏部尚书何敬容为尚书右仆射。何敬容,为何昌宇之子。

25 北魏尔朱仲远、尔朱度律等听闻高欢起兵,仗恃自己强大,不以为虑,唯独尔朱世隆觉得忧虑。尔朱兆率步骑兵二万人,出井陉,直扑殷州,李元忠弃城逃奔信都。

八月九日,尔朱仲远、尔朱度律将兵讨伐高欢。

九月十二日,北魏任命尔朱仲远为太宰,九月十三日,任命尔朱天光为大司马。

26 九月二十六日,北魏主元恭追尊父亲广陵惠王为先帝,母亲王氏为先太妃,封弟弟元永业为高密王,儿子元恕为勃海王。

27 冬,十月十三日,南梁皇帝萧衍到同泰寺,登上法座,讲解《涅槃经》,七天才结束。

28 乐山侯萧正则，之前有罪被流放郁林，招诱亡命之徒，准备攻打番禺，广州刺史元仲景讨伐他，将他斩首。萧正则，是萧正德的弟弟。

29 孙腾对高欢说："如今我们与朝廷隔绝，发号施令，没有依据，如果不暂时立一个皇帝，则众人将会沮散。"高欢迟疑不决，孙腾再三请求，于是立勃海太守元朗为帝。元朗，是元融之子。

十月六日，元朗即皇帝位于信都城西，改年号为中兴。任命高欢为侍中、丞相、都督中外诸军事、大将军、录尚书事、大行台，高乾为侍中、司空，高敖曹为骠骑大将军、仪同三司、冀州刺史，孙腾为尚书左仆射，河北行台魏兰根为右仆射。

十月十三日，尔朱仲远、尔朱度律与骠骑大将军斛斯椿，车骑大将军、仪同三司贺拔胜，车骑大将军贾显智驻军于阳平。贾显智本名贾智，字显智，以字为名，是贾显度的弟弟。尔朱兆出井陉，驻军于广阿，号称十万大军。高欢施反间计，散布谣言说"尔朱世隆兄弟密谋要杀尔朱兆"，又说"尔朱兆与高欢同谋，要杀尔朱仲远等"，于是尔朱氏相互猜疑，徘徊不进。尔朱仲远等屡次派斛斯椿、贺拔胜前去晓谕尔朱兆，尔朱兆率轻骑三百人来见尔朱仲远，同坐于帐幕下，脸色愤愤不平，手舞马鞭，长啸凝望，尔朱兆怀疑尔朱仲远等有变，于是疾步走出，上马飞驰还营。尔朱仲远派斛斯椿、贺拔胜等去追，劝说他，尔朱兆逮捕斛斯椿、贺拔胜还营。尔朱仲远、尔朱度律大惧，引兵向南逃遁。尔朱兆数落贺拔胜罪状，将要斩他，说："你杀卫可孤（事见公元524年记载），这是第一条罪；天柱将军薨逝，你不与尔朱世隆等一起来，反而东征尔朱仲远，这是第二条罪。我早就想要杀你了，今天你还有什么话说？"贺拔胜说："卫可孤是国家巨患，我们父子诛杀他，这是大功，反而成了罪吗？天柱将军被戮，是国君诛杀大臣，我宁可辜负大王，也不负朝廷。今日之事，生死在王。只是寇贼近在眼前，骨肉之间，却互相仇视，自古及今，没有这样还不亡的。我不怕死，只是恐怕大王失策。"尔朱兆于是放了他。

高欢大败尔朱兆

高欢将与尔朱兆交战，但畏惧他人数众多，兵力强大，问亲信都督段韶对策，段韶说："所谓众，是能让众人效死；所谓强，是得天下人心。尔朱氏上弑天子，中屠公卿，下暴百姓，大王以顺讨逆，就如同用沸水去浇积雪，他有什么众不众、强不强！"高欢说："虽然如此，我以小敌大，恐怕如果没有天命保佑，不能成功。"段韶说："我听说'小能敌大，小道大淫''皇天无亲，唯德是辅'。尔朱氏外乱天下，内失人心，智者不为他谋划，勇者不为他战斗，人心已去，天意岂有不从之理！"

段韶，是段荣之子。

十月十五日，高欢大破尔朱兆于广阿，俘虏其甲卒五千余人。

【华杉讲透】

段韶引经据典，"小能敌大，小道大淫"出自《左传》，意思是说，小能战胜大，因为小的有道，大的无道。"皇天无亲，唯德是辅"出自《尚书》，意思是说，上天跟谁都不亲，谁有德，他就眷顾谁。

30 十一月二十九日，南梁皇帝萧衍到同泰寺，讲《般若经》，七天才结束。

31 十一月十四日，高欢引兵攻打邺城，相州刺史刘诞婴城固守。

【华杉讲透】

松懈就要受惩罚

萧衍十月到同泰寺讲了七天经，十一月又到同泰寺讲了七天经，皇帝的本职工作，他是不干了。人性就是这样，自以为成了"大功"之后，就松懈了。殊不知"逆水行舟，不进则退"，你松懈，就要受惩罚。萧衍将要付出的代价会非常非常大，这代价不仅在于他的惨死，更在于给全国人民带来深重的灾难。你要修佛，不想干活，你就退位，出家当和尚。要当皇帝，就不能离开一线工作。总之，你不能占着位子，又不承担责任。

世上没有"大功告成"这回事，永远都有挑战，永远都在孕育覆亡之祸，生于忧患，死于安乐，就是这样简单的道理。

32 本年，北魏南兖州城民王乞得劫持刺史刘世明，举州投降南梁。刘世明，是刘芳的族侄。南梁皇帝萧衍任命侍中元树为镇北将军、都督北讨诸军事，镇守谯城。任命刘世明为征西大将军、郢州刺史，加仪同三司。刘世明不接受，坚决请求北归，皇帝批准。刘世明到了洛阳，奉送所持符节，回归乡里，不再出仕做官，最后死在家中。

中大通四年（公元532年）

1 春，正月一日，南梁朝廷任命南平王萧伟为大司马，元法僧为太尉，袁昂为司空。

2 立西丰侯萧正德为临贺王。萧正德极力结交皇帝的宠臣朱异，皇帝既封昭明太子的儿子们，朱异说对萧正德不公平，所以封他为王。（萧正德之前是萧衍养子，几乎要继承帝位，后来太子萧统出生，萧正德回归本宗，仅被封为侯爵。）

3 南梁任命太子右卫率薛法护为司州牧，护送魏王元悦返回洛阳。

4 正月五日，立太子萧纲的长子萧大器为宣城王。

5 北魏高欢攻打邺城,挖掘地道到城墙下,用木柱支撑,然后纵火焚烧木柱,城墙塌陷入地。正月十七日,攻拔邺城,生擒刘诞,任命杨愔为行台右丞。当时军国多事,文檄教令,皆出于杨愔及开府咨议参军崔㥄。

崔㥄,是崔逞的五世孙。

6 二月,南梁朝廷封太尉元法僧为东魏王,想要遣送他回北魏,又封兖州刺史羊侃为军司马,与元法僧一起前行。

7 南梁扬州刺史、邵陵王萧纶派人到街市,赊购锦彩丝布数百匹,商家全都关店,闭门不出;少府丞何智通将事情启闻。萧纶被皇帝斥责,命他离职回家,萧纶于是派防阁(王府禁卫官)戴子高等以槊刺杀何智通于都巷,刀刃自他前胸刺入,于后背穿出。何智通认识戴子高,用手指蘸着自己的鲜血在车壁上写下"邵陵"二字,然后气绝,案情于是暴露。二月十五日,萧纶被免为庶人,戴上枷锁,关在自己家中,二十天后,才解除枷锁,不久,又恢复他的王爵。

8 二月十六日,北魏安定王元朗追谥敬宗为武怀皇帝,二月二十九日,任命高欢为丞相、柱国大将军、太师;三月二日,任命高澄(高欢长子,本年十二岁)为骠骑大将军。三月十三日,安定王率百官入居邺城。

尔朱兆与尔朱世隆等互相猜疑阻挠,尔朱世隆卑辞厚礼晓谕尔朱兆,想要请他到洛阳,承诺他可以随心所欲,想干什么就干什么,又请元恭纳尔朱兆的女儿为皇后;尔朱兆喜悦,并与尔朱天光、尔朱度律更立誓约,再相亲睦。

斛斯椿秘密对贺拔胜说:"天下人都怨毒尔朱氏,而我等为他所用,灭亡就在眼前,不如下手铲除他们。"贺拔胜说:"尔朱天光与尔朱兆各据一方,要一下子铲除干净,十分困难,去之不尽,必为后患,怎么办?"斛斯椿说:"这个容易。"

于是斛斯椿游说尔朱世隆催促尔朱天光等到洛阳,共讨高欢。尔朱世隆屡次征召尔朱天光,尔朱天光不来,尔朱世隆派斛斯椿亲自前往邀请,说:"高欢作乱,除了大王您,谁也不能平定,岂可坐视宗族夷灭!"尔朱天光不得已,准备东出,问策于雍州刺史贺拔岳,贺拔岳说:"大王一家跨据三方,士马殷盛,高欢乌合之众,岂能为敌!但能勠力同心,往无不捷。如果骨肉相疑,则保生存都难,哪里还能制服别人!如下官所见,不如暂且镇守关中以固根本,分遣锐师与众军合势,进可以克敌,退可以自全。"尔朱天光不听。

尔朱天光、尔朱兆等于邺城会合,被高欢打败

闰三月初九,尔朱天光自长安,尔朱兆自晋阳,尔朱度律自洛阳,尔朱仲远自东郡,全都出兵,会师于邺城,部众号称二十万,在洹水两岸扎营,元恭任命长孙稚为大行台,总督诸军。

高欢令吏部尚书封隆之镇守邺城,闰三月十九日,高欢率军出城,驻扎在紫陌,大都督高敖曹率乡里部曲王桃汤等三千人跟从。高欢说:"高都督所带的,都是汉兵,恐怕不足以成事,我再分给你鲜卑兵一千余人,混合使用,如何?"高敖曹说:"我所带的兵,练习已久,前后格斗,不比鲜卑人差。如果把他们掺杂起来,感情不相融洽,胜则争功,退则互相推卸责任。所以,不需要再增添兵力。"

闰三月二十六日,尔朱兆率轻骑三千夜袭邺城,攻打西门,不克而退。

闰三月二十八日,高欢率领的战马不满二千,步兵不满三万,寡不敌众,于是在韩陵列圆阵,把牛、驴连串拴在一起,堵塞归路,将士们都有誓死一战之志。尔朱兆远远望见高欢,大声呼喊,斥责高欢背叛自己,高欢说:"我之所以与你勠力同心,是为了共同辅佐帝室。如今天子何在?"尔朱兆说:"元子攸枉杀天柱将军,我报仇而已。"高欢说:"我当年亲耳听闻尔朱荣讲他的谋反计划,你就在门前站立,岂能

说你们没有谋反！况且以君杀臣，有什么报仇之理！今日我与你恩断义绝！"于是双方交战。

　　高欢率领中军，高敖曹率领左军，高欢的堂弟高岳率领右军。高欢作战不利，尔朱兆等乘胜压逼，高岳以五百骑冲其前，别将斛律敦收散卒蹑其后，高敖曹以骑兵一千人自栗园冲出，对尔朱兆军拦腰横击，尔朱兆等大败，贺拔胜与徐州刺史杜德就在阵前投降高欢。尔朱兆抚着胸膛对慕容绍宗说："我当初不听您的话，以至于此！"（慕容绍宗劝说尔朱兆不要把六镇兵交给高欢，事见公元530年记载。）尔朱兆想要轻骑西走（回晋阳），慕容绍宗调转军旗，鸣起号角，收集散卒，重组军阵，然后从容撤退。（军队最大的危险和损失不在战场上，而是在撤退中。尔朱兆要轻骑自己逃走，那他的部队不是被追杀干净，就是缴枪不杀，投降高欢。慕容绍宗能在战败后从容列阵撤退，才是真正称职的将领。）

　　尔朱兆逃回到晋阳，尔朱仲远逃奔东郡。尔朱彦伯听闻尔朱度律等战败，想要亲自将兵把守河桥，尔朱世隆不听。

　　尔朱度律、尔朱天光准备去洛阳，大都督斛斯椿对都督贾显度、贾显智说："现在如果不先逮捕尔朱氏，我们就死无葬身之地了。"于是夜里在桑树下盟誓，约定倍道兼程先回洛阳。尔朱世隆派他的外兵参军阳叔渊单骑驰赴北中，检阅战败的部队，再依次安排入城。斛斯椿到了，不得入城，于是编造一段说辞，骗阳叔渊说："尔朱天光的部下都是西部人，听说他们要在洛阳大肆抢掠，然后迁都长安，应该让我先进城，以做防备。"阳叔渊信了。

　　夏，四月一日，斛斯椿等入城，占据河桥，将尔朱氏党羽全部杀光。尔朱度律、尔朱天光想要进攻，正巧大雨昼夜不止，士马疲顿，弓箭都无法使用，于是向西撤退，走到雷波津，为人所擒，押送到斛斯椿处。斛斯椿派行台长孙稚到洛阳奏报皇帝元恭，又另派贾显智、张欢率骑兵掩袭尔朱世隆，将他抓获。尔朱彦伯当时在宫禁中值班，长孙稚在神虎门启奏说："高欢起义，既已成功，请诛杀尔朱氏。"元恭派舍人郭崇通报尔朱彦伯，尔朱彦伯狼狈走出，被人抓获，与尔朱世隆一起，被斩于阊阖门外，人们把他俩的首级和尔朱度律、尔朱天光一起，送给高欢。

元恭派中书舍人卢辩到邺城慰劳高欢，高欢命他去晋见安定王元朗，卢辩抗辞不从，高欢也无法强迫他，于是放他回去。卢辩，是卢同哥哥的儿子。

四月八日，骠骑大将军、行济州事侯景向安定王元朗投降。元朗任命侯景为尚书仆射、南道大行台、济州刺史。

尔朱仲远投奔南梁。

尔朱仲远帐下都督乔宁、张子期从滑台去到高欢处请降。高欢斥责他们说："你们侍奉尔朱仲远，为的是荣华富贵，前后盟誓，有一百次之多，许诺同生共死。之前尔朱仲远在徐州为逆，你们都是罪魁祸首；如今尔朱仲远南走，你们又在背叛他。事天子则不忠，事尔朱仲远则无信，犬马尚且识得是谁饲养他，你们连犬马都不如！"于是将他们斩首。

尔朱天光东下时，留弟弟尔朱显寿镇守长安，而征召秦州刺史侯莫陈悦，想要带他一起东征。贺拔岳知道尔朱天光必败，想要留下侯莫陈悦，一起图谋尔朱显寿，以响应高欢，但还没想出好计策。宇文泰对贺拔岳说："如今尔朱天光并未走远，侯莫陈悦未必有二心，如果把这计划告诉他，恐怕他惊恐惧怕。然而，侯莫陈悦虽然是主将，并不能掌控他的部属，如果先游说他的部众，必定人人都想留下来。侯莫陈悦进则不能按尔朱天光的命令按期抵达，退则怕军心浮动，这时候再乘势跟他说，一定成功。"贺拔岳大喜，于是派宇文泰到侯莫陈悦军中去做工作，侯莫陈悦于是与贺拔岳联合袭击长安。宇文泰率轻骑为前锋，尔朱显寿弃城逃走，宇文泰追到华阴，将他生擒。高欢任命贺拔岳为关西大行台，贺拔岳任命宇文泰为行台左丞，领府司马，事无巨细，全都委任给他。

尔朱世隆抵御高欢时，派齐州行台、尚书房谟招募兵马，前往四渎，又派他的弟弟、青州刺史尔朱弼前往乱城，声言要北渡黄河，为掎角之势。后来韩陵之役，尔朱氏战败，尔朱弼回到东阳，听闻尔朱世隆等人已死，想要投奔南梁，数次与左右割臂为盟。帐下都督冯绍隆，一向为尔朱弼所信任依靠，对尔朱弼说："如今要与大家同生共死，应该割心前之血以盟誓（意思是只割手臂还不够）。"尔朱弼听从，大集部下，扯开衣裳，露出胸膛，让冯绍隆来割。冯绍隆乘机把刀往前一推，杀了他，将首级送到洛阳。（尔朱氏的人，从尔朱荣、尔朱兆，到尔朱弼，都是轻率轻信的人，自己坏得要命，又老是把别人想得太好。所以人人都知道他们必败无疑。）

四月十三日，安东将军辛永献出建州，投降安定王元朗。

四月十八日，安定王抵达邙山。高欢认为安定王元朗在皇室中血缘关系疏远，派仆射魏兰根慰谕洛阳，并且观察节闵帝元恭的为人，想要再次推奉元恭为帝。魏兰根认为皇帝神采高明，恐怕以后难以控制，与高乾兄弟及黄门侍郎崔㥄一起劝高欢废黜他。高欢集合百官，问该立谁，没有人回答，太仆、代人綦毋俊盛称元恭贤明，应该主持社稷，高欢欣然赞同。崔㥄沉下脸说："如果要说贤明，应该等我们高王（高欢），徐徐登上大位。广陵王元恭，既为逆胡所立，他怎么还能做天子！如果听綦毋俊的话，那王师义举，又以什么名义呢？"高欢于是将节闵帝元恭幽禁于崇训佛寺。

高欢进入洛阳，斛斯椿对贺拔胜说："如今天下之事，就在你我二人罢了，如果不先发制人，恐怕将来为人所制。高欢初至，不难对付。"贺拔胜说："他有功于当代，谋害他为不祥之事。近来我好几个晚上都与他同宿，说起好多往事（二人当年同是尔朱荣部下），他对您感恩图报的心意很多，您何苦忌惮他呢！"斛斯椿于是打消念头。

高欢因为汝南王元悦是北魏高祖元宏之子，想召他回来登基，后来又听说他狂暴无常，于是停止。

高欢等立元修为帝

当时诸王多逃走藏匿，尚书左仆射、平阳王元修，是元怀之子，藏匿于田舍之中。高欢想要立他，派斛斯椿去访求。斛斯椿见到元修所亲信的员外散骑侍郎、太原人王思政，问他平阳王所在，王思政说："我要知道你问这个是什么意思。"斛斯椿说："想要立他为天子。"王思政于是向元修汇报。斛斯椿跟着王思政去见元修，元修脸色大变，对王思政说："你不是要出卖我吧？"回答说："不是。"又问："能担保我无事吗？"回答说："事情千变万化，谁能担保呢？"斛斯椿飞驰报告高欢。高欢派骑兵四百人，迎接元修进入氈帐，诚恳陈述，泣下沾襟，元修辞让，说自己没有什么德行，高欢再拜，元修也回拜。高欢出帐，准备皇帝服御，请元修沐浴更衣，通宵警戒。

第二天凌晨，文武百官执鞭朝见，命斛斯椿捧劝进表。

【胡三省注】

军中没有朝服，所以执马鞭以示致敬。

斛斯椿进入帷门，低头弯腰，不敢前进，元修令王思政取表观看，说："如今是不得不称朕了。"高欢于是为安定王元恭写禅位诏策，禅让给元修。

【胡三省注】

《尚书》说"天位艰哉"，又说"毋安，厥位惟危"，帝位艰难而又危险，就算是上天眷顾，人民推举，神器归属，贤君当此之时，也战战兢兢，担心自己不能胜任。平阳王看见劝进表，说出"便不得不称朕"这样的话，骄傲自满之气，从心肝上冒出来。君子由此知道他不得善终。

【华杉讲透】

元修这个皇帝之位，根本就不能当真，别人都没当真，他自己更不能当真，基本上就是一个"判处死刑，缓期执行"的判决书。他的轻佻，也是活灵活现了。

四月二十五日，孝武帝元修即位于洛阳东郊，用代都平城旧制，以黑色毛毡蒙住七个人，高欢是其中之一，皇帝在毛毡上，向西拜天完毕，入御太极殿，群臣朝贺，登上阊阖门，大赦，改年号为太昌。任命高欢为大丞相、天柱大将军、太师，世袭定州刺史。

四月二十七日，加授高澄为侍中、开府仪同三司。

当初，高欢起兵于信都，尔朱世隆知道司马子如与高欢有旧交，把他从侍中、骠骑大将军外放为南岐州刺史。高欢入洛阳，召司马子如为大行台尚书，朝夕侍奉左右，参知军国大事。广州刺史、广宁人韩贤，一向与高欢友善，高欢入洛阳，凡是尔朱氏所任命的官爵，全部削夺，唯有韩贤如故。

北魏任命前御史中尉樊子鹄兼尚书左仆射，为东南道大行台，与徐州刺史杜德一起追捕尔朱仲远，尔朱仲远已经出境，于是攻打元树于谯城。

丞相高欢征召贺拔岳为冀州刺史，贺拔岳畏惧高欢，想要单马入朝。行台右丞薛孝通对贺拔岳说："高王以数千鲜卑兵，击破尔朱氏百万之众，确实难以与他为敌。但是，诸将有的地位比他高，有的与他平级，虽然屈首顺从，并非出自本心。如今有的在京师，有的占据州镇，高王如果要铲除他们，则失去人心；留下他们，则为腹心之疾。况且，尔朱兆虽然败走，但仍占据并州，高王正要对内安抚群雄，对外抗击劲敌，岂能离开自己巢穴，来与明公您争夺关中之地呢？如今关中豪俊都归心于您，愿效其智力。明公以华山为城，黄河为堑，进可以兼并山东，退可以封锁函谷关，为什么要束手受制于人呢？"话还没说完，贺拔岳拉着薛孝通的手说："你说得对。"于是上了一封措辞谦卑的奏章，但是拒不接受征召。

四月二十九日，丞相高欢回到邺城，送尔朱度律、尔朱天光到洛阳，斩首。

北魏孝武帝毒死节闵帝

五月三日，北魏主元修用毒酒鸩杀元恭于门下外省，下诏命百司会丧，以特殊礼遇安葬。

任命沛郡王元欣为太师，赵郡王元谌为太保，南阳王元宝炬为太尉，长孙稚为太傅。元宝炬，是元愉之子。丞相高欢坚决推辞天柱大将军职务，五月五日，皇帝批准。五月十六日，任命清河王元亶为司徒。

侍中、河南人高隆之，本是徐氏养子，丞相高欢认他为自己义弟，高隆之仗恃高欢的宠爱，态度骄傲，狎辱公卿，南阳王元宝炬殴打他，说："你一个镇兵，何敢如此！"北魏主元修由于高欢的缘故，六月五日，黜退元宝炬为骠骑大将军，命他回家。

9 北魏主元修避广平武穆王元怀的名讳，改武怀皇帝元子攸的谥号为孝庄皇帝，庙号敬宗。

10 秋，七月八日，北魏再次任命南阳王元宝炬为太尉。

11 七月十日，北魏丞相高欢引兵入滏口，大都督库狄干进入井陉，攻击尔朱兆。

七月十八日，北魏主元修派骠骑大将军、仪同三司高隆之率步骑兵十万与丞相高欢会师于太原，于是任命高隆之为丞相军司。高欢驻军于武乡，尔朱兆在晋阳大肆抢掠，然后向北逃往秀容。并州平定。高欢认为晋阳是四方都有险要地形的要塞，于是建大丞相府，居住在晋阳。

12 北魏从夏州迁居青州的移民首领郭迁聚众造反，刺史元巇弃城逃走。皇帝下诏，命行台侯景等讨伐郭迁，攻拔其城，郭迁逃走，投奔南梁。

13 北魏东南道大行台樊子鹄包围元树于谯城，分兵攻取蒙县等五城，以截断南梁援兵来路。元树请求率众南归，把土地还给北魏，樊子鹄等许诺，与他誓约。等元树的人出来一半，樊子鹄发动攻击，生擒元树及谯州刺史朱文开，还师。羊侃走到官竹，接到元树战败的消息，撤退。九月，元树抵达洛阳，过了很久，又想逃奔南梁，北魏人将他处死。

14 九月十四日,南梁以司空袁昂领尚书令。

15 冬,十一月七日,冬至,北魏主元修在圜丘祭天。

16 十一月七日,北魏杀安定王元朗、东海王元晔。

17 十一月十九日,任命汝南王元悦为侍中、大司马。

18 北魏安葬灵太后胡氏。(胡太后之前被尔朱荣投入黄河淹死,如今才举行葬礼。)

19 南梁皇帝听闻北魏政权已经安定,十二月二十一日,再次任命太尉元法僧为郢州刺史。

20 北魏主元修认为汝南王元悦皇家血缘太近,地位又高,十二月二十八日,将他杀死。

【华杉讲透】

元修这人,看来是坏得很,又蠢又坏!元恭是他杀的,不是高欢杀的。元朗、元晔之前并没有人要杀,是他要杀。因为这二王之前都曾被拥立为帝,虽已废退,但仍有可能被人作为政治工具来利用。接着杀元悦,是因为他"属近地尊",血缘关系近,地位高,因为元悦是孝文帝元宏的儿子,元修的叔父!

元修自己就是个门面皇帝,人家砧板上的肉,他应该修德行义,以宽仁退让为本,才能冀望能得到同情和保护,他倒反过来,砍砍杀杀,自掘坟墓。

21 北魏大赦,改年号为永兴;不久又发现与太宗拓跋嗣登基时年号相同,再改为永熙。

22 北魏主元修纳丞相高欢的女儿为皇后，命太常卿李元忠到晋阳送上聘礼。高欢与他欢宴，论及旧事，李元忠说："当年起义，轰轰烈烈，好不快乐，最近就很寂寞，无人探问。"高欢拍掌大笑说："此人逼我起兵。"李元忠戏言说："如果不给我侍中职位，我要再去找人起义。"高欢说："找到起义的人不难，难的是能找到我这样的老汉。"李元忠说："正因为你这样的老汉不好找，所以我才没有去找啊！"于是捋着高欢的胡须大笑。高欢完全了解他的言外之意，对他深为敬重。

23 尔朱兆既至秀容，分兵把守险隘，出入抢掠。北魏丞相高欢声言要讨伐他，但是出兵之后，又停止行动，前后反复四次，尔朱兆就懈怠下来。高欢揣摩着他在元旦节一定会举行宴会，派都督窦泰以精骑飞驰突袭，一日一夜行三百里，高欢率大军随后出发。

【华杉讲透】

要以逸待劳

这是标准战术套路——疲劳战，《孙子兵法》叫"佚而劳之"。

我们要以逸待劳。敌人如果也很"逸"，就骚扰他，折腾他，让他疲于奔命，而且他不知道哪次是真的，就松懈下来了。

典型战例是春秋时吴楚之战。

吴伐楚，公子光问计于伍子胥。伍子胥说，可以把军队分成三师。先以一师出击，他肯定尽众而出，我们则马上撤退。等他也撤退了，再换一师上去。他出来，我再撤退。就这样反复调动他，多方以误之，让他疲于奔命，然后我们三师尽出，一举克之。

公子光依计而行，结果楚军统帅子重"一岁而七奔命"，一年给折腾了七回，懈怠了。吴军最终发动总攻，攻陷了楚国都城郢。

华与华文库

○ 华与华战略营销品牌序列

《超级符号就是超级创意》
席卷中国市场20年的华与华战略营销创意方法。

《超级符号原理》
只要人类还有眼睛和耳朵，还使用语言，
《超级符号原理》就能教你如何影响人的购买行为。

《华与华使用说明书》
不投标！不比稿！
100%精力服务现有客户，长期坚持就会客如云来。

《华与华正道》
走正道，很轻松，一生坚持必成功！

《华与华方法》
企业经营少走弯路、少犯错误的九大原理。

《华与华百万大奖赛案例集》
翻开本书，看华与华用14个传奇案例讲透好创意的标准，
手把手教你做出好创意！

《华与华超级符号案例集》
同一个创意套路诞生上百个经典案例，
19年来不断颠覆中国各个行业。

《华与华超级符号案例集2》
同一个创意套路又诞生上百个经典案例，
20年来不断创新推动中国各个行业。

《华与华文库之设计的目的》
品牌设计、门头设计、包装设计、广告设计、海报设计
都服务于同一目的，就是卖货！立刻卖！持续卖！一直卖！
这需要目标明确的系统性设计解决方案！

○ 华杉讲透国学智慧序列

《华杉讲透〈孙子兵法〉》
通俗通透解读经典战例,
逐字逐句讲透兵法原意!

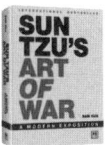

《华杉讲透〈论语〉(全2册)》
逐字逐句讲透《论语》原意,带你重返孔子讲学现场!

《华杉讲透〈孟子〉》
逐字逐句讲透《孟子》原意,无需半点古文基础,
直抵2500年儒学源头!

《华杉讲透〈大学〉〈中庸〉》
不读《大学》,就摸不到儒学的大门;
不读《中庸》,就到不了儒学的高峰!
逐字逐句讲透《大学》《中庸》,由浅入深领悟儒家智慧!

《华杉讲透王阳明〈传习录〉》
逐字逐句讲透《传习录》,无需半点古文基础,
从源头读懂阳明心学。

《华杉讲透〈资治通鉴〉》(已出18册)
通篇大白话,拿起来你就放不下;
古人真智慧,说不定你一看就会。

《牢记〈孙子兵法〉口诀》
牢记99句《孙子兵法》口诀,你就能立人生于不败之地!

激发个人成长

多年以来,千千万万有经验的读者,都会定期查看熊猫君家的最新书目,挑选满足自己成长需求的新书。

读客图书以"激发个人成长"为使命,在以下三个方面为您精选优质图书:

1. 精神成长
熊猫君家精彩绝伦的小说文库和人文类图书,帮助你成为永远充满梦想、勇气和爱的人!

2. 知识结构成长
熊猫君家的历史类、社科类图书,帮助你了解从宇宙诞生、文明演变直至今日世界之形成的方方面面。

3. 工作技能成长
熊猫君家的经管类、家教类图书,指引你更好地工作、更有效率地生活,减少人生中的烦恼。

每一本读客图书都轻松好读,精彩绝伦,充满无穷阅读乐趣!

认准读客熊猫

读客所有图书,在书脊、腰封、封底和前后勒口都有"**读客熊猫**"标志。

两步帮你快速找到读客图书

1. 找读客熊猫

2. 找黑白格子